湖南社会科学普及

-lunan popularization of Social Science

湖南省社会科学
普及读物出版
资助项目

话 说

炎帝神农氏

HUASHUO YANDI

SHENNONGSHI

周文杰 段立新 编著

湖南大学出版社·长沙

图书在版编目（CIP）数据

话说炎帝神农氏/周文杰，段立新编著 . —长沙：湖南大学出版社，2022. 12
ISBN 978-7-5667-2085-6

Ⅰ . ①话⋯　Ⅱ . ①周⋯ ②段⋯　Ⅲ . ①炎帝—人物研究　Ⅳ . ①K827＝1

中国版本图书馆 CIP 数据核字（2020）第 240983 号

话说炎帝神农氏
HUASHUO YANDI SHENNONGSHI

编　　著：周文杰　段立新	
责任编辑：贾志萍	
印　　装：长沙鸿和印务有限公司	
开　　本：710 mm×1000 mm　1/16	印　张：17. 25　字　数：228 千字
版　　次：2022 年 12 月第 1 版	印　次：2022 年 12 月第 1 次印刷
书　　号：ISBN 978-7-5667-2085-6	
定　　价：65. 00 元	

出 版 人：李文邦
出版发行：湖南大学出版社
社　　址：湖南·长沙·岳麓山　　　　　邮　　编：410082
电　　话：0731-88822559（营销部），88821174（编辑室），88821006（出版部）
传　　真：0731-88822264（总编室）
网　　址：http：//www. hnupress. com
电子邮箱：43244058@qq. com

湖南株洲炎帝陵公祭炎帝大典（周文杰　摄）

湖南株洲炎帝陵开午门仪式（周文杰　摄）

湖南株洲炎帝陵神农大殿炎帝雕像（周文杰　摄）

湖南株洲炎帝陵陵寝区掠影（周文杰　摄）

湖南株洲炎帝陵咏丰台（周文杰　摄）

2016 年，全国社会科学工作者在湖南株洲炎帝陵举行祭拜人文始祖炎帝大典
（株洲市社科联供图）

2016 年，在湖南株洲炎帝陵举行的全国社会科学工作者祭拜人文始祖炎帝大典上，本书作者之一周文杰为主祭人（株洲市社科联供图）

湖北随州炎帝故里拜祖大典（湖南省炎帝陵基金会办公室供图）

河南新郑黄帝故里拜祖大典（湖南省炎帝陵基金会办公室供图）

河南郑州炎、黄二帝雕像（湖南省炎帝陵基金会办公室供图）

湖北随州炎帝雕像（湖南省炎帝陵基金会办公室供图）

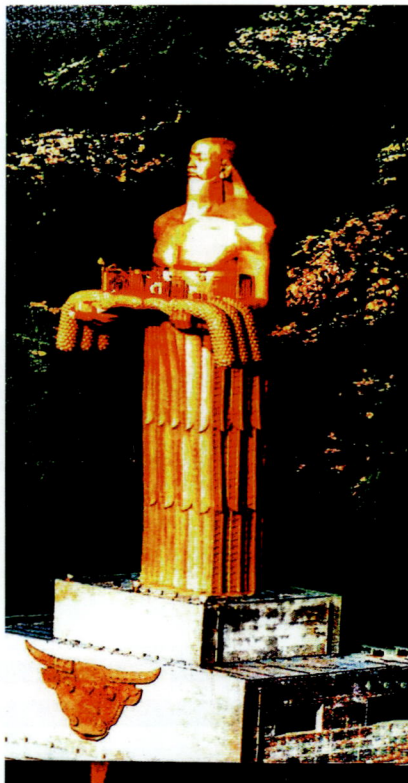

山西长治老顶山（也叫"百谷山"）炎帝巨型铜像
（湖南省炎帝陵基金会办公室供图）

前　言

　　2021 年是中国共产党成立 100 周年，也是习近平总书记在哲学社会科学工作座谈会上的重要讲话发表五周年。自 2016 年习近平总书记重要讲话发表以来，湖南哲学社会科学事业迎来了发展的"春天"。《湖南省社会科学普及条例》正式实施，湖南省社会科学普及主题活动周连续成功举办，"湖湘大学堂"等社会科学普及品牌逐渐形成，多批次省级社会科学普及基地建成并被授牌，社会科学普及进基层特色活动深入开展，省优秀社会科学普及读物推荐与资助出版反响良好，社会科学普及志愿者队伍不断壮大。我省社会科学普及工作踏"春"而来、循"春"而动、迎"春"绽放，在提升公众社会科学文化素质、推动湖南高质量发展方面发挥了积极的作用。

　　"十四五"征程全面开启，立足新发展阶段、贯彻新发展理念、构建新发展格局对社会科学普及工作提出了新的任务和要求。一方面，人民对美好生活的需要日益增长，对精神文化生活有了更高的追求与期待，这就迫切需要坚持以人民为中心的理念，切实做到"以精品奉献人民"，推动社会科学普及工作高质量发展。另一方面，面对社会思想观念和价值取向日趋活跃、主流和非主流同时并存、社会思潮纷纭激荡的新形势，巩固马克思主义在意识形态领域的指导地位，培育和践行社会主义核心价值观，巩固全党全国各族人民团结奋斗的共同思想基础，迫切需要社会科学普及工作更好地发挥作用。在这个背景之下，社会科学普及工作者应自觉担负起历史使命和时代责任，充分运用"社会科学普及+"思维，创新社会科学普及形式，在丰富人民群众精神文化生活的同时，对人民群众进行科学的教育、引导，提升人民群众的人文社会科学素养。

基于新形势、新任务、新要求，湖南省社会科学界联合会、湖南省社会科学普及宣传活动组委会办公室贯彻落实《湖南省社会科学普及条例》，不断深化湖南省社会科学普及读物出版资助工作，面向在湘工作的社会科学理论工作者和实际工作者征集未公开出版的社会科学普及优秀作品，对获得立项的优秀作品进行资助出版。其目的就是激发广大社会科学工作者的创作热情，推出更多更好的社会科学普及作品，把"大道理"变成"小故事"，把学术语言转化成群众语言，把"普通话"和"地方话"结合起来，真正让党的理论政策鲜活起来，让社会科学知识生动起来，让社会科学普及工作"成风化人、凝心聚力"，为全面落实"三高四新"战略定位和使命任务、奋力建设现代化新湖南凝聚强大的正能量。

湖南省社会科学界联合会

湖南省社会科学普及宣传活动组委会办公室

2021 年 5 月

炎帝神农氏"崩葬长沙茶乡之尾"之管见

（代序）

朱建军

  随着现代考古发掘的兴起和史前文化研究的深入，人们了解到，神农部落是距今 1 万年左右，人类社会由渔猎生产生活向农耕生产生活过渡、由母系氏族社会向父系氏族社会过渡、由旧石器时代向新石器时代过渡、由穴居群婚生活向定居氏族生活过渡时期的原始先民部落。炎帝是神农部落发展到较强盛时期产生的杰出部落首领，生活在距今 6000—5000 年的时期。炎帝神农氏是以华夏族为主干的中华民族共同的人文始祖之一，炎帝神农文化是中华五千多年文明的源头之一，这些都已逐步为学界所认同，也得到了海内外中华儿女的普遍首肯。但由于炎帝神农时代是没有文字记载的史前文明时代，其历史的发展与变迁情况仅仅通过一代又一代先民口头传说，纵是汉代司马迁的《史记》出现也是距那个时代数千年的事了，加上太史公的《史记》记史起始于黄帝，对炎帝神农氏仅一笔承接带过，这就给关于炎帝神农时代的历史留下了许多悬疑和争议，诸如炎帝的出生地、活动地、安寝地问题，人们一直争议不休，莫衷一是。直到 20 世纪 90 年代，我国考古、文物、生态、建筑等方面的专家实地深入考察论证，确认炎帝陵位于湖南省株洲市酃县城西的鹿原陂。1993 年 9 月，时任中共中央总书记、国家主席、中央军委主席江泽民亲笔为湖南株洲炎帝陵题写陵款；1994 年 4 月，国务院批准炎帝陵所在地酃县更名为炎陵县，关于炎帝陵寝地的争议才基本平息。作为亲身经历和见证炎帝陵陵址确认过程的土生土长的炎陵人，多年来，我带着对老祖宗的一份缅怀与尊崇以及"守陵人"的责任与使命，对炎帝神农氏"崩葬长沙茶乡之尾"的史论作了一些粗浅的探究和讨论，并形成一些管见，现将其整理罗列出来，一方面尽一份守陵子孙的义务与孝道，另一方面也期盼借此给史前文明的探究与考证提供一些参考方式和路径，抛砖引玉，就教于学界专家和同人。

一、典籍传衮，记载了炎帝神农氏"崩葬长沙茶乡之尾"的史实

在两千多年的封建王朝历史中，炎帝陵一直处于"南蛮"之地，历代王朝大多定都北方，由于地理交通的原因，官方典籍史料未免带有地域局限性和片面性，但即便如此，现今湖南株洲炎帝陵依然是正史志载最系统、最直接、最确切的。最早确立炎帝陵在"茶乡"是在西汉初年，汉高帝五年（前202 年）置"茶陵"建制（古酃县与茶陵属同一县制），以陵命名。至晋代，皇甫谧的《帝王世纪》明确记载"炎帝神农氏……在位百二十年而崩，葬长沙"（古地茶陵隶属长沙郡）。至北宋乾德年间，宋太祖赵匡胤遣使遍访天下古陵，考证炎帝陵的确切陵址，于乾德五年（967 年）颁诏在"茶乡之尾"的鹿原陂建陵庙，立御祭规制。此后到南宋嘉定四年（1211 年），朝廷为方便炎帝陵祭祀，特将"茶乡之尾"的康乐、霞阳、常平三乡及霞阳镇（不是现在的霞阳镇）析出设酃县建制。非常直接、确切记载炎帝陵陵址的当属南

宋王象之的《舆地纪胜》卷六十三《荆湖南路·茶陵军》（"炎帝墓，在茶陵县南一百里康乐乡白鹿原"）和罗泌所著的《路史》卷十二《后纪三·禅通纪》之"炎帝"条目（"都于陈，盖宇于沙，是为长沙。崩葬长沙茶乡之尾，是曰茶陵，所谓天子墓者……"）。由历代典籍传袭可知，炎帝陵得几千年香火奉祀传承，至明、清两代更是极一时之盛，有祭文可考的大型御祭，明代达 15 次，清代达 38 次。如今，拂去历史的尘埃，我们依然可以从浩繁史籍中搜索梳理出"炎帝崩葬长沙茶乡之尾"的清晰脉络。

二、茶陵独岭坳文化的出土发现还原了"邑有圣陵"的历史真实

清代衡州知府黄岳牧奉诏祭祀炎帝陵，在与炎帝陵一河之隔的桥头岭驿道旁石崖上镌刻下"邑有圣陵"四个大字。20 世纪 80 年代末 90 年代初，考古专家在与炎帝陵仅一山之隔的茶陵独岭坳发掘出距今 7000—6000 年的野生栽培稻与台基式建筑遗存，这恰好与历史传说记载中炎帝神农氏"始作耒耜，教民耕种"和"相土而居，台榭为房"的功绩相印证，也与 20 世纪七八十年代发现的地处长江以南的河姆渡、彭头山、玉蟾岩遗址惊现 7000 年前干栏式建筑、栽培稻、陶器和完整村落遥相呼应，还原了距今 12000—5000 年长江以南地区是农耕部落先民生产生活的主要区域的历史真实，"炎帝崩葬长沙茶乡之尾"应该说是符合这一时期史实的。

三、炎帝陵周边古地名是"炎帝崩葬长沙茶乡之尾"的历史印记

一个地名的授予与流传，往往沿袭着一个地方社会历史发展变迁的文脉，保存着一个地方珍贵的历史信息和群落记忆。综观炎帝陵周边沿袭的古地名，耒阳、嘉禾、茶陵、洣水、耕熟岭、皇山、炎陵、鹿原陂（或鹿原坡）等，无不与炎帝神农传说紧密相关。穿过漫长的历史时空隧道，我们仿佛可以看

到那位身背药篓、肩荷耒耜的圣者奋力南迁的身影。而这一个个以他身世和功德传说命名的古地名，展露了世世代代子孙对他无尽的缅怀之情。

四、方志的记载与沿袭表达了世世代代守陵儿女对始祖圣陵的坚守与信仰

历史上，由于炎陵地处偏远，人口稀少，曾隶属茶陵、衡阳、湘潭、郴州，但无论是南宋以前的《茶陵州志》《衡州府志》，还是南宋以后的《酃县志》，都对炎帝陵陵址有专门记载，一直沿袭不辍。如今炎帝陵殿所供奉的炎帝金身祀像、墓碑、陵殿都是依据清道光县志志载和图案复建的，几千年的祖陵守护与香火传承成就了炎陵作为"祖陵圣邑"的殊荣和美誉。

五、"朝皇祖""拜帝陵"等祭祀传统与民俗习惯彰显出帝陵文化传承的旺盛生命力

在炎陵及炎陵周边地区，"朝皇祖""拜帝陵""祭农神"的习俗源远流长，炎帝尝百草、分五谷的传说更是妇孺皆知。每逢农历初一、十五、春节、清明、端阳、冬至、四月二十六炎帝生日、六月六尝新节、七月七神农升天日等，当地民众都会祭祀炎帝神农氏。有的面向陵寝方位居家遥祭，有的步行十里、百里来到陵前宰牲上香，其虔敬之情至真至诚。依据炎帝传说功德故事所形成的龙祭、火祭、乐祭、舞祭、鼓祭、茶祭、酒祭、文祭、傩祭等形式丰富多样，成为独具地方特色与魅力的帝陵文化与民俗传统。2006年，炎帝陵祭典入选首批国家级非物质文化遗产代表性项目名录；2012年，被评为"全球最具影响力的十大根亲文化盛事"之一。

中华民族伟大复兴包括复兴悠久灿烂的中华文明，始祖炎帝"崩葬长沙茶乡之尾"是炎陵之幸、株洲之幸、湖南之幸！炎帝陵是中华民族共同的人文圣地和全球华人的精神家园，我们作为守陵儿女不仅有责任把祖陵圣地守护好、建设好，更有责任将炎帝精神和炎帝文化传播好、弘扬好，让其真正成为积聚海内外中华儿女正能量、共同实现中华民族伟大复兴的中国梦的不竭动力源泉。

（作者系中华炎黄文化研究会理事，湖南省炎帝陵基金会办公室原党组书记、主任）

目　次

下编　炎帝神农氏留下的足迹

上编　古籍记载中的炎帝神农氏

　　翻阅《中华百科全书》[①]，我们赫然发现编纂者对人们熟悉的"炎帝神农氏"这个名词是分开来诠释的。在对条目"神农""炎帝"作解释时，编纂者将两者依次定义为"古代神话中农业和医药的发明者""传说中的部落联盟首领"。在条目"神农"释文中，编纂者以近似于补充说明的方式叙述"另有传说神农即炎帝"。这样的诠释有违于我们对于炎帝神农氏已有的了解与认识，但是，也许与"炎帝神农氏"这个概念最初的含义是一致的。

　　从春秋时期开始，古人就开始着手整理和记载有关炎帝神农氏的史料；到战国时期，古人对于炎帝神农氏史料的整理和记载进入了一个高峰时期；进入秦汉时期，有关炎帝神农氏史料的整理和记载已臻于完善。与此相应，我国古代文献对于"炎帝神农氏"事迹的记载经历了一个把"神农"（或"神农氏"）与"炎帝"的事迹分开来叙述，到把"神农氏""炎帝"的事迹统合为"炎帝神农氏"的事迹来

---

① 　相关条文见《中华百科全书》（中国大百科全书出版社 1999 年 8 月第 3 版）第 807、1116 页。

记载的演变过程。约成书于战国时期的佚名氏之作《世本》在其中的《氏姓篇》"姜姓"条目下记载炎帝的姓氏时，出现了"炎帝神农氏"这样的表述方式，这是"神农"（或"神农氏"）与"炎帝"统合起来，形成"炎帝神农氏"概念的一个显著标志。此后，晋代史学家皇甫谧在《帝王世纪·自开辟至三皇》①中记载了炎帝"在位百二十年而崩，葬长沙"，这是"神农"（或"神农氏"）与"炎帝"统合为"炎帝神农氏"而得到史学家认可，并将它等同于一个上古历史人物而载入正史的标志。至此，"神农"（或"神农氏"）与"炎帝"已经统合为"炎帝神农氏"这个上古历史人物了。

正如《中华百科全书》"神农""炎帝"条目诠释文字表述的那样，在我国古代文献记载中，特别是先秦文献记载中，"神农"（或"神农氏"）、"炎帝"包含了多重意义且各不相同。当"神农"（或"神农氏"）、"炎帝"统合为"炎帝神农氏"的时候，"神农"（或"神农氏"）与"炎帝"的事迹也就日渐集中为"炎帝神农氏"这个历史人物的事迹。从这个意义上来说，我们所了解和认识的炎帝神农氏是多重意义聚合、多重身份组叠的结果。借用英语语法体系中的一个词语来说，"炎帝神农氏"是一个集体名词。

我们现在所了解和认识的炎帝神农氏是中华民族的人文始祖之一。在古代文献记载中，炎帝神农氏是我国农业和医药的发明者，他的后裔繁衍为西羌、鲜卑及赤狄、白狄等少数民族，还有姜、吕、旅、甫、

---

① 相关文字见陆吉点校本《帝王世纪　世本　逸周书　古本竹书纪年》（齐鲁书社 2010 年 1 月第 1 版）第 4 页。

共、龚等上百个姓氏，这些少数民族和姓氏的族众繁衍发展，成为今天中华民族大家庭的基本成员之一。在传说时代，炎帝部落与黄帝部落经过争霸战争之后，组合成炎黄部落联盟，两个部落的部众及其文化由此而交流融合，共同促成了我国历史上的华夏族。华夏族是今天的中华民族，特别是其中汉族的雏形。炎黄部落形成之后，炎帝、黄帝适应部落联盟发展的需要，开始了组织、制度等方面的建设与改革。这样的建设与改革使远古时期的部落联盟组织开始向最初的国家形式嬗变，引导远古先民日渐脱离蒙昧时代，走向进步，迈向文明。炎帝神农氏于中华民族及中华民族文化的形成与发展做出了重大贡献，从这个意义上来说，我们把炎帝神农氏与黄帝轩辕氏尊为中华民族的人文始祖，这是众望所归的事情。

"国之大事，在祀与戎"，在史籍《左传》① 的记载中，重视祭祀与战争，视祭祀与战争为国家头等大事，这是我国古代社会由来已久的事情。炎帝神农氏所处的时代也重视祭祀。《礼记》等古文献记载，至少在春秋时期，古人就有在年终时期祭祀神灵的习俗，即腊祭（又写作"蜡祭"）；炎帝神农氏是最先举行腊祭仪式的人。腊祭习俗被后人承袭，发展成为后世历代朝廷重大的祭祀仪式之一。作为农业和医药的发明者，炎帝神农氏被后世尊为"先农""先医"，也就是我国传统农业的始祖、传统医药业的始祖。像腊祭一样，祭祀"先农""先医"的习俗也被后人承袭，发展为后世历代朝廷两项重大的祭祀仪式，并影响到民间。除中华民族人文始祖这个意义之外，炎帝还被

① 相关文字见《左传·成公十三年》，一说"国之大事，唯祀与戎"。

古人视为主要的天神之一。从《史记》等文献的记载来看，至少从战国时期开始，作为天神的炎帝就受到了秦灵公等君主的祭祀膜拜，祭祀天神炎帝一度成为我国历史上不少朝廷重大的祭祀仪式之一。

以炎帝神农氏为中心话题，前面的叙述涉及炎帝神农氏的定位问题、炎帝神农氏的主要事迹与功绩、与炎帝神农氏有关的祭祀仪式和活动三个方面的内容。这是本书上编叙述的主要内容。

第一章　炎帝神农氏是谁

在古籍记载中，特别是在先秦时期与秦汉时期的古籍中，著述者在叙述有关"神农氏""炎帝"的史实时，对"神农氏"和"炎帝"其人其事的叙述采用了以下三种方式：

把"神农氏"和"炎帝"区分为两个不同的叙述对象，著述者将其分开来叙述——在不同的章节或者文章里，叙述"神农氏"的时候不会叙述"炎帝"，叙述"炎帝"的时候则不会叙述"神农氏"，即便是在同一篇文章或者章节里也这样明确地区分开来。这给读者传达出了一种十分明确的印象："神农氏"是"神农氏"，"炎帝"是"炎帝"，二者互不相干。这是第一种叙述方式。

把"神农氏"和"炎帝"视为同一个叙述对象，但叙述的时候，著述者将"神农氏"和"炎帝"分开来叙述。但是，与按照上一种叙述方式叙述的内容比较之后，读者会发现：被区分为与"神农氏"相关的内容被当成与"炎帝"相关的内容来叙述，被区分为与"炎帝"相关的内容被当成与"神农氏"相关的内容来叙述。换一种说法，著述者把"神农氏"当成了"炎帝"，把"炎帝"当成了"神农氏"。读者由此获得的直观印象是"神农氏"就是"炎帝"，"炎帝"就是"神农氏"，"神农氏"和"炎帝"是同一个叙述对象的两个不同名称。这是第二种叙述方式。

把"神农氏"和"炎帝"统合为"炎帝神农氏"，著述者以"炎帝神农氏"这样一个叙述对象来叙述"神农氏""炎帝"所涉及的内容。这样的叙述方式强化了第二种叙述方式给读者留下的直观印象，即"神农氏"就是"炎帝"，"炎帝"就是"神农氏"。这是第三种叙述方式。

如果把古籍中的"神农氏""炎帝"都视为"炎帝神农氏"的话，我们在阅读古籍时会发现一个有趣的现象：炎帝神农氏的身份难以确定——按照著述者的叙述，古籍中的炎帝神农氏，有时是远古时期的一个杰出历史人物，比如说，有名的部落或者部落联盟首领，我国古代农耕技术和农耕文化的发明者、首创者，我国古代医药及医药文化的发明者、首创者，有时是五行理论体系中的一个天神，有时是道教神灵谱系中的一个神仙，有时又是远古历史时期的一个代名词。

与这样的叙述方式及有趣的现象相呼应，古今学者在探讨"神农氏"与"炎帝"关系这个问题时，形成了两种截然相反的意见："神农氏"非"炎帝"；"神农氏"即"炎帝"。

神农　神农氏

在谈论我国远古历史的时候，人们会首先讲到三皇五帝。在人们的意识里，古籍中有关三皇五帝——传说时代的几个部落或者部落联盟首领——的事迹可以视为我国远古时期的史实，他们所处的时代则可以视为我国远古时期的象征。

神农是三皇中的一员，我们先来说一说三皇。三皇指称的具体对象是谁呢？在不同的古籍中，三皇指称的具体对象各不相同。现在综合汉代司马迁的《史记》、应劭的《风俗通义》和清代马骕的《绎史》三部古籍的相关记载来列表说明。

不同古籍中三皇指称的具体对象

古籍		三皇指称的对象
《史记》卷六《秦始皇本纪第六》		天皇、地皇、泰皇
《风俗通义》卷一《皇霸》	《春秋运斗枢》	伏羲、女娲、神农
	《礼·号谥记》	伏羲、祝融、神农
	《礼·含文嘉》	虙戏（伏羲）、燧人、神农
	《尚书大传》	遂人（遂皇）、伏羲（戏皇）、神农（农皇）
《绎史》卷二《皇王异说》	《春秋运斗枢》	伏羲、女娲、神农
	《礼·含文嘉》	虙戏（伏羲）、燧人、神农
	《尚书大传》	遂人（遂皇）、伏羲（戏皇）、神农（农皇）
	《潜夫论》	伏羲、神农、燧人 伏羲、神农、祝融 伏羲、神农、女娲
	《白虎通义》	伏羲、神农、燧人 伏羲、神农、祝融

上述古籍关于三皇的记载告诉我们：作为三皇中的一员，神农与伏羲、女娲、祝融、燧人等传说时代的杰出历史人物并称，是我国远古时期杰出的部落或者部落联盟首领之一。到唐天宝六年（747年），朝廷确定伏羲、神农、黄帝为三皇，在国家祭祀对象之列。从此以后，三皇所指的具体对象固

定为伏羲、炎帝、黄帝。

"神农"是所在部落或者部落联盟所有首领共同的称号。对此,《诗传旁通》卷五《国风·豳国七篇》"先啬司啬"条目下是这样解释的:"神农伊耆,一代总号,其子孙有天下者,始为蜡祭其先祖造田者。"最先担任这个部落或者部落联盟首领的人叫伊耆氏,伊耆氏的子孙后代相继担任这个部落或者部落联盟的首领,担任首领职务的人都称神农,"神农"成了这个部落或者部落联盟首领的统称。为了缅怀他们的祖先首创农业的功绩,伊耆氏的后代中担任了部落或部落联盟首领职务的人在每年年终时期都要举行腊祭仪式。

古籍中关于神农的记载还有很多——

《古微书》卷六《春秋元命包》云:"神农生,三辰而能言,五日而能行,七朝而齿具,三岁而知稼穑般戏之事。"同一部书卷九《春秋文耀钩》云:"女娲以下,至神农七十二姓。"

女娲和神农都是远古时期杰出的氏族部落或者部落联盟首领,从女娲这一代首领开始,往后发展到神农担任部落或者部落联盟首领,前前后后,一共有七十二个人担任了首领。神农是这七十二个首领中最为独特的,他生下来三天就能说话,五天就能走路,七天就生了牙齿,三岁的时候就开始玩与耕种庄稼有关的游戏,表现出了在农业方面的卓越天赋。

也许是因为在农业方面与生俱来的卓越天赋,成年后的神农在农业方面做出了开创性的贡献。《管子》卷二十《形势解第六十四》记载:"神农教耕生谷,以致民利。"同一部书卷二十四《轻重戊第八十四》叙述:"神农作,树五谷淇山之阳,九州之民乃知谷食,而天下化之。"神农在淇山南面种植庄稼,同时向大家传授农耕技术,从此以后,我们的祖先才知道在打猎采集之外,还可以通过农耕的方式来获取食物。大家向神农学到农耕技术之后,开始自己耕种庄稼,并获得了丰收。人们从这个时候开始世世代代从事农业生产。就这样，我们的祖先再也不会在饥饿面前束手无策了。

《元丰九域志》卷四《河东路》"下隰州大宁郡团练"条目下记载："谷城，神农尝五谷于此。"现在的山西省隰县有一处叫"谷城"的古迹，当年神农在这里耕种庄稼，收获庄稼之后，神农又在这里与大家一起品尝新打的粮食。

《论衡》卷十六《商虫篇》叙述："神农、后稷藏种之方：煮马屎以汁渍种者，令禾不虫。"神农和后稷发明了一种保护庄稼种子的方法：用煮开后冷却的马屎汁把种子浸泡一遍之后再播种下去，这样可以避免种子遭受病虫害侵袭。

在陆羽的《茶经·六之饮》记载中，神农最早发现茶、饮用茶、栽种茶，是我国茶文化的始祖。陆羽叙述："茶之为饮，发乎神农氏。"茶被采摘加工成一种饮品，是从神农开始的；神农也是农业的一个分支——茶业的首创者。

神农最先发明了农耕技术，开创农耕文化，这是神农在我国历史上做出的突出贡献之一。因为这一点，古时候，人们把他尊奉为"田祖""先农""先啬"，意思是说神农是我国历史上最先耕种田地的人，是农业界的始祖。至早在春秋时期，我国历史上就有祭祀"田祖"的仪式。《诗经·小雅·甫田》中有"琴瑟击鼓，以御田祖"的描述：大家弹奏琴、瑟，敲锣打鼓，来祭祀"田祖"。西汉时期的毛苌在给这首诗作注解的时候说"田祖，先啬也"，诗中写到的"田祖"就是历史上最先耕种田地的人。宋代的朱熹在毛苌注解的基础上，再解释诗中的"田祖""谓始耕田者，即神农也"，毛苌说的"田祖"是最先耕种田地的人，具体指的是神农。换一种说法，《诗经》等古籍中记载的我国农业界的始祖"田祖""先农"就是神农。

"神农氏本起于烈山，或时称之。一号魁隗氏，是为农皇。"神农和他的部落是从烈山发展起来的，据此，当时的人称他为"烈山氏"，又叫"魁隗氏"，他被后世尊奉为"农皇"。这是晋代人皇甫谧《帝王世纪·自开辟至三皇》中的一段话。其中的"农皇"，用我们现在的话来说，就是农业界的创始人，或者说掌门人。

神农是我国传统农业的首创者。与此有关，在古人的意识里，农业生产劳动、农事活动可以等同为"神农之事"，主管农业工作的官员也被称为"神农"。《吕氏春秋》卷六《季夏纪》叙述农历六月"无发令而干时，以妨神农之事；水潦盛昌，命神农将巡功，举大事则有天殃"。农历六月正是农民们忙于农业生产的时期，官府不要发布征调徭役的命令，免得妨碍他们的农事活动；农历六月也是水灾多发时期，官府要少做与农业生产无关的事情，而要组织力量全力抗灾，还要多派主管农业工作的官员神农去各地视察，以便及时了解灾情。为什么把主管农业工作的官员也叫作"神农"呢？东汉人高诱对此作了解释："昔炎帝神农能殖嘉谷，神而化之，号为神农，后世因名其官为神农。"神农是农业专家，因此，大家把主管农业工作的官员也称为"神农"。

在我国古代文献记载中，神农还是我国医药及医药文化的创始者之一。《绎史》卷四《炎帝纪》引述《神农本草经》的记载，神农拜太一小子为师，"神农乃从其尝药，以救人命"，于是，神农跟着师父采药，以便学到师父的本领，去治病救人。大约在秦汉时期，我国古代医药学家编纂了我国历史上已知最早的药典《神农本草经》，书中有一段佚文记载了神农独自寻找、发现新药的事迹："神农尝百草，日遇七十二毒，得荼而解之。"荼，即茶。意思是说，当初，神农用亲口品尝、以身试药的方式，发现、寻找可以作为药物使用的植物，在这个过程中，他几乎每天都会吃到有毒的植物，有一天七十二次之多的中毒经历。每一次中毒之后，神农都会用茶叶来解毒，消除中毒带来的危害。为了找到药物，为了发现新药，神农不惜以身冒险，这样的精神值得后人敬仰。

《（乾隆）甘肃通志》卷五《山川》记载，金县（今兰州市榆中县）的龛山是神农当年采药的地方，"昔神农采药于此，石上有古迹"，这里有一块石头，上面还留有当年神农采药的遗迹。

《神农本草经》成书之后，后世有不少医药名家对这本书作了注解，其中有一个是三国时期魏国的名医吴普。下面是后世注解《神农本草经》的人收录的神农、桐君、岐伯等古代医学家对"芍药"药性作的注解：

"神农苦，桐君甘，无毒，岐伯咸……"神农说芍药的药性是苦的，桐君说芍药的药性是甘的，岐伯说芍药的药性是咸的。能细致、准确地说出每一味药材的药性，这是神农常年以身试药的结果。因此，在后世医药家的意识里，神农与桐君、岐伯等人都是我国传统医药界的始祖。

在《神农本草经》等医药典籍之外，至少还有《越绝书》卷八《外传记地传》、《帝王世纪·自开辟至三皇》、《北齐书》卷四十九《列传第四十一·方伎》、《绎史》卷四《炎帝纪》等文献中有类似的记载。现在摘引《北齐书》卷四十九《列传第四十一·方伎》中的相关记载：

"又神农、桐君论本草药性，黄帝、岐伯说病候治方，皆圣人之所重也。"神农、桐君谈论各种药物的性能方面的问题，黄帝、岐伯探讨各种疾病的症状表现和治疗药物、方剂方面的问题。从这样的记载中，我们知道，医药也是古今圣人所重视的问题之一。神农与桐君、黄帝、岐伯创造医药业及医药文化，这样的功绩使无数后人受益。在古人的意识里，神农有这样的功绩，足以被后人尊奉为圣人。

神农在医药业方面的贡献不只是以身试药、寻找和发现药物。《广博物志》卷二十二《方伎》叙述："神农始究息脉，辨药性，制针灸，作医方。"

在寻找药物、发现药物的同时，神农还刻苦钻研医学，最先掌握了号脉、针灸两种医疗技术，能给人诊断疾病，加之掌握了不少药物的性能和功效，他还会给病人开具药方，为病人治病。古人认为，这样一个人，的确可以被尊奉为医药界的始祖。

古人有专门的祭祀仪式来祭祀"先医"。所谓先医，字面意思是最先行医治病救人的人，也就是医药及医药文化的首创者、医药界的始祖。古人祭祀的先医是伏羲（又称"伏羲氏""虑羲氏"）、神农、轩辕（又称"黄帝轩辕氏"，也就是黄帝）。这是元贞元年（1295 年）由元代统治者确定的。也就是说，从元贞元年开始，古人祭祀的先医就是伏羲、神农、轩辕。清代人张东震在《重修三皇庙碑》碑文中说："三皇者何？青囊家所以祠羲、农、黄帝。祠之者何？虑羲氏尝草制砭以治民疾，《本草》成于神农，《内经》出于黄帝，以医所由起也，故专其祀事焉。"三皇就是医药行业祭祀的伏羲、神农、黄帝。医药行业为什么要祭祀三皇呢？因为伏羲氏最早以身试药、发明针灸；神农在伏羲氏之后，继续以身试药，最后精通药物，编成我国历史上第一部药物学著作《神农本草经》；黄帝精通医理医术，编著了我国第一部医学专著《黄帝内经》。一句话：三皇是我国医药行业的祖师、医药及医药文化的首创者，所以，后人要修建专祠，用隆重的仪式来祭祀他们，以表示对他们的怀念与感激之情。

《（光绪）保定府志》卷三十六《工政略二》收录了元代阎复写的《三皇庙碑记》。在碑文开头，阎复首先概括叙述了伏羲、神农、黄帝的功绩，接下来写了这样一段话："医家者流，乃谓制九针，尝百草，察色辨脉，著之于经，尸而祝之以为医之宗，果可以尽三圣人乎？"在医药行业内的人的意识里，在医学典籍记载中，伏羲、神农、轩辕是医药及医药文化的首创者，因此，医药行业尊奉他们为医药界的始祖。其实，这三位圣人的功绩怎么可能只有这些呢？

伏羲、神农、黄帝被医药行业的人视为祖师，被世人尊奉为圣人。从唐天宝六年开始，朝廷就制定了专门祭祀三皇的仪式，每年都要在固定的时间举行祭祀仪式。到元贞元年，各地官府开始修建先医庙，此后每年在固定的时间举行祭祀先医的仪式。

"古者，民茹草饮水，采树木之实，食蠃蚌之肉，时多疾病毒伤之害，于是神农乃始教民播种五谷，相土地宜，燥湿肥烧高下，尝百草之滋味，水泉之甘苦，令民知所辟就。当此之时，一日而遇七十毒。"远古时候，人们吃野菜、喝生水，靠采摘野果、吃生螺蚌肉来填饱肚子，他们往往会生病，或者吃到有毒的东西。在这样的境况下，神农开始教导大家播种五谷，观察土壤的干燥潮湿、肥沃贫瘠、地势高低情况，然后根据这些情况来确定各种不同的土地适宜种什么样的农作物。神农还品尝了各种各样的植物和泉水，了解它们的不同滋味，告诉大家怎样避开有害的东西，找到并利用有益的东西。在这个过程中，神农每一天都要中毒七十余次。《淮南子》卷十九《修务训》的这段记载既叙述了神农在农业及农耕文化方面的首创之功，又叙述了神农在医药文化方面的首创之功，这是古人对神农主要功绩的综合叙述。

在古籍记载中，神农有时简称为"农"，有时简称为"皇"。"农"的例子，在前面引用的《重修三皇庙碑》碑文中出现过，这里只引用"皇"的例子，不展开叙述：

"有神人，名石年，苍色大眉，戴玉理，驾六龙，出地辅，号皇。"〔见汉代郑康成（即郑玄）注解的《纬书集成》之《尚书编·尚书璇玑钤》〕

在古籍中，我们还能看到"燧人氏""有巢氏""无怀氏""葛天氏"这样的人名，这些人都是传说中的远古历史人物，古人用"名字（或名号）"加"氏"的方式来表示他们的名字。因为这一点，神农的名字又写作"神农氏"。古籍中记载的神农氏的事迹与神农的事迹基本上是一致的。这里举几个例子：

"包牺氏没，神农氏作，斫木为耜，揉木为耒，耒耨之利，以教天下，盖取诸《益》。""神农氏没，黄帝、尧、舜氏作，通其变使民不倦，神而化之，使民宜之。"（见《子夏易传》卷八《周易·系辞下第八》）

"（惠应庙）……两庑绘二十四仙医，相传佐神农氏采药者也。"（见明代田汝成的《西湖游览志》卷十二）

在道教经籍中，炎帝则是道教神仙谱系中的一名神仙，他与道教始祖之一的太上老君有着非同一般的关系。这是十分有趣的事情。约始于晋代的道教经籍《太上老君开天经》记载："神农之时，老君下为师，号曰大成子，作《太微经》，教神农尝百草，得五谷，与人民播植，遂食之，以代禽兽之命也。"按照《太上老君开天经》的记载，神农氏是太上老君的学生，他尝百草而发明医药，首创农业及农耕文化，这是拜太上老君为师、虚心向老师学习的结果。对此，《云笈七签》卷三《道教本始部·天尊老君名号历劫经略》也有过记载："神农氏兴，而元始太上老君……以《灵宝》五篇真文、《三皇内经》、《道德经》授神农氏。所以神农按经文，欲为天下众生合仙药，以济天下万民……"神农氏学《灵宝》五篇真文、《三皇内经》和《道德经》有所成，除尝百草发明医药之外，还"造作称尺、斗斛，货易则驾云轮之车，周行天下，各随国土所宜，无不尽备矣"——神农氏的其他于人有益的发明也是他勤学道教经籍、活用道教经籍的结果。所以，神农氏"以道天下治二百岁"，羽化之后，"上登太皇之天，号曰'灵宝虚皇真人'"，位登道家仙界，成了道教神仙谱系中的一名神仙——灵宝虚皇真人。在道教经籍中，神农氏还有别的封号，如五谷帝仙、药皇大帝、离命大帝等。

炎　帝

古籍《礼记·月令第六》中有这样的文字："孟夏之月，……其帝炎帝，其神祝融""仲夏之月，……其帝炎帝，其神祝融""季夏之月……其帝炎帝，其神祝融"。读完《礼记·月令第六》，读者一定会知道：炎帝与太皞、黄帝、少皞、颛顼一样是五帝中的一员。这里所说的五帝指的是五位天神，我们不妨称之为五天帝。在《逸周书》卷六《月令解第五十三》，《吕氏春秋》"十二纪"中的《孟夏纪》《仲夏纪》《季夏纪》，《淮南子》卷五《时则训》等古籍中，我们也可以读到类似的文字。

这些古籍记载让我们获取了有关炎帝的第一个印象：炎帝是五天帝中的一帝，这是炎帝指称的对象之一。东汉班固等人在《白虎通义》卷上《德论上·五行》中叙述："时为夏，夏之言大也。……其帝炎帝者，太阳也。"作为五天帝中的一帝，炎帝是太阳神，按照五行理论，一年四季之中，夏季三个月是由炎帝来主管的。

作为五天帝之一的炎帝，在古籍中又表述为"赤帝"。比方说，《淮南子》卷五《时则训》中有这样的话："南方之极，自北户孙之外，贯颛顼之国，南至委火炎风之野，赤帝、祝融之所司者，万二千里。"从北户孙经颛顼之国，向南一直到委火炎风之野，周长一万二千里的区域是南方统属范围，这里是赤帝、祝融统辖的地方。这里的"赤帝"就是作为五天帝之一的炎帝。

与神农一样，在古籍记载中，炎帝也是远古时期有名的部落或者部落联盟首领。

作为远古时期有名的部落或者部落联盟首领，炎帝是最早掌握人工取火技术的人。"故炎帝于火，而死为灶。"（见《淮南子》卷十三《泛论训》）炎帝掌握了人工取火技术之后，利用这种技术来为部众服务，因此，获得了部众的一致拥护，大家推举他当了部落或者部落联盟的首领。炎帝死后，部众们把他当作灶神来祭祀。《左传·哀公九年》记载了一个叫史墨的人说的一段话："炎帝为火师，姜姓其后也。"在炎帝的部落或者部落联盟中，凡是与火相关的事务都是由他来掌管的，他的后代姓姜。王嘉在他的《拾遗记》卷四《秦始皇》中叙述了秦始皇与"宛渠之民"的一段对话。"宛渠之民"告诉秦始皇："昔炎帝始变生食，用此火也。"当年，炎帝也是用敲打燧石的方法来取火的，炎帝掌握了这种取火的方法之后，开始教大家用火加工食物，从此以后，人们开始食用熟食。不仅如此，掌握了人工取火方法的炎帝，在与黄帝轩辕氏部落的交战中，使用了火来做武器："兵之所由来者远矣！黄帝尝与炎帝战矣……炎帝为火灾，故黄帝擒之。"（见《淮南子》卷十五《兵略训》）战争的历史最早可以追溯到炎帝与黄帝为争夺部落联盟首领而发动的阪泉之战。在阪泉之战中，炎帝用火来攻击黄帝的部队，火给了黄帝部落毁灭性的打击，对于黄帝部落来说，这样的打击无异于一场灾难。因此，炎帝的这番举动激起了黄帝部落强烈的不满，黄帝部落上下一心，最终打败了炎帝部落。

大约从春秋战国时期开始，古人用"木、火、土、金、水"五行来表示远古时期各个有名的部落或者部落联盟首领所拥有的政绩，也就是德政，即木德、火德、土德、金德、水德。唐代司马贞在《史记索隐·三皇本纪》[①]中叙述："（炎帝）火德王，故曰炎帝，以火名官。"作为有名的部落或者部落联盟首领，炎帝最早掌握了人工取火技术，并因此而给人们带来了很多好

_____

① 《史记索隐》又称《补史记》《史补记》。

处，大家都说他拥有火行的德政，所以大家拥立他为首领，称他为"炎帝"。因为这一点，在他的部落或者部落联盟中，炎帝用"火"字来给官员命名。对此，唐代经学家孔颖达引用一个叫服虔的人的话解释："炎帝以火名官，春官为大火，夏官为鹑火，秋官为西火，冬官为北火，中官为中火。"主管礼部事务的官员春官叫"大火"，主管兵部事务的官员夏官叫"鹑火"，主管刑部事务的官员秋官叫"西火"，主管工部事务的官员冬官叫"北火"，主管户部事务的官员中官叫"中火"。

前面说过，炎帝的后代姓姜。古籍还记载，作为部落或者部落联盟的首领，这个部落或者部落联盟传承了八代或者十四代，这八代或者十四代首领都叫"炎帝"。"炎帝号曰大庭氏，传八世，合五百二十岁。"（见汉代郑康成注的《纬书集成》之《春秋编·春秋命历序》）有一代炎帝叫作"大庭氏"，他和他的后代前后有八人担任了部落或者部落联盟首领，历时五百二十年。

《帝王世纪·自开辟至三皇》叙述："凡八世：帝承、帝临、帝明、帝直、帝来、帝衰、帝榆罔。"炎帝家族前后有八代人担任了炎帝，这就是第一代炎帝及"帝承、帝临、帝明、帝直、帝来、帝衰（也写作帝哀）、帝榆罔"，共八代炎帝。

罗泌在他的《路史》卷十三《后纪四·禅通纪·炎帝纪下》中叙述，第一代炎帝之后，还有十四人担任了部落或者部落联盟首领，也称"炎帝"，这十四人依次是"炎帝柱""炎帝庆甲""炎帝临""炎帝承""炎帝魁""炎帝明""炎帝直""炎帝鳌""炎帝居""炎帝节茎""炎帝克""炎帝戏""炎帝器""炎帝参卢"。古人以三十年为一代，十四人前后继任为"炎帝"，加上第一代炎帝"在位百二十年而崩"，持续的时间达五百二十年之久。《纬书集成》与《路史》的记载告诉我们：在古籍中，炎帝是部落或者部落联盟的首领，还是部落或者部落联盟首领的名称。

除最先掌握人工取火技术之外，作为部落或者部落联盟的首领，炎帝还有其他为人称道的功绩。

"是时民益多，禽兽益少，炎帝乃教民播种百谷。"（见司马光的《稽古录》卷一《神农氏》）在炎帝所处的时期，起先，人们靠打猎的方式来获取食物。但是，随着人口越来越多，可以捕获的猎物就越来越少了。这使大家面临一个十分严峻的现实问题：没有足够的食物来源。在这样的情境下，炎帝在狩猎之外，开始教大家耕种田地，通过种植庄稼的方式来解决部众食物来源不足的问题。

"《通鉴》曰：炎帝始味草木之滋，察寒温平热之性，辨君臣佐使之义，尝一日而遇七十毒，遂作方书以疗民疾，而医道立矣。"（见王三聘的《古今事物考》卷二《公式》"药方"条目）

——《通鉴外纪》叙述，炎帝第一个通过品尝草木的方式，以身试药，掌握了寒、温、平、热各种不同的药性，还有各种药物之间的搭配使用规律。炎帝在以身试药的过程中，往往一天之中有着七十余次的中毒经历。就这样，炎帝开发了很多药物，并利用这些药物组合成不同的药方来给人治病，由此创建了我国的医学。

"《帝王世纪》曰：炎帝尝味百药，著《本草》四卷。"（见王三聘的《古今事物考》卷二《公式》"本草"条目）

——皇甫谧在《帝王世纪》这部书中叙述，炎帝以身试药，发现了很多药物，并掌握了这些药物的功效、性能，然后编著了一部四卷本的药物学著作，这就是《神农本草经》。

读到这里，细心的读者会发现，前面《稽古录》《古今事物考》引述的关于炎帝的内容与其他古籍对神农主要功绩的叙述是一致的：首创农业及农耕技术，首创医药及医药文化。这样的叙述显示了神农与炎帝有某种特殊的关系。

在古籍记载中，炎帝还有"炎帝氏""帝炎帝"等不同的称谓。相关例子如下：

"庖牺氏降，炎帝氏、黄帝氏子孙众多……"（见《辽史》卷六十三《表第一·世表》）

"南方之极，自北户南至炎风之野，帝炎帝、神祝融司之。"（见《尚书大传辑校》二《周传·洪范五行传》）

神农和炎帝得名的原因

阅读完前面两节之后，也许有读者朋友会问：神农为什么叫"神农"，炎帝为什么叫"炎帝"呢？对此，古人有过解释。我们不妨来看看古人是怎样解释的。

"谓之神农何？古之人民，皆食禽兽肉，至于神农，人民众多，禽兽不足，于是神农因天之时，分地之利，制耒耜，教民农作，神而化之，使民宜之，故谓之神农。"（见班固等人的《白虎通义》卷上《德论上·号》）

这是班固等人的解释。这段话用现代汉语翻译是这样的：人们为什么要叫他神农呢？远古时期，人们靠打猎获取食物。到神农所处的时期，人越来越多，可供猎获的禽兽则越来越少，人口多而食物少的形势直接威胁到了人类的生存。在这样的境况下，神农开始教人根据各地不同的气候、土地条件，使用耒、耜等农具来耕种庄稼。神农的耕种技术出神入化，经过他的悉心传授，大家都熟练地掌握了农耕技术。为了感谢他教授农耕技术这份恩德，人们都称他"神农"。

"神农始教天下种谷，故人号曰神农。"（见盛世佐《仪礼集编》卷首上）

盛世佐的解释很直截：神农第一个掌握农耕技术，并把农耕技术教给大家，让大家学会了耕田种作，所以，人们叫他"神农"。

裴骃作《史记集解》，对司马迁的《史记》作注解。在注解《史记》卷一《五帝本纪第一》中的"轩辕之时，神农氏世衰"时，裴骃引用班固的话说"教民耕农，故号曰神农"。

裴骃的解释也很直截：神农向人们传授农耕技术，让大家从事农业生产。因为这一点，人们叫他"神农"。

"斫木为耜，揉木为耒，教民稼穑，故曰神农。"（见苏辙的《古史》卷一《三皇本纪》）

苏辙则解释，神农发明了耒、耜这两种农具，同时，还向人们传授农耕技术，让大家耕种庄稼，发展农业生产，人们从此以后不再有食物断缺之忧。就这样，大家都叫他"神农"。

"《礼·祭法》曰：烈山氏之有天下也，其子曰农，能殖百谷，明于稼穑，神其农业，故谓之神农。"（见《（康熙）炎陵志》之"神农氏说"）

《（康熙）炎陵志》的编纂者则引用《礼记·祭法第二十三》的记载来作解释：远古时期的帝王烈山氏有一个儿子叫农，农擅长种植各种庄稼，他通晓农耕技术。因为这一点，人们称他"神农"。

"《礼·含文嘉》曰：神者信也，农者浓也，始作耒耜，教民耕，其德浓厚若神，故谓神农也。"（见《太平御览》卷七十八《皇王部三·炎帝神农氏》）

《太平御览》引述《礼·含文嘉》的这番解释很有意思。书中说：神，就是"诚实、心神专注"的意思。农，则是"深厚、不淡薄"的意思。神农是第一个制造耒耜等农具、教给人耕种技术的人。他秉承大公无私之心，一心一意、毫无保留地把自己掌握的农耕技术教给了别人，人们因此掌握了农耕技术。他的这番努力开启了人类农业及农耕文化的历史，从此以后，人们世世代代沐浴着由此而来的恩泽。神农有如神灵一样，他给予人的恩泽厚重广博、绵长深远，所以大家都叫他"神农"。

古人对于神农得名原因的解释告诉我们：神农是因为拥有高超的农耕技术并首创农业及农耕文化的功绩而得名的。

《搜神记》（晋代干宝编撰）卷一叙述："神农以赭鞭鞭百草，尽知其平毒寒温之性，臭味所主，以播百谷。故天下号神农也。"

干宝的这番解释颇有神话色彩：神农有一条赭色的鞭子，它能用来识别不同的药物。神农用这条鞭子鞭打各种不同的植物，由此掌握了不同药物的性能、气味及功效。与此同时，神农还指导人们耕种田地、播种庄稼。因为这两点，大家都称他为"神农"。

这是说，古人之所以要把神农尊奉为"神农"，还与他在医药业方面的首创之功有关。

那么，人们为什么要把炎帝称为"炎帝"呢？先看唐代司马贞在《史记索隐·三皇本纪》中的解释："（炎帝）火德王，故曰炎帝，以火名官。"在唐代司马贞之外，清代的吴乘权在他的《纲鉴易知录》卷一《五帝纪·炎帝神农氏》中对炎帝得名的原因作了解释："以火德代伏羲氏治天下，故曰炎帝。"

古人把远古时期有名的部落或者部落联盟首领也称为帝王。司马贞和吴乘权的解释是一致的：作为帝王，炎帝拥有火德，因此，大家都叫他"炎帝"。

司马贞和吴乘权都提到炎帝拥有"火德"，这是炎帝得名的主要原因。

在前面引用的《淮南子》卷十三《泛论训》和《左传·哀公九年》等古籍记载中，我们知道炎帝是最先掌握人工取火技术，并用这种技术为部众服务，因此深受部众拥戴的人。这些记载与司马贞、吴乘权对炎帝得名原因的解释互为补充。在已知的古籍记载中，司马贞和吴乘权的上述解释是极有代表性的。

在前面引用的古籍中，古人采用了对"神农""炎帝"分开来叙述的方式来解释他们各自得名的原因。古人还采用了另一种方式来解释"神农""炎帝"得名的原因：把"神农""炎帝"合在一起来叙述，给人一种直观印象——神农和炎帝是同一个人，由此而解释"炎帝神农氏"得名的原因。这里引用四个例子：

"炎帝因天时，相地宜，斫木为耜，揉木为耒，始教民艺五谷，而农事兴焉；民有疾病，未知药石；炎帝始味草木之滋，察其寒温平热之性，辨其君臣佐使之义，尝一日而遇七十毒，神而化之，遂作方书以疗民疾，而医道立矣；复察水泉甘苦，令人知所避就，由是民居安食力而无夭札之患，天下宜之，故号神农氏。"（见元代陈桱《通鉴续编》卷一中的注解文字）

这是说炎帝由于拥有首创农业及农耕文化、首创医药及医药文化的功绩而被人尊奉为神农氏。

"炎帝承木生火，固为火德，号曰神农氏。"（见汉代荀悦的《前汉纪》卷一《高祖一》）

作为一代帝王，炎帝拥有火德；作为一个人，炎帝的号叫神农氏。二者合在一起，就是"炎帝神农氏"了。

"神农氏姜姓，长于姜水，以火承木，故为炎帝。"（见宋代刘恕的《资治通鉴外纪》卷一《包牺以来纪》）

神农氏这个人姓姜，在姜水流域成长起来之后，他拥有火德，在拥有木

德的伏羲氏之后担任帝王。他拥有火德而又担任了帝王，所以，人们称他为
"炎帝"。

"至神农氏则有炎帝之号。"（见宋代郑樵的《通志》卷四十六《谥略第
一·序论第一》）

远古时期，最初，担任人间帝王的人死后并没有谥号，从神农担任人间
帝王开始，人间帝王才有谥号。所谓谥号，就是在帝王去世之后，人们根据
他生前的功绩或者品德等而给予的带有评价色彩的名号。一代帝王神农氏的
谥号叫"炎帝"，故而有"炎帝神农氏"这个称号。

这四种解释给人一种感觉：古籍记载中的神农与炎帝是同一个人，他得
名为"神农"，这是就他在农业方面的首发之功或者是就他出生的氏族或者
部落的名称而言的；他得名为"炎帝"，则是就他作为一代帝王拥有的德政
或者谥号而言的。除此之外，这四种解释还给读者以这样的暗示：先有神农，
后有炎帝，"炎帝"是神农去世之后，人们给予他的谥号。

炎帝神农氏

古人在叙述"神农"和"炎帝"的时候，有将"神农"与"炎帝"分
开来叙述的，也有把"神农"与"炎帝"统合起来叙述的。"神农"与"炎
帝"统合起来之后，就成了"炎帝神农氏"，这样的叙述最先是从《世本》
开始的。《世本》这本书约成书于战国时期，该书在《氏姓篇》"姜姓"条目
下使用了"炎帝神农氏"的表述。这种表述方式在汉代之后逐渐占据主流，
成为大家最为熟悉的一种叙述方式。这种叙述方式宣示：神农和炎帝就是同
一个人。

　　但是，在古籍中，还有不赞同神农和炎帝为同一个人的意见。在相应的古籍记载中，作者将"神农"和"炎帝"分开来叙述，叙述的内容显示：神农是神农，炎帝是炎帝，二者并不是同一个人。这里面极有代表性的例子有《管子》卷十六《封禅第五十》，还有司马迁的《史记》卷一《五帝本纪第一》。二者的叙述明确告诉读者：神农不是炎帝，炎帝不是神农。

　　公元前651年，齐桓公在葵丘（依杨伯峻先生考证，葵丘在今河南省兰考县东）大会诸侯，与齐、鲁、宋、卫、郑、许、曹等诸侯国国君举行会盟，周襄王也派代表参加了这次会盟仪式。葵丘会盟确定了齐桓公的霸主地位，齐桓公由此而成为"春秋五霸"中的第一个霸主。事后，齐桓公想举行封禅仪式，借以宣示他的功绩。对于齐桓公的这个想法，管仲并不赞同，他告诉齐桓公：据史籍记载，在此之前，前后有七十二代帝王举行过封禅仪式，他能够记起来的只有其中的十二代帝王，这些帝王在举行封禅仪式之前，都会在事前获得相应的吉兆，而现在，他们并没有看到应有的吉兆。管仲说，这十二代帝王中有神农、炎帝，"神农封泰山，禅云云；炎帝封泰山，禅云云"。神农在泰山举行祭祀天的仪式，在云云山举行祭祀地的仪式；炎帝在泰山举行祭祀天的仪式，在云云山举行祭祀地的仪式。这样的叙述，十分明确地告诉读者神农和炎帝是两个人。

　　在《史记》卷一《五帝本纪第一》中，司马迁说："轩辕之时，神农氏世衰。诸侯相侵伐，暴虐百姓，而神农氏弗能征。"黄帝轩辕氏部落兴起的时候，神农氏的家族已经衰败了，无法继续维持他作为天下共主的地位。面对各个诸侯（实际上是归属于神农部落联盟的其他部落）相互混战、百姓深受其害的局面，作为部落联盟首领的神农氏毫无控制局面的能力。这个时候，"炎帝欲侵陵诸侯，诸侯咸归轩辕"，炎帝想乘机侵扰其他诸侯，在这样的情境下，受到威胁的诸侯纷纷投靠黄帝轩辕氏。这样的叙述也十分明确地告诉读者神农和炎帝是两个人。直到清代，崔述等人还在坚持这样的观点。崔述在《补上古考信录》中说："要之，自司马迁以前，未有言炎帝、太皞之为庖羲、神农者，而自刘歆以后始有之。"崔述的这番话强调：在司马迁之前，没有人说炎帝就是神农氏，说炎帝就是神农氏，这是从西汉人刘歆开始的。

那么，在汉代之后，倾向于认为神农与炎帝是一个人而把二者统合为"炎帝神农氏"的意见逐渐成为主流意见，这又是什么原因呢？古人对此作了具体解释。

第一种解释："炎帝即神农氏。炎帝身号，神农代号也。"这是三国时期的宋仲子对《世本·氏姓篇》提出的"炎帝神农氏"所作的解释，意思是说炎帝就是神农，"神农"是炎帝出身的部落名称，而"炎帝"则是这个部落首领的名号。

东汉人王符也提出了同样的说法，他在《潜夫论》卷八《五德志第三十四》中云："……身号炎帝，世号神农。"这里所说的"世号"与宋仲子所说的"代号"意思相同，两个人的意见是一致的。

第二种解释：炎帝是神农氏的后代。这里摘引几段古籍记载来略作说明：

"炎帝，神农之末世也。与黄帝战于阪泉，黄帝灭之。"（见《淮南子》卷十五《兵略训》中的注解文字）

炎帝，是神农氏部落的末代首领，他率领部众与黄帝轩辕氏部落在阪泉打了一仗，战败后，他和他的部落都灭绝了。

"神农后子孙亦称炎帝而登封者。"（见《史记》卷二十八《封禅书第六》索引邓展云语）

在神农之后，神农的子孙后代继任部落或者部落联盟首领的时候都自称炎帝。

"炎帝，神农后。"（见《汉书》卷二十五《郊祀志第五上》李奇语）

炎帝是神农氏的后裔。

第三种解释："神农"和"炎帝"是同一个部落或者部落联盟的首领在前后不同历史时期的称号。这些首领都叫"神农"或者"炎帝"，神农和炎帝所在的部落或者部落联盟的名称也叫"神农"或者"炎帝"。这是当代学者何光岳先生的观点。在《炎帝氏族的繁衍和迁徙》一文中，何先生是这样表述自己的意见的：

"神农和炎帝是同一氏族的前后两个不同的首领。神农氏在前，氏族以首领的名称为名，故他所在氏族称神农氏。神农氏族发展到后来，出现了一个有名的首领炎帝，人们也以他的名字来称呼氏族，而且以后的首领也都沿用炎帝称号，于是，神农氏族便成了炎帝氏族，以致后来人们也把神农、炎帝混为一人了。"

第四种解释：炎帝是天神，又叫"赤帝"，是夏、商、周时期各个王朝祭祀的五个天帝中的一个，神农则是远古时期一个杰出的部落或者部落联盟首领。进入商代之后，商代人在重新确定五个天帝的时候，把神农当成赤帝来祭祀，于是，神农也就演变成"炎帝"，久而久之，就形成了"炎帝神农氏"这种说法。这是董仲舒个人的意见，语见《春秋繁露》卷七《三代改制质文第二十三》，在这里不妨将他的原话摘录下来：

"故汤受命而王，应天变夏作殷号，时正白统。亲夏故虞，绌唐谓之帝尧，以神农为赤帝……"董仲舒用"三统说"来解释历史上的王朝演变现象，他认为历史上的朝代更替变化，是"白统、黑统、赤统"这三统循环往复变化的结果。商汤灭夏，这是代表商的白统取代了代表夏的黑统的结果。商汤建立自己的朝代之后，确定建立的朝代名称叫"商"。夏代人尊奉远古帝王尧，他们把尧当作五天帝中的一帝来祭祀；商代建立之后，商代人把尧从五天帝祭祀体系中移出来而称之为"帝尧"，然后，把远古帝王神农纳入五天帝祭祀体系，当作五天帝中的"赤帝"来祭祀。商代人"以神农为赤帝"，把神农当成了赤帝，也就是炎帝。

第五种解释：神农氏"有炎之德"，拥有火行的德政，所以，大家都叫他"炎帝"。关于这种说法，前面在解释炎帝得名的原因时已经有过阐述，这里不重复叙述。

第六种解释："炎帝神农氏"这个名号是王莽按照五德终始理论系统地整理古代历史时把"神农"和"炎帝""拍合成一个人"的结果。这是历史学家顾颉刚先生的意见，他在《秦汉的方士与儒生》第十六章《古史系统的大整理》中就此作了详细的解释，这里也不作引述。

第二章　炎帝神农氏其人

　　神农、炎帝具有多重身份，但在古籍中，人们主要是把他们当作远古帝王来叙述的。这里所说的帝王，其实是远古时期氏族、部落或者部落联盟的首领。相应地，古籍记载中的炎帝神农氏时期的"国家"或者"诸侯"，则是神农或者炎帝所处的氏族、部落或者部落联盟之外的氏族、部落或者部落联盟和它们的首领，古籍记载中的神农、炎帝的臣子则是他们所处的氏族、部落或者部落联盟中的重要成员，或者主要助手。汉代以后，古人将神农、炎帝统合为"炎帝神农氏"，从这个时期开始，人们把炎帝神农氏视为一个远古帝王来叙述的倾向更为明显。由此一来，我们在古籍中看到的有关神农、炎帝、炎帝神农氏的事迹往往是一个人的事迹。按照这样的叙述方式，顺着汉代以后古人将神农、炎帝统合为"炎帝神农氏"的思路，我们现在来简单叙述一下有关炎帝神农氏其人两个方面的基本情况：第一，有关炎帝神农氏个人的基本情况，包括炎帝神农氏的姓名及出生情况，还有家庭方面的基本情况；第二，炎帝神农氏所处的部落或者部落联盟的基本情况，包括他的主要臣子，他所处的部落或者部落联盟的基本情况，还有这个部落或者部落联盟与其他部落或者部落联盟之间的关系。

炎帝神农氏其人其事是一个内容广博的课题，可以介绍的与读者朋友希望了解的远远不止这些。在这一章里，我们叙述的只是有关炎帝神农氏上述两个方面的"基本情况"，希望我们的叙述能够给读者朋友以初步印象，至于其他有关炎帝神农氏而又应该作较为详细叙述和介绍的情况，我们将在以后的章节中再作专题叙述。

炎帝神农氏的姓名

作为我国远古时期的人间帝王，在古籍记载中，炎帝神农氏是有姓有名的。

《帝王世纪·自开辟至三皇》云："神农氏，姜姓也……本起于烈山，或时称之。"炎帝神农氏以他的成长地烈山的名字作为自己的名字，叫作"烈山氏"。在古籍中，"烈山氏"又写作"历山氏""列山氏"。

炎帝神农氏也叫伊耆氏。清人徐文靖在《竹书纪年统笺·前编·炎帝神农氏》中叙述："其（即炎帝神农氏）初国伊，又国耆，合而称之，又号伊耆氏。"炎帝神农氏首先建立了一个叫"伊"的国家，后来又建立了一个叫"耆"的国家。人们把这两个国家的名称合起来当作炎帝神农氏的名号，于是，大家又叫炎帝神农氏"伊耆氏"。

炎帝神农氏还有"连山氏""大庭氏""魁隗氏"三个不同的名号。宋代的刘恕在《资治通鉴外纪》卷一《包牺以来纪》"神农氏"条目下说："（炎帝神农氏）本起烈山，称烈山氏。一曰连山氏、伊耆氏、大庭氏、魁隗氏。"炎帝神农氏是从烈山成长、发展起来的，他自称"烈山氏"。除此而外，炎帝神农氏还有"连山氏""伊耆氏""大庭氏""魁隗氏"等不同的名号。

唐代的孔颖达在《周易正义》卷首《第三论三代〈易〉名》中作注释时说："案《世谱》等群书：神农，一曰连山氏，亦曰列山氏。"据古籍记载，伏羲氏创制了八卦，炎帝神农氏则在伏羲氏的基础上，将八卦演绎为六十四卦，这就是传说中的《连山易》，由此，人们又叫炎帝神农氏"连山氏"，也就是演绎《连山易》的人。汉代郑康成注解的《纬书集成》之《春秋编·春秋命历序》、《纬书集成》之《春秋编·春秋纬》等记载了"炎帝号曰大庭氏""炎帝号大庭氏"。为什么叫作"大庭氏"呢？宋代的乐史在《太平寰宇记》卷二十一《河南道二十一》中援引郑康成的注解说："大庭氏，古国名也，炎帝神农氏居大庭。"炎帝神农氏建立了一个叫"大庭氏"的国家，人们以这个国家的名称给炎帝神农氏命名，所以，炎帝神农氏也叫"大庭氏"。

关于炎帝神农氏的名号，《帝王世纪·自开辟至三皇》还有这样的叙述："（炎帝神农氏）作耒耜，始教民耕农。尝别草木，令人食谷以代牺牲之命，故号神农，一号魁隗氏，是为农皇。"炎帝神农氏因在农耕技术及农耕文化上有首创之功而被人尊奉为神农、农皇，他又叫"魁隗氏"。

前面介绍过，古人会在远古传说人物名字的后面加一个"氏"字。古籍中记载的"魁隗氏"其实是"魁隗"，《潜夫论》卷八《五德志第三十四》介绍炎帝神农氏时说他是"赤帝魁隗"。

"魁隗"也写作"嵬魁"，或者简称为"魁"，这在汉代郑康成注解的《纬书集成》之《孝经编·孝经援神契》、《纬书集成》之《孝经编·孝经钩命决》中有记载："任已感龙，生帝魁。佳姒感龙，生帝嵬魁。""任已感龙，生帝魁。佳姒感龙，生帝魁魁。"

在古籍记载中，魁是一代炎帝。古人把炎帝尊奉为"帝"之后，把担任炎帝的人统称为"炎帝"，或者是用"帝"加名字的方式，称他们为"帝魁""帝魁魁""帝明""帝直"等。

在部分古籍中，炎帝神农氏又叫"朱襄氏"。"朱襄氏"这个名字在古籍中出现频率并不高，对于大多数人来说，这是一个十分陌生的词。《吕氏春秋》卷五《仲夏纪·古乐》记载："昔古朱襄氏之治天下也……"高诱注释："朱襄氏，古天子炎帝之别号。""朱襄氏"是远古时期的帝王炎帝的别号。

在其他一些古籍以及民间传说中，炎帝神农氏还有"石年""石耳""轨"等不同的名字。

炎帝神农氏又叫作"石年"，这个名字出现在很多有关炎帝神农氏的民间传说中。

汉代郑康成注解的《纬书集成》之《尚书编·尚书璇玑钤》说："有神人，名石年，苍色大眉，戴玉理，驾六龙，出地辅，号皇。"有一个神仙名叫石年，他长着深青色的浓眉毛，戴着玉佩，驾着六条龙拉的车，他教人耕种庄稼，使人充分享受到了土地带来的好处，人们因此把他尊奉为"皇"。这个"皇"就是炎帝神农氏。

炎帝神农氏还有一个名字叫"石耳"。汉代郑康成注解的《纬书集成》之《春秋编·春秋命历序》说："有神人名石耳，苍色大眉，戴玉理，驾六龙，出地辅，号皇神农。"

罗泌在《路史》卷十二《后纪三·禅通纪》中说，炎帝神农氏还有一个名字叫"轨"。他说："炎帝神农氏，姓伊耆，名轨，一曰石年。"炎帝神农氏，姓伊耆，名字叫轨，又叫作"石年"。

炎帝神农氏的母亲

关于炎帝神农氏的母亲是谁，这在古籍及民间传说中有不同的说法。

在古籍记载中，炎帝神农氏的母亲有"任姒""女登""妊姒""安登""安登氏""任已""佳姒""任巳"等不同的名字。

《帝王世纪·自开辟至三皇》的记载是："神农氏，姜姓也。母曰任姒，有蟜氏之女，名女登，为少典妃。"炎帝神农氏姓姜，他的母亲任姒，是有蟜氏部落的女子，名叫女登，是少典部落的首领少典之妻。古人至少有两个名字，一个叫"名"，一个叫"字"，这段叙述中的"任姒""女登"应该是同一个人的名与字，因此，"任姒"和"女登"指的是同一个人。

在古籍中，炎帝神农氏的母亲也叫"妊姒"。《潜夫论》卷八《五德志第三十四》中说炎帝的母亲叫"妊姒"，她受神龙的感应而"生赤帝魁隗"，而赤帝魁隗"身号炎帝，世号神农"。原文是这样的："有神龙首出，常感妊姒，生赤帝魁隗……"炎帝神农氏的母亲妊姒被神龙所感应，怀孕生下了炎帝神农氏。

在古籍中，炎帝神农氏的母亲又叫"安登"。《路史》卷十二《后纪三·禅通纪》之"炎帝"条目下叙述："炎帝神农氏，……母安登感神于常羊，生神农于列山之石室……"炎帝神农氏的母亲安登在常羊山被神龙感应而怀孕，孕期期满后在列山的一个石洞中生下了炎帝神农氏。

清代的吴乘权在《纲鉴易知录》卷一《五帝纪·炎帝神农氏》中也有关于"安登"的记载："少典氏之君娶于有蟜氏之女，曰安登，生二子焉，长曰石年。"少典部落的首领娶了有蟜氏部落中一个叫安登的女子为妻，安登生了两个儿子，大儿子叫石年。这个石年就是炎帝神农氏。

"安登"这个名字也写作"安登氏"。《湖南通志》卷末之一《杂志一·纪闻一》援引王万澍《衡湘稽古》中的话说："曰帝母安登氏……"有人说炎帝的母亲叫安登氏。

炎帝神农氏的母亲因感应神龙而受孕生下炎帝神农氏。在汉代郑康成注解的《纬书集成》之《孝经编·孝经援神契》和《纬书集成》之《孝经编·孝经钩命决》中，这个故事的女主人公名字叫"任已""佳姒""任巳"：

"任已感龙，生帝魁。佳姒感龙，生帝嵬魁。""任巳感龙，生帝魁。佳姒感龙，生帝嵬魁。"

任已或者任巳被神龙感应，怀孕生下了炎帝魁；佳姒被神龙感应，怀孕生下了炎帝嵬魁。

在湖南茶陵、炎陵及江西宁冈等地的民间传说中，炎帝的母亲叫白云。1987年出版的《宁冈县地名志》记载，炎帝的母亲叫白云，她在宁冈、炎陵交界地带的某处山林里修炼，后来羽化成仙。人们为了纪念她，便在宁冈县（现已被撤销）睦村西3.5千米处的山坳修建了白云仙庙，又在大垅以南6千米处修建了婆婆仙古庵。白云仙庙和婆婆仙古庵祀奉的主神就是白云。其中，白云仙庙倒塌后改建为白云仙亭。

在湖南茶陵、炎陵及江西宁冈等地民间传说中，炎帝还有鹰、鹿两个动物母亲。传说，炎帝的生身母亲女登无暇照顾年幼的炎帝，在这样的情况下，天帝派一头白鹿来给炎帝喂奶，派一只老鹰来给炎帝遮蔽风雨。这样，白鹿和老鹰也成了抚育炎帝的母亲。人们特意在炎陵县的炎帝陵大殿前放置了一头鹿、一只鹰的石雕像，用以纪念曾经抚育过炎帝神农氏的这两位动物母亲。

炎帝神农氏的出生地及出生情况

前面介绍了古籍和民间传说中的炎帝神农氏的母亲，现在我们来谈一谈古籍和民间传说中炎帝神农氏的出生地及出生情况。大致说来，古籍和民间传说中关于炎帝神农氏的出生地及出生情况的记载有两个不同的版本。

版本之一：炎帝神农氏的母亲看到一条神龙，心中有所感应，因而怀孕，生下了炎帝神农氏。这种说法的神话色彩很明显。除前面引用的古籍记载之外，同属于这一个版本的还有下面的记载：

唐代司马贞在《史记索隐·三皇本纪》中说："炎帝神农氏，姜姓。母曰女登……感神龙而生炎帝。"

汉代郑康成在他的著作中明确记载了炎帝神农氏的出生地。他在他注解的《纬书集成》之《河图编·河图稽命徵》中叙述："女登游于华阳，有神龙首，感女登于常阳山，而生神农。"女登在游华阳的过程中，在常阳山被神龙感应而怀孕生子——故事的发生地，也就是炎帝神农氏的出生地，即"华阳"地区的"常阳山"。

"华阳"地区在哪里呢？《帝王世纪·自开辟至三皇》记载："神农氏，姜姓也。母曰任姒，有蟜氏之女，名女登，为少典妃。游于华阳，有神农首感女登于尚羊，生炎帝。……""华阳"就是"华山之阳"，也就是华山的南面，即现在的陕西省渭南市华阴市南面的秦岭一带。

不过，山西大学的刘毓庆先生在《上党神农氏传说与华夏文明起源》一书第三章《汉唐以降文献记载对"神农上党说"的支持》中，以《常羊山与上党羊头山之关系》为题，就古籍记载中的"常羊山"专门作了讨论。刘毓庆先生引述古籍记载说，"常羊山"又写作"裳羊山""尚羊山"。对于古籍记载中的"常羊山"在哪里的问题，他先引述罗苹对《路史》卷十二的注解"常羊，华阳之常阳也"，说明古籍记载中的"常羊山"是"华阳"的常阳山。然后，刘毓庆先生综合他所掌握的资料，就这个问题提出了五种意见：一是在陕西省宝鸡市境内（即"宝鸡说"），二是在湖北省随州境内（即"随州说"），三是在河南省伊川县龙头沟（即"伊川说"），四是在甘肃省陇南市西和县南境的大桥乡（2014 年改为大桥镇）仇池山（即"仇池说"），五是在湖南省会同县境内（即"会同说"）。在此基础上，刘毓庆先生指出："我们不能说炎帝感生的尚羊山就一定是指今天的（山西）高平、长子、长治三地交会处的传说炎帝发现五谷的羊头山，因为作为上古的一个活动群体，他们有可能随着迁徙把他们的信仰带到各地，这样就可能留下多处尚羊山"，"炎帝感生于尚羊山的神话传说，可能只是羊图腾崇拜或远古图腾投体观念的一种反映"。

版本之二：炎帝诞生于厉山。厉山又写成"烈山""历山"。

《荆州记》（南朝刘宋时期的盛弘之著）卷二"随县"条目下记载："随郡北界有厉乡村，村南有重山，山下有一穴，父老相传云，神农所生。村西有两重堑，内有周围一顷二十亩地，中有九井。神农既育，九井自穿。又云：汲一井则众井水动，即以此为神农社，年常祠之。"

随州北部地区有一个叫厉乡的村庄，它的南面是崇山峻岭，山岭中有一个天然洞穴。厉乡当地的父老乡亲说这个洞穴是炎帝神农氏的出生地。厉乡村西面有两道古人留下来的壕沟，壕沟内有一块面积达一百二十亩之大的空地，这块空地上有九眼水井。传说当年炎帝神农氏出生以后，这块空地自动下陷，形成这九眼水井。当地民间还传说，只要有人在这九眼水井中的任何一眼水井中汲水，其他八眼水井里面的水就会随之动起来。厉乡村人在这里安设了一座社神庙，把炎帝神农氏供奉在这座社神庙里，世代祭祀。

从作者的叙述中我们知道，这种说法来自民间传说。这个民间传说的发生地在"随郡""厉乡村"，也就是现在的湖北省随州市随县厉山镇。

在民间传说中，炎帝神农氏的母亲是在突然遭遇火灾的时候，逃进洞穴中生下炎帝神农氏的。王万澍在《衡湘稽古》中说："随县厉乡南有重山，即烈山也。山下有一穴，父老相传云，是神农所生处也。……曰帝母安登氏将产，野烧腾发，万山燃烈，其宅为焚，母奔避于山，处穴中而生帝，故名烈山氏。"

这个传说与前面引用的《荆州记》记载的民间传说互为补充。它告诉读者：炎帝神农氏的母亲安登氏即将临产的时候，突然遭遇了一场火灾，火势凶猛，把安登氏家的房子烧毁了。在这样的紧急关头，安登氏急急忙忙地跑到厉乡村南烈山的那个天然洞穴里去生产，生下了炎帝神农氏。炎帝神农氏是在烈山的洞穴里降生的，所以，大家又叫他烈山氏。

关于炎帝神农氏的出生这个问题，罗泌的说法与众不同。他在《路史》卷十二《后纪三·禅通纪》之"炎帝"条目下说："母安登感神于常羊，生神农于列山之石室，生而九井出焉。"炎帝神农氏的母亲安登在常羊山被神龙感应而怀孕，后来在列山的洞穴里生下了炎帝神农氏。炎帝神农氏出生之后，附近有地下陷，形成了九眼水井。罗泌的这种说法把上面有关炎帝神农氏出生的两个版本的民间传说统合在了一起。

《史记》卷一《五帝本纪第一》中有"舜耕历山，历山之人皆让畔"的记载。从司马迁的叙述来看，这并不是发生在舜帝南巡期间的事情，故事的发生地不是在南方而是在北方地区，这就是说，司马迁所说的"历山"并不是湖北省随县的"烈山"。这是为什么呢？

曲辰先生经过考证以后认为"烈山"（或者"历山""厉山"）这个名

字来源于一件事，这就是炎帝神农氏曾经在熊耳山脉的龙门山上焚林垦荒，用刀耕火种的方式进行原始农耕生产。在当时，这是一种新起的、比较先进的农耕技术。因为这样的缘故，炎帝神农氏焚林垦荒的地方就叫作"烈山"，炎帝神农氏被人叫作"烈山氏"。至于"历山""厉山"这样的名称，有可能是由"烈山"变音而形成的。有兴趣的读者朋友可以在曲辰先生《轩辕黄帝史迹之谜》一书的《"炎帝为火灾"吗?》部分读到详细的叙述。

炎帝神农氏在熊耳山脉的龙门山上焚林垦荒，这个远古时期的故事发生在河北省，故事的发生地在历史上叫"涿鹿"。

《(道光)保安州志》对炎帝神农氏焚林垦荒的地方作过具体的记载和描述：这里"四周岗阜围合，俨如城郭。中为平地，田可四顷"，所以，民间有人把它叫作"四顷梁"。据说，"舜耕历山"中的"历山"就是这里。舜为什么会占有炎帝的耕作之地作为自己的耕地呢? 还有，湖北省随县为什么也会有一个"烈山"（或者"历山""厉山"）呢? 有关这些问题的答案，我们现在不得而知，只能录而存疑。

炎帝神农氏的外貌与神像

晋代人皇甫谧在《帝王世纪·自开辟至三皇》中描述了炎帝神农氏的外貌："人身牛首"——人的身子，长着一颗牛头。我们不妨把炎帝神农氏的这种形象称为"人与动物组合型的形象"。

古人以"人身牛首"来描述炎帝神农氏的外貌，这可能与炎帝神农氏所在部落的图腾有关系：这个部落首先发明农耕技术并开创农耕文化，牛是这个部落从事农耕活动时必不可少的畜力来源。也就是说，使用牛耕地是炎帝神农氏部落显著的特点之一。另一个方面，这也可能是古人借助奇异的形象来神化炎帝神农氏的结果。

但是，在古人看来，"人身牛首"毕竟不是一个"雅观"的形象，更何况拥有这样一个形象的是"圣人"炎帝神农氏呢？因此，古时候，有不少人对《帝王世纪》中有关炎帝神农氏的这番外貌描写感觉颇为不爽。《（雍正）湖广通志》卷一百十《艺文志》辑录了明代无名氏的作品《炎帝庙像服记》。在这篇文章中，作者说湖北省随州市随县厉山镇有炎帝神农氏庙宇，"其庙中偶上为帝像，而首之形如牛"。庙宇中的炎帝神农氏塑像，头部的样子塑造得与牛头很像。"自昔皇甫谧之徒，盖尝主此说，甚矣传之之讹也。"塑像的人为什么把炎帝神农氏的头部塑造成这个样子呢？这是因为很久以前皇甫谧等人在他们的书中是这样记载的。这种说法实在是太荒唐了！"若夫人之形岂得以与禽兽类，又况其圣人哉！"怎么能把一个人塑造得像禽兽的样子呢？何况，炎帝神农氏还是上古时期的一个圣人呢！一句话：皇甫谧关于炎帝神农氏"人身牛首"的说法有辱炎帝神农氏的圣人形象。说过这层意思之后，作者说有一个姓杨的人来随州担任地方官，当他获悉庙宇中的炎帝神农氏塑像是这样一番形象之后，十分生气，说："妄！述古先以渎圣人，此皇甫谧之过也，吾不可以不革。"这实在是胆大妄为！叙述远古圣人的事迹，却又同时亵渎圣人的形象，这是皇甫谧的过错。现在，我（指姓杨的地方官）非改正这种错误的做法不可。"即遣工人毁庙旧像，更其首形而始冕。"于是，这个姓杨的地方官当即派人把庙宇中炎帝神农氏原来的塑像毁掉，重新给炎帝神农氏塑像。新的炎帝神农氏塑像头部是戴着冠冕的帝王形象，从此以后，炎帝神农氏的塑像都是头戴冠冕的帝王形象。

《炎帝庙像服记》的作者，以及姓杨的地方官的意见也许是错误的，在《帝王世纪》之外，还有其他古籍记载中的炎帝神农氏也是人与动物组合型的形象——

《列子·黄帝第二》的描述是这样的："庖牺氏、女娲氏、神农氏、夏后氏，蛇身人面，牛首虎鼻。"伏羲氏、女娲氏、炎帝神农氏和夏后氏启一样，都长着蛇一样的身体、牛一样的头、老虎一样的鼻子，而面却与常人无异。

汉代郑康成注解的《纬书集成》之《孝经编·孝经援神契》描述的炎帝神农氏形象是"弘身而牛头，龙颜而大唇。怀成钤，戴玉理"。炎帝神农氏身材高大，嘴唇厚实，眉骨高耸圆实，头部似牛头，戴着玉胜这样的发饰，随身带着农具。

唐代的张守节在《史记正义》中注解《史记》卷八《高祖本纪第八》时援引《合诚图》说"赤帝体为朱鸟，其表龙颜，多黑子"。炎帝神农氏的身体如朱雀形，面容清秀，眉骨高而圆，面部长着不少黑点。

罗泌的《路史》卷十二《后纪三·禅通纪》"炎帝"条目下则描述炎帝神农氏"长八尺有七寸，弘身而牛颠，龙颜而大唇。怀成钤，戴玉理"。炎帝神农氏身材高大，眉骨圆实，高耸如牛，嘴唇厚实，头戴玉胜，胸口有两个像钤星一样的印记。

同样是郑康成注解的《纬书集成》，其中的《春秋编·春秋元命苞》《春秋编·春秋命历序》描述的炎帝神农氏还有另一种形象："人面龙颜"，"苍色大眉，戴玉理"。炎帝神农氏面容清秀，眉骨高而圆，就像龙的眉骨一样；炎帝神农氏面色黝黑，头上戴着玉胜。

前面引述的《炎帝庙像服记》中讲到了姓杨的地方官重新给炎帝神农氏塑像时"更其首形而始冕"的故事，这涉及炎帝神农氏塑像的形制问题。对此，《（乾隆）鄜县志》卷之十二"貌服"条目下作了总结似的记载：

"宋太祖……炎陵庙像止为王者衣充（"衮"字之误。衮，天子的礼服），戴冕。明嘉靖间，重新帝殿，爰易貌服，龙表角立，绘木叶为衣，不用衮冕。

今因之。"

宋太祖赵匡胤时期，规定炎帝庙中祭祀的炎帝神农氏塑像是一个帝王形象：穿着帝王的礼服，戴着帝王的帽子（冠冕）。明代嘉靖年间，朝廷重新规定了炎帝神农氏庙宇的形制规格：炎帝神农氏塑像由身穿衮服、头戴冠冕的帝王形象改为头上梳两束龙角形状的发髻、身穿树叶做成的衣服的和蔼且慈祥的长者形象。清代沿用明代的规定，炎帝神农氏庙中的塑像也是一副和蔼、慈祥的长者形象。

《（道光）炎陵志》卷三《陵庙》"炎帝庙像"条目下也作了总结似的记载：

"宋为王者衣衮，戴冕。……明洪武七年，令帝王庙皆塑衮冕坐像，惟伏羲、神农，未有衣裳之制，不必加衮冕。嘉靖间重新帝殿，爰易貌服，龙表角立，绘木叶为衣。今因之。"

《明史》卷五十《志第二十六》记载："七年，令帝王庙皆塑衮冕坐像，惟伏羲、神农未有衣裳之制，不必加冕服，八月帝躬祀于新庙。"

除《（乾隆）鄜县志》卷之十二"貌服"条目所作的记载之外，《（道光）炎陵志》和《明史》的编纂者也都提到了洪武七年（1374 年）明王朝有关炎帝神农氏塑像形制的记载：其他远古帝王的塑像塑成身穿衮服、头戴冠冕的帝王形象，只有伏羲氏、神农氏两个远古帝王的塑像没有明确的服饰规定，但又强调一点：不能塑造成身穿衮服、头戴冠冕的帝王形象。这样的规定持续到了嘉靖年间（1522—1566 年）。

炎帝神农氏的妻子儿女

古籍中还有有关炎帝神农氏的妻子儿女方面的记载。

这方面的记载，最早可以追溯到成书于战国至汉代之间的《山海经》。该书第十八卷《海内经》有这样的记载：

"炎帝之妻，赤水之子听訞生炎居，炎居生节并，节并生戏器，戏器生祝融。祝融降处于江水，生共工。共工生术器，术器首方颠，是复土壤，以处江水。共工生后土，后土生噎鸣，噎鸣生岁十有二。"

炎帝的妻子听訞是赤水部落的女子，她和炎帝生下了儿子炎居。炎居的儿子叫节并，节并的儿子叫戏器，戏器的儿子叫祝融。后来，祝融和他的后代迁徙到长江流域，生下了儿子共工。共工生了术器、后土，术器的脸部呈国字形，头顶是平的，他善于治理土壤，凭借这一点，祝融这一支长期定居在长江流域一带。后土生了噎鸣，噎鸣生了十二个儿子，这十二个儿子各以他们出生的月份之名为名字。

唐代司马贞在他的《史记索隐·三皇本纪》中有类似的记载："神农纳奔水氏之女曰听訞为妃，生帝魁，魁生帝承，承生帝明，明生帝直，直生帝釐，釐生帝哀，哀生帝克，克生帝榆罔。凡八代五百三十年而轩辕氏兴焉。"

在司马贞的叙述中，炎帝的妻子听訞来自奔水氏部落，生下的儿子叫魁，魁继任为炎帝。魁的后代承、明、直、釐、哀、克、榆罔先后继任为炎帝，从第一代炎帝到最后一代炎帝榆罔，前后传承了五百三十年，直到黄帝轩辕氏部落兴起之后，炎帝部落才走向衰落。

《山海经》第十六卷《大荒西经》、第十八卷《海内经》还记载了有关炎帝后代的情况：

"有互人之国。炎帝之孙名曰灵恝，灵恝生互人，是能上下于天。"

炎帝的孙子灵恝生下了儿子氏人，氏人能在天上人间自由地上下飞行。氏人建立了自己的国家（部落），叫氏人之国（即互人之国）。

"炎帝之孙伯陵，伯陵同吴权之妻阿女缘妇。缘妇孕三年，是生鼓、延、殳。殳始为侯，鼓、延是始为钟，为乐风。"

炎帝的孙子伯陵与吴权的妻子阿女缘妇私通，阿女缘妇连续三年怀孕，生下了鼓、延、殳三个儿子。殳第一个被封为侯，鼓、延发明了乐器钟，创作了名叫《风》的乐曲。

相对于《山海经》及司马贞的叙述，罗泌有关炎帝神农氏的妻子儿女的记载比较简单。他在《路史》卷十二《后纪三·禅通纪》"炎帝"条目下叙述："（炎帝神农氏）纳承桑氏之子，子十有三人。"炎帝神农氏娶的是承桑氏部落的女儿，两人结婚之后，生下了十三个儿子。

在元代人陈桱的叙述里，炎帝神农氏的妻子听訞是莽水部落的女儿。他在《通鉴续编》卷一中说："神农氏纳莽水氏之女，曰听訞，生临魁，嗣为炎帝，在位八十年。"炎帝神农氏与来自莽水部落的女儿听訞结婚，生下的儿子临魁继任为炎帝，临魁担任炎帝，任期达八十年之久。

古籍中还记载了有关炎帝神农氏女儿的故事，其中，大家最熟悉的是"精卫填海"的故事。这则故事最初记载在《山海经》第三卷《北山经》中。故事是这样的：

"又北二百里，曰发鸠之山，其上多柘木。有鸟焉，其状如乌，文首、白喙、赤足，名曰精卫，其鸣自詨。是炎帝之少女，名曰女娃。女娃游于东海，溺而不返，故为精卫，常衔西山之木石，以堙于东海。"

从神囷之山往北两百里有一座山叫发鸠之山。发鸠之山山上生长有很多柘木，柘木树林中有一种鸟，样子像乌鸦，头上有花纹，长着白色的喙、红色的脚爪，名字叫精卫鸟。精卫鸟叫声姣好，传说是炎帝的小女儿女娃变化而成的。女娃生前在东海游泳，最后溺死在东海，她的精魂变化成了精卫鸟。精卫鸟常常在西山叼起树枝、小石子飞到东海上去，希望能用这些树枝和小石子把东海给填起来。

《搜神记》卷一叙述了炎帝神农氏另一个女儿的故事：

"赤松子者，神农时雨师也。服冰玉散，以教神农。能入火不烧。至昆仑山，常入西王母石室中，随风雨上下。炎帝少女追之，亦得仙，俱去。至高辛时，复为雨师，游人间。今之雨师本是焉。"

赤松子是炎帝神农氏时期的雨师，他服用冰玉散而成仙。成仙后的赤松子教炎帝神农氏修炼，使其进入火中不会被火烧伤烧死。赤松子能随着风雨上下飞行，来到昆仑山西王母的石室中拜访西王母。炎帝神农氏的小女儿跟随赤松子修炼，也修炼成了仙，并与赤松子一样云游天下。到远古帝王高辛氏当政时期，赤松子重返人间，再一次担任雨师。后世的雨师都是赤松子的徒子徒孙。

炎帝神农氏的老师

按照《搜神记》卷一的记载，赤松子可以视为炎帝神农氏的一个老师：炎帝神农氏跟随赤松子"服冰玉散"，学神仙之术。

而在古籍记载中，炎帝神农氏的老师不止赤松子一人。

《吕氏春秋》卷四《孟夏纪·尊师》说："神农师悉诸。"炎帝神农氏的老师叫悉诸。汉代的刘向在他的《新序》卷五《杂事第五》中转述这个内容时说："吕子曰：'神农学悉老。'"《吕氏春秋》记载，炎帝神农氏的老师叫"悉老"。从《吕氏春秋》的叙述来看，"悉老"很可能是"悉诸"的笔误。

庄周在他的《庄子·外篇·知北游第二十二》中也提到了炎帝神农氏的老师。他是用寓言的形式来叙述的："妸荷甘与神农同学于老龙吉。"炎帝神农氏与一个叫妸荷甘的人都是老龙吉的学生。

对于谁是炎帝神农氏的老师这个话题，罗泌的叙述很有意思。他说："惟生亡德，咸若古政，于是师于悉诸、九灵，学于老龙吉，祖其高炬以致于理。"（见《路史》卷十二《后纪三·禅通纪》）炎帝神农氏苦于部众的德行、品质不佳，很希望能从前辈身上学到治国理民的经验，于是，就师法悉诸、九灵，师从老龙吉，虚心学习，学到了他们的治国理民之道。在悉诸、老龙吉之外，炎帝神农氏还有一个老师叫九灵。炎帝神农氏拜他们为师，目的是学习治国理民之道。

对于炎帝神农氏拜悉诸、老龙吉为师学习的内容，宋代胡宏的说法与罗泌的稍有不同。胡宏在《皇王大纪》卷一《三皇纪》中说，炎帝神农氏"师为悉诸，学于老龙吉，得河图"。炎帝神农氏拜悉诸、老龙吉为师，学的是有关《河图》方面的知识。

炎帝神农氏的死亡和葬地

关于炎帝神农氏之死的记载，主要是以民间传说的方式流传。在民间传说中，这样的故事有两个版本：

版本之一：炎帝神农氏在品尝药材的时候，误食了一种带剧毒的植物，因无法解毒，中毒而死。这种带剧毒的植物叫"断肠草"，在茶陵、炎陵等湘东地区民间，它又叫"王药"。据考证，"断肠草"或"王药"，指的是一种学名叫钩吻草的藤本植物。

关于这个民间故事，我们将在第三章中具体讲述。

无独有偶，在北方上党地区的高平市神农镇庄里、换马两地，也有炎帝神农氏口尝百草中毒身亡的民间故事。据说，庄里、换马这两个地方的命名就与此有直接关系。

版本之二：炎帝或神农氏在品尝药材的时候，误食百足虫中毒而死。

这个版本的故事或者民间传说流行得并不广，"知名度"并不高，但是被文人记录在了书本上。明代有一个叫周游的人，他写过一本名为《开辟衍绎》（全名《开辟衍绎通俗志传》，现在又写作《开辟演义》）的书，在其中的第十八回《百姓争杀夙沙氏》一章中，周游通过王子承的评论记录了这个传说。原文是这样的：

"但传炎帝尝诸药中毒者能解，至尝百足虫入腹，一足成一虫，遂至千变万化，炎帝不能解其毒，因而致死。万无是理，此讹传耳。原炎帝所尝者百足虫，未尝虫类也，安有百足虫而毒之乎？"

这段话的大意是这样的：传说炎帝在尝百草的过程中，每一次中毒都能及时解毒获救，最后，当他尝"百足虫"的时候，却无法及时解毒导致中毒死亡。因为百足虫有一百只脚，到了炎帝神农氏腹中之后，每一只脚变成一只虫子，变成的虫子又各有一百只脚，每一只脚又变成一只虫子，转眼之间，变成了成千上万的虫子。这样一来，毒性就无法化解，只有中毒而死了。周游认为这个传说是"以讹传讹"的结果，因为炎帝神农氏品尝的是百草，而不是虫类，自然也就没有被百足虫毒死的可能了。

百足虫是一种什么样的动物呢？

第一种说法，百足虫就是马陆。马陆种类繁多，能分泌一种刺激性的毒液或毒气以防御敌害；马陆不会咬人，但分泌的毒液接触人体皮肤后会引起局部刺激，严重的可致明显的红斑、疱疹甚至皮肤坏死。①

第二种说法，百足虫就是蚰蜒。蚰蜒的足上有毒腺，可分泌毒液，毒液

---

① 笔者按：民间有"百足虫""千足虫"的说法，一般而言，百足虫指蜈蚣，千足虫指马陆。这种说法是将马陆误认为蜈蚣的结果。

接触人体皮肤后可以引起局部疱疹，使人产生刺痛难受的感觉。①

第三种说法，百足虫就是蜈蚣。在我国古代，蜈蚣与蛇、蝎、壁虎、蟾蜍并称"五毒"，其中，蜈蚣为"五毒"中的第一毒。基于古人对于蜈蚣的这种认识，我们认为传说中炎帝所误食的百足虫很有可能就是蜈蚣。

炎帝神农氏误食"断肠草"或者"王药"而中毒死亡。这种草即钩吻草，与雷公藤一样，主要分布在长江流域以南各地及西南地区，这说明炎帝神农氏家族中的某一代或者几代炎帝及其氏族部落迁徙到了南方，并最后长眠在南方地区。这与我国南方地区有炎帝陵及炎帝氏族部落的活动遗迹相吻合。这是第一个版本的民间传说的价值所在。

三种意义上的百足虫在我国南北地区均有分布，我们无法联系百足虫的分布来推定第二个版本的民间传说的发生地，也不能以此为线索追溯炎帝神农氏及其氏族部落的迁徙分布信息。但是，它仍然有价值：两个版本的故事，记录了关于炎帝神农氏的两种不同的去世原因，这说明两个故事的主人公炎帝神农氏并不是同一个人，自然，也就不可能是同一个地区的炎帝神农氏了。

炎帝神农氏去世以后安葬在哪里呢？对此，古籍里面也有记载：

"（炎帝神农氏）在位百二十年而崩，葬长沙。"（见皇甫谧的《帝王世纪·自开辟至三皇》）

炎帝神农氏当了一百二十年的帝王，死后安葬在"长沙"。这里所说的"长沙"指的是西汉历史上的长沙国。西汉时期，朝廷把现在的湖南省东部及现在的江西省安福县、莲花县等西部地区，还有广东、广西两省北部地区分封给功臣吴芮，吴芮在这一区域内建立了自己的侯国，这就是吴氏长沙国。吴氏长沙国因为没有法定继承人而在公元前 157 年被废除。公元前 155 年，

① 笔者按：民间所说的"千足虫"还指蚰蜒。这种说法是将蚰蜒误认为蜈蚣的结果。

西汉朝廷把吴氏长沙国所辖地区分封给长沙定王刘发，刘发在这里建立自己的侯国，史称刘氏长沙国。"葬长沙"，用现在的话来说，就是安葬在西汉历史上的长沙国所在地。

西汉历史上的长沙国地区宽广，炎帝神农氏安葬在长沙国所在地的哪个州、哪个县呢？宋代的罗泌作了比较具体的记载。他在《路史》卷十二《后纪三·禅通纪》"炎帝"条目下叙述：

"崩葬长沙茶乡之尾，是曰茶陵。""其崩也，天下之人为之不将者七日。"

根据南宋人王象之的《舆地纪胜》卷六十三《荆湖南路·茶陵军》记载，绍兴九年（1139年），经南宋朝廷批准之后，茶陵的建置由县晋升为军，当时的茶陵军辖七个乡、四个镇。其中，现在的茶陵县秩堂镇、高陇镇全境及火田镇芙江村以北地区为茶陵乡，简称"茶乡"。茶乡是茶陵历史上最早的县治所在地，也是茶陵历史上最初的政治、经济、文化中心，因为这一点，"茶乡"又成了茶陵县或者茶陵军、茶陵州的雅称。罗泌说炎帝神农氏死后"崩葬长沙茶乡之尾，是曰茶陵"，意思是安葬在茶陵县的边远地带，茶陵县境内有远古帝王炎帝神农氏的陵墓，所以，人们把这个县命名为"茶陵"。罗泌还说，炎帝神农氏去世后，人们在七天之内停止工作，以悼念炎帝神农氏。

现在的炎陵县最先叫酃县，在南宋嘉定四年之前，它所辖的区域是茶陵县的康乐乡、常平乡、霞阳乡及霞阳镇所在地，在汉代叫"茶陵东南乡"，在宋代叫"茶陵上三乡"。北宋乾德五年，宋太祖赵匡胤派出使者，在康乐乡鹿原陂（现在的炎陵县鹿原镇）找到了炎帝陵。从乾德五年开始，这里被定为朝廷举行祭祀炎帝神农氏大典的专门场所。罗泌所说的炎帝神农氏葬地"长沙茶乡之尾"就在这里。

炎帝神农氏的臣子

作为远古时期的部落或者部落联盟首领，在古籍记载中，炎帝神农氏被尊为帝王，相应地，炎帝神农氏所处部落或者部落联盟中的其他重要成员，或者炎帝神农氏的主要助手，则被古籍记载为炎帝神农氏的臣子。他们中的不少人是炎帝神农氏部落或者部落联盟内的发明家，一生中发明创造了不少于人有益的东西。

按《搜神记》卷一的记载，赤松子是"神农时雨师也"。所谓雨师，其职责主要是求雨，用现在的话来说，大致相当于负责水利方面的事务的人。看来，赤松子具有双重身份：既是炎帝神农氏的臣子，负责炎帝神农氏部落或部落联盟内部水利方面的事务；又是炎帝神农氏的老师，教炎帝神农氏"服冰玉散"之类的神仙之术。

赤制氏也是炎帝神农氏的大臣。关于赤制氏，《衡湘稽古》卷一有这样一段记载："《衡湘传闻》曰：帝之匠赤制氏，作耒耜于郴州之耒山。"据《衡湘传闻》这部书记载，炎帝神农氏手下的匠人赤制氏在郴州耒山制作了耒耜这种农具。

赤制氏是一个大发明家。《路史》卷十二《后纪三·禅通纪》"炎帝"条目下也记载了赤制氏的事迹："乃命赤冀创救铁为杵臼，作耡、耨、钱、镈、梍、鬻、井、灶，以济万民。"罗泌说，炎帝神农氏命令一个叫赤冀的人用果壳形状的石头做臼、用斧头做杵来加工粮食，再发明小手锄、铲子、除草用的短柄锄头，还有碗、盘之类盛食物的器具，釜、鼎之类的烹煮炊具，还教人使用灶、挖井汲水。这样一来，"爞盉剀甀，以蒸以羹，民始播食而不胜"。人们有炊具来烧烤蒸煮食物，不再生食动物肉食了。罗泌的儿子罗苹注解这段文字时说："赤冀……一作'赤制'。"古籍中有一种说法：赤冀这个人，又叫赤制氏。

东汉人许慎在他的《说文·耒部》对"耒"字作解释说："耒，手耕曲木也，从木，推丰。古者垂作耒耜，以振民也。"按照许慎的说法，耒耜这种木质农具是炎帝神农氏的臣子垂发明的。

垂，在古籍中又写作"倕"。北魏、东魏时期贾思勰的《齐民要术》卷一《耕田第一》中有这样一段记载："《世本》曰倕作耒耜，倕，神农臣也。"倕是炎帝神农氏的臣子，根据《世本》的记载，倕发明了耒耜。

炎帝神农氏的臣子中不仅有发明家，还有音乐家。《路史》卷十二《后纪三·禅通纪》"炎帝"条目下记载："乃命邢夭作扶犁之乐，制丰年之咏，以荐釐来，是曰《下谋》。"大家用赤制氏发明的耒耜耕田种地，十分开心。为了活跃劳动气氛，炎帝神农氏的另一个臣子邢夭谱写了一首名叫《下谋》的乐曲让大家吟唱。人们一边耕田，一边吟唱，劳动起来更开心愉快了。后来，炎帝神农氏的部落还用《下谋》这首歌来作为祭祀歌曲，逢有祭祀大典的时候，部落中的人就会聚在一起合唱《下谋》。

在《衡湘稽古》的叙述中，谱写乐曲《下谋》的是炎帝神农氏的大臣郴夭。该书卷一说："《衡湘传闻》曰：郴夭者，郴人也，因赤制作耒耜于郴，夭乃为'扶耒之乐'以献于帝，所以古天子亲耕籍田而扶耒也。亲耕之礼，自神农始矣。"据《衡湘传闻》记载，远古时期，有一个叫郴夭的郴州人，在赤制氏发明了耒耜之后，谱写了一首与耕种田地相配合的乐曲。这首乐曲谱写好了之后，郴夭把它进献给了炎帝神农氏。受此影响，自古以来，天子在举行籍田礼的时候，都会依照礼仪要求，亲自扶犁耕田。由此，我们也知道，行籍田之礼是从炎帝神农氏时期开始的。

在炎帝神农氏的大臣中，还有擅长测绘、制地图的专门人才。汉代郑康成注解的《纬书集成》之《春秋编·春秋元命苞》叙述："神农世，怪义生白阜，图地形脉道。"炎帝神农氏时期，有一个叫怪义的人，这个人的儿子白阜考察各地的山川地貌、交通等信息之后，绘制了详细的地图。

古籍记载中，还有蚩尤、共工等远古人物也是炎帝神农氏的臣子的说法。对此，笔者将在第五章介绍炎帝神农氏和其他远古帝王的关系时作专题叙述。

炎帝神农氏和他的邻国

古籍中还记载了炎帝神农氏和他的邻国的故事。在引述这些故事之前，有一点要再强调一下：炎帝神农氏被古人尊为帝王，所谓炎帝神农氏和他的邻国之间的故事，准确一点说，乃是炎帝神农氏部落或者部落联盟与邻近部落或者部落联盟之间的故事。

最早涉及这个话题的是《战国策》卷三《秦策一·苏秦始将连横》，其中记载了苏秦对秦惠王说过的一段话："昔者神农伐补遂……"从前，炎帝神农氏率领他的部众讨伐补遂。对于这一段文字，高诱作注解为"……补遂，国名也"。补遂是一个国家的名称。《路史》卷十二《后纪三·禅通纪》"炎帝"条目下也记载了这一段掌故："补遂不恢，乃伐补遂，而万国定。"补遂对炎帝神农氏太不恭敬了，因此，炎帝神农氏率众讨伐补遂。炎帝神农氏讨伐补遂取得了胜利，这样的胜利确保了其他国家的安定。

与高诱的意见不同，罗泌认为补、遂是两个国家。《路史》卷二十九《国名纪·三皇之世》有这样的记载：

"补，炎帝伐补遂。史伯云：邹、蔽、丹是也。《姓苑》有补氏。《通典》

作辅遂，非。"

"遂，炎帝伐之，易之遂城，古遂武也。"

罗泌认为，根据《国语》卷十六《郑语》关于史伯与郑桓公对话的记载，其中的"补"是一个国家，这个国家位于春秋时期的邬国、蔽国、丹国三个诸侯国所在地，其地在现在的河南省郑州市附近。"遂"，也是一个国家，是易州的遂城，是战国时期的遂武。按照山西大学刘毓庆教授的考证，遂在现在的河北省徐水附近。①

除此之外，古籍中还记载了炎帝神农氏和一个叫"夙沙"的国家的故事。《吕氏春秋》卷十九《离俗览·用民》叙述："夙沙之民自攻其君，而归神农……"夙沙国家的百姓自己组织起来推翻国君的统治，然后集体归顺炎帝神农氏。对于文中叙述的"夙沙之民"，高诱注解为"夙沙，大庭氏之末世也。其君无道，故自攻之"。上古时期有一个国家叫大庭氏，当它走向没落时，古人不再说"大庭氏"这个国家的名字，而用"夙沙之民"来指代它。高诱注解说：当时，夙沙之民的国君昏庸无道，所以，夙沙国家的百姓就自己组织起来推翻了国君的统治。

关于"夙沙之民自攻其君，而归神农"一事，罗泌的叙述更为详细一些。他在《路史》卷十三《后纪四·禅通纪》"炎帝纪下"条目下说："炎帝魁，帝魁之立，祇修自勤。质沙氏始叛，其大臣锢职而哗诛，临之以罪而弗服；其臣箕文谏之，不听，杀之；三卿朝而亡礼，怒而拘焉，哗而弗加，哗卿贰。质沙之民，自攻其主以归。"

这里的"质沙氏"就是《吕氏春秋》卷十九《离俗览·用民》中所说的"夙沙之民"，也就是高诱注解中所说的"大庭氏"。罗泌说，"夙沙之民自攻

---

① 关于补在现在的河南郑州附近、遂在现在的河北徐水附近之说，见刘毓庆的《上党神农氏传说与华夏文明起源》（人民出版社 2008 年 11 月第 1 版）第 54 页。

其君"而归附炎帝神农氏部落的故事发生在魁继任为炎帝时期。炎帝魁是一个品德修养高尚的谦谦君子，他勤政爱民，获得了部众拥护，也赢得了其他部落民众的敬重。偏偏是在这个时候，原本加入了炎帝神农氏部落联盟的质沙氏部落首领有心要背叛炎帝神农氏部落联盟，质沙氏部落首领的这个想法遭到了部落内部其他领导人的反对。对于反对这个想法的人，质沙氏部落首领给予了严厉的处罚，为此，他杀死了一个叫"箕文"的反对者，这引起了全体部众的不满。在这样的情况下，质沙氏部落部众在三个重要领导人的带领下，一举推翻了部落首领的统治。他们把部落首领囚禁起来，然后，大家扶老携幼，一起投奔炎帝神农氏部落。

　　古籍记载中的炎帝神农氏部落与黄帝轩辕氏部落的故事，也属于这里所说的"炎帝神农氏和他的邻国"的范畴。关于这个话题，笔者将在第五章谈炎帝神农氏和其他远古帝王的关系时作专题叙述。

第三章　炎帝神农氏的功绩

前面在介绍炎帝神农氏得名的原因时，我们介绍了炎帝神农氏的历史功绩：首创农业及农耕文化，首创医药及医药文化，最先掌握人工取火技术并向人传授这种技术。其实，在古籍记载中，炎帝神农氏的历史功绩远不止于此。除农业、医药业之外，作为中华民族的人文始祖之一，炎帝神农氏的历史功绩还涉及天文历法、音乐陶瓷、纺织商业、礼仪教育、地理军事及占卜环保等方面。

在这一章里，我们主要从以下几个方面来叙述一下炎帝神农氏的历史功绩。

始作耒耜　教民耕种

"始作耒耜，教民耕种"概括了炎帝神农氏在农业及农耕文化方面所做的贡献，这一方面的内容在前面的章节中已有所介绍。这里再补充叙述一方面的内容：随着农耕技术的不断积累和革新，炎帝神农氏开始把大片的耕地划分成若干个小块，同时，在耕地之间开挖水沟，为耕地排水灌溉。关于这方面的内容，《路史》卷十二《后纪三·禅通纪》"炎帝"条目是这样叙述的：

"（炎帝神农氏）于是斫木为耜，揉木为耒，蹠穷发，跋芜野，制耒清，甽分龙断而戒之耕……"

炎帝神农氏有首发农业及农耕文化之功，故而被后世尊奉为农神。我国历史上的农神不止一个，《古史》卷一《三皇本纪》记载："其子柱，能殖百谷百疏，五帝之世，祀以为稷。"这里所说的"稷"，即五谷之神，是我国历史上最早的农神，最先出现在传说中的五帝时代，他就是炎帝柱。从五帝时代到夏代，人们一直把炎帝柱祀奉为稷神。西周初年，西周王朝以自己的祖先弃取代炎帝柱而为稷神。对此，《礼记·祭法第二十三》是这样叙述的：

"是故厉山氏之有天下也，其子曰农，能殖百谷。夏之衰也，周弃继之，故祀以为稷。"

气候因素对于农业生产有着特殊的意义。为了更好地指导农业生产，确保农业丰收，在发明与传授农耕技术的同时，炎帝神农氏还留心观察天象变化及草木荣枯、候鸟去来等物候现象与天气变化等气候因素的关系，以及气候因素与农作物生长、农事活动的关系。在此基础上，他发明了比较成熟的历法。对此，晋代人杨泉在《物理论》中是这样说的："畴昔神农，始治农功，正节气，正寒温，以为早晚之期，故立历日。"

相关的记载还见于《古微书》《物原》及《晋书》等古籍中。

"三皇三正：……神农建丑……神农以十一月为正……"（见《古微书》卷十八《礼稽命征》）

这是说，三皇时代，不同帝王所奉行的历法各不相同，在他们的历法体系中，一年里的第一个月，也就是正月，彼此并不是相同的。炎帝神农氏以夏历十一月，也就是古人所说的建丑月为正月。

"神农始分八节，辨弦望晦朔。"（见《物原·天原第一》）

炎帝神农氏观察月亮由圆到缺的周期变化，他以这样的周期变化时间为一个月。炎帝神农氏还根据其他天象变化规律，确定了立春、立夏、立秋、立冬及春分、夏至、秋分、冬至八个节气的日期。

"逮乎炎帝，分八节以始农功。"（见《晋书》卷十七《志第七·律历中》）

确定立春、立夏、立秋、立冬及春分、夏至、秋分、冬至八个节气的日期，在古代历法体系中，这叫作"分八节"。炎帝神农氏分八节之后，指导人们根据节气变化来安排一年里的农事。

历法的发明和应用为农业生产提供了有效的外部保障，是人类步入文明社会的一大标志。

遍尝百草　发明医药

关于炎帝神农氏遍尝百草、发明医药的功绩，除前面已经介绍过的内容之外，这里再引用《帝王世纪·自开辟至三皇》中的相关叙述来作一个补充：

"（炎帝神农氏）尝味草木，宣荣疗疾，救夭伤人命，百姓日用而不知。著《本草》四卷。"

这是说炎帝神农氏用口尝百草的方式，识别并且掌握了各种药物的性能和功效，编著了我国最早的医药典籍，即四卷本《神农本草经》。炎帝神农氏用自己熟悉的药物去救死扶伤，为人治病。炎帝神农氏有首创医药的功绩，后世之人从中受益，却逐渐忘记了首创医药之人是炎帝神农氏。

但在湘东地区的潞水，民间至今还流传有这样一个故事：远古时期的某一年，六月农忙过后，有一天，炎帝神农氏在露岭山中挖草药。中午时分，一个老人牵着一头牛来到了山上。这头牛气喘吁吁，嘴里流着白沫。老人告诉炎帝神农氏，这牛中暑了，要让它到山上来吃一种藤，这种藤缠在树上，叶子碧绿碧绿，开着黄色的碎花，给牛解热毒的效果特别好。说来真是奇怪，牛吃了这种藤以后，没过多久，果然就平复如常。炎帝神农氏想："这种藤，牛吃了可以解热毒，人吃了呢？我何不试一试？"炎帝神农氏真的就品尝这种藤了。但是，不幸的事情发生了：只见炎帝神农氏刚刚吃下几片藤叶就疼得冷汗淋淋。"我肚子里面火烧火燎，烧得我的肠子就要断了，好痛好痛啊！看来这是一味毒药。老人家，你回去后告诉大家，就说今天我吃的这种藤'抽青藤，开黄花，牛吃了解凉，人吃了要烧断肠'，有毒不能吃啊！"就这样，炎帝神农氏中毒死去了。大家知道炎帝神农氏中毒死亡的经过之后，觉得这藤的毒性太厉害了，没有哪一种毒药有这么毒，简直就是毒药中的王，也好，就叫它"王药"吧。

与这个传说相关，茶陵民间流传有用"王药"给耕牛解暑的习惯做法。潞水的药农在进山采药之前，有用默念口诀来礼拜炎帝神农氏等历代本草先师的传统。这是茶陵民间及潞水药农以民间特有的方式在表达他们对炎帝神农氏的崇敬、怀念之情。

作陶为器　冶制斤斧

炎帝神农氏不仅是农耕文化、医药文化的首创者，还是制陶业的首创者。《逸周书·佚文》叙述："神农作瓦器。"炎帝神农氏发明了陶器。

《路史》卷十二《后纪三·禅通纪》"炎帝"条目叙述了炎帝神农氏发明陶器的原因：炎帝神农氏"谓木器液，金器腥，圣人饮于土而食于土，于是大埏埴以为器而人寿"。木材中有植物汁液，使用木材做成的餐饮器具盛食物时，木材中的汁液往往会混入食物中，金属带有金属腥味，使用金属做成的餐饮器具时容易让食物也带上金属腥味，这些都会影响到人的身体健康。炎帝神农氏观察到人饮用的水是从泥土中流出来的，人食用的粮食是从泥土中生长出来的，泥土是人类生存、生活离不开的一种基本物质。有感于此，炎帝神农氏改用陶土来制作器具，供人使用，于是发明了陶器。

《资治通鉴外纪》在叙述炎帝神农氏的这番功绩时说："（神农氏）作陶冶斤斧。"炎帝神农氏除发明制陶技术之外，还第一个掌握了冶金技术，打制了斧头之类的金属工具。在湖北神农架一带，民间有这样一个传说：远古时期，太上老君曾从天宫来到神农架炼制长生不老仙丹。在这里，太上老君与炎帝神农氏一起建起炼丹炉，在炼制丹药的同时，也炼制出了丹药的副产品——钢铁。钢铁坚硬耐用，打制的刀、斧既可以作为日常生活用具，在刀耕火种的原始耕作时期，还可以当农具使用。炼制钢铁的技术流传到民间之后，给当地百姓带来了意想不到的便利。为了不忘太上老君与炎帝神农氏的这番恩情，后来，人们就在太上老君和炎帝神农氏修炼的地方修建了老君观，观里供奉太上老君神像和神农像，还把这座山称为"老君山"，把附近比老君山更高的一座山叫作"神农山"。

农耕技术、医药技术及制陶、冶金技术的发明与推广，彻底结束了人类茹毛饮血的历史，加速了人类迈入文明社会的步伐。

日中为市　首倡交易

《风俗通义》卷一《三皇》记载："伏羲氏没，神农氏作，斫木为耜，揉木为耒，耒耜之利，以教天下，日中为市，致天下之民，通其变使民不倦，……"炎帝神农氏取代伏羲氏成为人间帝王之后，顺应时代变化，一方面发明并且推广耒耜等农具，另一方面又教导大家用以物换物的方式，在集中的时间和地点进行简单的物物交换。

在集中的时间和地点进行简单的物物交换，也就是"日中为市"，这是《子夏易传》《古史》等古籍中记载的人类最早的集市交易行为，或者说最早的商业活动方式。

"日中为市"适应了当时的社会形势。对于"日中为市"一事，《纲鉴易知录》卷一《五帝纪·炎帝神农氏》叙述得最为详细："炎帝之世，其俗朴重端悫，不忿争而财足，始列廛于国，日中为市，致天下之民，聚天下之货，交易而退，各得其所。"炎帝神农氏时代，民风淳朴，大家和平相处，过着富足的生活，从来不会有纷争与掠取、诈骗别人财物的行为。在这样的情境下，炎帝神农氏在交通繁华之所设置集市，然后与人约定：正午时分，大家都把自己一时不需要的东西拿到集市上来，与别人交换，获取自己所需要的东西。

集市开设之后，人们带着自己的东西从四面八方走来，会集在一起，在一片叫卖叫买的声音中，各自交换着自己所需要的东西。大家都满怀希望而来，称心如意而去。

在农耕定居生活之外，炎帝神农氏日中为市，首倡交易，开启了人类商业及商业文化之旅。

削桐为琴　练丝为弦

《山海经》第十八卷《海内经》记载：炎帝神农氏的后裔、伯陵的儿子鼓、延发明了乐器钟，并且创作了名叫《风》的乐曲。在古籍记载中，炎帝神农氏和他的后裔鼓、延一样，也发明了乐器，创作了乐曲。

《世本·作篇》"神农"条目下叙述："神农作琴。"炎帝神农氏发明了弦乐乐器琴。炎帝神农氏发明的琴叫神农琴，"神农氏琴长三尺六寸六分，上有五弦，曰宫商角徵羽，文王增二弦，曰少宫商"。神农琴三尺六寸六分长，是五弦琴，琴上五根琴弦对应宫、商、角、徵、羽五种不同的音阶。商末周初时期，周文王在此基础上加了两根琴弦，把炎帝神农氏的五弦琴改成了七弦琴。周文王加上去的两根琴弦对应少宫、少商两个音阶，神农琴的演奏功能由此从五音级提升到了七音级。

《世本·作篇》还记载："神农作瑟。"除五弦琴之外，炎帝神农氏还发明了瑟这种弦乐乐器。

桓谭《新论·琴道第十六》在叙述炎帝神农氏发明五弦琴时说："昔神农氏继宓羲而王天下，亦上观法于天，下取法于地，近取诸身，远取诸物，于是始削桐为琴，绳丝为弦，以通神明之德，合天地之和焉。"炎帝神农氏发明的五弦琴是由桐木做成的，由丝线作弦。炎帝神农氏发明琴，目的是以琴来调整人的情绪和精神状态，使人的身心保持在与自然和谐一体的最佳状态。

《事物纪原》卷二《公式姓讳部第八》"龠"条目下说："《礼记》曰：土鼓、蒉桴、苇龠，伊耆氏之乐也。注云：伊耆氏古天子号，则龠盖伊耆氏所作也。"炎帝伊耆氏发明了土鼓、蒉桴、苇龠等乐器。

炎帝神农氏部落还有自己的乐曲，这就是古籍中记载的《扶持》或者《下谋》。《古微书》卷二十八《孝经援神契》有"神农乐名《扶持》，亦曰《下谋》""神农继之，教民食谷，时则有丰年之咏"的记载。每年年终农闲时期，炎帝神农氏都要召集部众举行酬谢神灵的祭祀仪式。在仪式上，炎帝神农氏和他的部众要吟唱专门的祭祀乐歌。这样的祭祀乐歌是《扶持》（或者《下谋》）呢，还是别的乐曲呢？我们现在不得而知。

弦木为弧 　剡木为矢

炎帝神农氏时代，狩猎与耕作并行不悖。《吴越春秋》卷五《勾践阴谋外传第九》记载了越王勾践与楚人陈音的对话。陈音告诉勾践弓箭是炎帝神农氏在改进弹弓的基础上发明的："于是神农、皇帝弦木为弧，剡木为矢，弧矢之利，以威四方。"弓箭的发明和使用，提高了狩猎的成效。炎帝神农氏还把弓箭应用在军事领域。凭借威力强大的弓箭，炎帝神农氏部落的军事势力大增。借此，炎帝神农氏部落威名远扬，部落的安全与部众的利益都得到了有效的保障。

民间传说补充了《吴越春秋》等文献对于炎帝神农氏发明弓箭叙述的不足。树枝压成弧形再松开的时候，能把弧形两端的小石头之类的东西弹出很远，炎帝神农氏不止一次看到这样的现象。受这种现象启发，炎帝神农氏尝试着用树枝、藤蔓做成了原始弓箭：用藤蔓搓成的绳子绑住树枝两头，将树枝拉成弧形，这就是原始的弓；选择长短合适的小树枝，摘除上面的树叶，将一头削尖，这就是原始的箭。在原始弓箭基础上，炎帝神农氏和他的部众反复试验、改进，年深日久，最后发明了弓箭。

炎帝神农氏和他的部众为改进狩猎器具而发明弓箭。后来，弓箭又被应用到了军事领域，成了一种颇具威力的远距离打击武器。凭借这个发明，炎帝神农氏和他的部落增加了狩猎收获，阻止了野兽对部众的伤害，打击了外来部落的侵扰，助推了军事技术的改革和进步。

绩麻为布　制作衣裳

从文献记载来看，炎帝神农氏时代已经出现了纺织。《商君书》第十八篇《画策》叙述："神农之世，男耕而食，妇织而衣，……"在炎帝神农氏所处的时代，男女分工明确：男人外出耕种，妇女在家里纺线织布，因此大家都有饭吃，有衣服穿。在这里，"妇织而衣"是对炎帝神农氏时代开始出现纺织的集中描述。

在古籍记载中，纺织技术是炎帝神农氏众多发明中的一个。《太白阴经》卷六《阵图·草教图篇第六十九》在介绍炎帝神农氏发明纺织技术时，还提到了这个发明产生的历史背景："太古之时，人食鸟兽之肉、衣鸟兽之皮；后代人民众多、鸟兽寡少，衣食不足。于是神农教其种植、导其纺绩，以代鸟兽之命。"远古时期，狩猎是人类赖以生存的主要方式。人们猎取飞禽走兽之后，取走动物肉食做食物，剥取动物皮毛做衣服。后来，随着人口的增多，人多而飞禽走兽少的矛盾日益突出，狩猎的方式再也不能满足人们的生活需求了。在这样的情境下，炎帝神农氏采取了两种积极的应对措施：一是教人尝试种植粮食作物，以解决人类缺少食物的问题；二是教人尝试学习人工纺织，以解决人类缺少衣服的问题。

炎帝神农氏是怎样来"导其纺绩"的呢？民间传说给我们提供了答案：最初，古人用苎麻等植物的纤维把树叶、野兽皮毛串联在一起，围在身上保暖。这是最原始的衣服。这样的衣服没有固定的样式，而且粗糙不耐用。细心的炎帝神农氏对这种衣服进行了改造：他先用苎麻等植物的纤维编织成一个个植物纤维小块，然后把这些植物纤维小块放在地上，拼成人身体的样子，再用植物纤维把这些植物纤维小块串联起来。就这样，一件改进版的衣服雏形完成了。

炎帝神农氏绩麻为布，提高了人类抵御风寒的能力，结束了人类缺衣裸体的历史，是人类进入文明社会的基本标志之一。

相土而居　台榭为房

《淮南子》卷十九《修务训》叙述有关炎帝神农氏的事迹时说："神农乃始教民播种五谷，相土地宜，燥湿肥墝高下，尝百草之滋味，水泉之甘苦，令民知所辟就。"炎帝神农氏在向人传授农耕技术、教人耕种的过程中，注意考察土壤，品尝各地不同的水、草及其他物产，一方面是为了指导人们因地制宜，根据各地不同的土壤栽种不同的粮食作物，另一方面是为了趋利避害，为人们寻找适宜的定居与生活环境。《物原·天原第一》在叙述这个内容时，说得更为明确："神农始察土宜，辨水性，以定民居。"

为适应定居生活的需要，炎帝神农氏修筑了城墙。《事物纪原》卷八《城市藩御部第四十四》"城"条目下记载："《汉书》又云：神农之教，有石城十仞，汤池百步。又城池之设，自炎帝始矣。"炎帝神农氏修筑的城池有十仞①高，一面设置有一道百步②长的护城河。城墙是由石块修筑而成的。城墙与护城河结合，组成了双重防护设施，居住在城中的人应该是很安全的。

《物原·室原第十二》记载："有巢始为巢穴，遂人作台，伏羲始制屋庐，神农加以户庭堂、仓廪、库窨……"，"神农作户牖"。为了改善人类的居住条件，炎帝神农氏改进了伏羲氏发明的房子：增设了窗户、庭院、厅堂，还添设了库房、粮仓。

《事物纪原》卷八《舟车帷幄部第四十》"斧"条目下说："神农作斤斧，《皇图要纪》亦云。"卷九《农业陶渔部第四十五》"锄"条目下说："《周书》曰：神农天雨粟，帝种之，作锄耨以垦草莽，然后五谷兴。则锄盖神农造也。""冶"条目下说："而《周书》以谓神农作冶。"

《物原·器原第十七》则记载："神农作油"，"神农作杵臼"，"神农作床、席、荐、蓐、枕、被"，"神农作篦笪"，"神农作枷"，"神农作厨"。炎帝柱"作筷箕"，"作蓑笠"。

在发明与制作陶器、教人"日中为市"进行物物交换这样的商业活动之余，炎帝神农氏还发明了冶炼技术，打制了斧头、锄头等劳动工具，制作了连枷、杵臼、筛子及床、席、荐、蓐、枕、被、篦子，还有蓑衣、斗笠等生活器具，掌握了榨取植物油的技术。这些发明和新兴技术为人类过上定居的农耕生活提供了极大的方便。

过上定居生活之后，为了适应部落议事、举行祭祀仪式及向部众宣扬教

---

① 仞，古代长度单位，七尺或者八尺为一仞。

② 步，古代长度单位，六尺或者八尺为一步，历代标准不一。

化的实际需要，炎帝神农氏建造了一种叫"明堂"的建筑。

《淮南子》卷九《主术训》在叙述炎帝神农氏时代的事迹时说炎帝神农氏创建了明堂："昔者神农之治天下也……月省时考，岁终献功。以时尝谷，祀于明堂。明堂之制，有盖而无四方，风雨不能袭，寒暑不能伤。迁延而入之，养民以公。"

按照作者的描述，明堂是这样一种建筑：上面有顶盖而四周没有墙壁，部落里的人都可以随时进来。炎帝神农氏创建明堂之后，每年集聚部众在这里举行一年一度的年终祭祀；每年春夏秋三个季节收获新粮食作物时，又召集族众，用新打的粮食做成供品，在这里祭祀祖先及其他神灵。祭祀仪式完毕之后，炎帝神农氏和大家一起品尝供品，也就是新打的粮食。除此之外，炎帝神农氏还在这里与部众一起议事，商讨如何处理部落内部事务。

明堂还是炎帝神农氏宣扬和倡导教化的地方。《明堂大道录·神农明堂》说："伏羲作八卦，神农法之。立明堂，赞赞育。"这里的"赞赞育"与《淮南子》卷九《主术训》中的"迁延而入之，养民以公"，都是说炎帝神农氏利用明堂这种公共建筑来随时教育部众。

《古微书》卷十八《礼稽命征》引用了《礼记外传》中的论述，说我国历史上的礼仪制度是炎帝神农氏首创的："按：《礼记外传》，吉礼者，祭祀郊庙社稷之事是也，起自神农氏，始教民种谷，礼始于饮食。"炎帝神农氏为酬谢神灵而举行的祭祀仪式是后世历代王朝祭祀天地山川社稷这种礼仪制度的滥觞。中国是礼仪之邦，中国人注重包括祭祀在内的礼仪、礼节，其源头也可以追溯到炎帝神农氏时代。

后世有明堂祭祀，《吕氏春秋》"十二纪"对此有较为详细的记载。从《吕氏春秋》"十二纪"的记载来看，后世奉行的明堂祭祀对象是太皞、炎帝、黄帝、少皞、颛顼五个天帝，还有帝王的祖先。从《诗经》中《雅》

《颂》收集的祭祀诗描述的内容来看，至少在周代就有这种祭祀。当时，这种祭祀叫"明堂祀"。周代的明堂祀以周文王配享上帝。周代还有每年冬至日在都城南郊祭天这样的祭祀，即郊祭，或者郊祭祭天。郊祭时，周代人以周人的始祖后稷配享天。

这两种天帝与帝王祖先合祭的模式为后世王朝所继承。其中，郊祭这种祭天仪式在后世更名为"圜丘祭天"。圜丘祭天仪式一直保留到了清代。

在炎帝神农氏之后，后世帝王也修建明堂，作为举行大典的地方。《诗经》中的《雅》《颂》有部分诗歌描述了周王在明堂接见并宴请诸侯、接受文武大臣进献俘虏的场景。《木兰诗》叙述女英雄木兰凯旋之后，"天子坐明堂"接见战功赫赫的木兰，给木兰论功行赏。接见并宴请诸侯、接受文武大臣进献俘虏、给功臣论功行赏，在当时，这些都是一个王朝举行的隆重仪式。

其他功绩

之一：度地经土

《山海经》第十八卷《海内经》在叙述炎帝神农氏后裔的迁徙史时，说炎帝神农氏的后裔术器"是复土壤，以处江水"，术器平治水土，炎帝神农氏南迁到长江流域的部众因此得以在这里安居乐业、繁衍生息。在古籍记载中，早在术器之前，炎帝神农氏就开始勘察各地的山川河流，了解各地的地理信息。在地理勘察基础上，炎帝神农氏委派人绘制地图，并且在自己的统治区域内划分了"州"这样的行政区划单位。对此，《古微书》等古籍是这样记载的：

《古微书》卷十三《春秋命历序》叙述："有神人驾六龙出地辅，号皇神农。始立地形，甄度四海远近，山川林薮，所至东西九十万里，南北八十一万里。"炎帝神农氏在东西九十万里、南北八十一万里的范围内进行了地理勘察，详细了解了这个区域内的道路、山川、河流、森林分布等方面的地理信息。

"神农始定岳渎及诸地名。""神农始制土石草木之名。"（见《物原·名原第三》）

"神农始置里数。"（见《物原·地原第十三》）

"《周礼疏》云：自神农已上，有大九州，柱州、迎州、神州之等。"（见《通鉴地理通释》卷一《历代州域总叙上》"神农九州"条目）

"神农世，怪义生白阜，图地形脉道。"（见《古微书》卷六《春秋元命包》）

经过实地勘察，获取具体信息之后，炎帝神农氏给各地的山川河流一一命了名，甚至还为各地出产的名贵草木都拟定好了名字。这是一方面。另一方面，炎帝神农氏还把他勘察的区域划分为柱州、迎州、神州等九个州，在各个州内设置了乡、里等基层行政单位。在此基础上，炎帝神农氏让他的大臣怪义绘制了详细的地图。

之二：连山演易

《易经》，最初叫《易》，是中国文化的源头之一。在《易经》的形成与演化发展过程中，炎帝神农氏一度起过重要作用。

《帝王世纪·自开辟至三皇》对《易》的形成与发展过程作了简单的叙述："庖牺作八卦，神农重之为六十四卦，黄帝、尧、舜引而申之，分为二易。至夏人因炎帝曰《连山》，殷人因黄帝曰《归藏》，文王广六十四卦，著九六之爻，谓之《周易》。"

《易》是由八卦演化而来的。最初，伏羲氏发明了八卦。炎帝神农氏在伏羲氏的基础上，按照卦与卦两两组合而成一个新卦的方式，将八卦演化成六十四卦，由此形成了《易》的一个体系。后来，黄帝及尧、舜又在炎帝神农氏的基础上创建了一个《易经》体系。在夏代，炎帝神农氏创建的《易》体系被称为《连山易》；在商代，黄帝和尧、舜创建的《易》体系被称为《归藏易》。商代末期，周文王被商纣王囚禁在羑里。在羑里，周文王在炎帝神农氏及黄帝、尧、舜的基础上，再创建了一个《易》体系，这就是流传至今的《周易》。在这一段叙述里，我们知道，炎帝神农氏创建了《连山易》。

《易》是一部古老的占卜之书。《物原·天原第一》叙述："伏牺始造龟卜，神农始以蓍筮。"神农氏利用自己掌握的《易》知识，把伏羲氏用龟壳占卜的方法改进为用蓍草占卜，为人预测吉凶祸福。

《易》也是一部蕴含着丰富的哲理、可以给人以启迪的著作。《子夏易传》卷八《周易·系辞下第八》在叙述炎帝神农氏的功绩时说：炎帝神农氏发明耒耜、向人推介农耕技术，"盖取诸《益》"，这是取法《易经》中的《益》卦的结果；炎帝神农氏"日中为市"，教人进行物物交换，"盖取诸《噬嗑》"，这是取法《易经》中的《噬嗑》卦的结果。

在一些古籍记载中，炎帝神农氏创建的《易》叫《连山易》，但是，《事物纪原》有另一种说法。该书卷三十五《艺文·易》记载："人皇神农氏，本气坎而作易曰《归藏易》。"炎帝神农氏创建的是《归藏易》。《通志》卷一《三皇纪第一》也有这样的记载："（炎帝神农氏）复演八卦而为六十四卦，名之曰《归藏》。"

《连山易》《归藏易》《周易》并称"三易"。三易之中，流传到现在的是《周易》，而《连山易》《归藏易》则失传了，或者说以隐秘文化的形式流传于民间。

之三：以茶为饮

炎帝神农氏用亲口尝试的方式找药试药，在这个过程中发现了茶的特殊功效。约成书于秦汉时期的《神农本草经》中有这样一段佚文记载："神农尝百草，日遇七十二毒，得茶而解之。"炎帝神农氏在尝草试药的过程中，常常会误食有毒的植物而中毒，每一次中毒之后，炎帝神农氏都会拿出随身携带的"茶"来解毒。在中唐之前，"茶"与"荼"合而为一，这里所说的"荼"就是后来人们所说的"茶"。从这段记载来看，当初，茶是炎帝神农氏在品尝百草、以身试药的过程中发现的，最初，炎帝神农氏把茶当成药物来使用，他用茶来给自己解毒。

茶能解毒，使用茶、食用茶有健身抗病的特殊功效。因为有这样的认识，使用茶、食用茶的人越来越多，久而久之，使用茶、食用茶的做法改进成了用干茶叶煮水喝、泡水喝的通行做法。在这个过程中，人们给茶叶及用茶叶煮成或泡成的饮品取了一个通行的名称：茶。这就是我们现在所说的茶。

我国是世界上最早采食茶叶及人工栽培茶叶的国家，也是世界上最早的茶文化发源地。在论述我国的茶文化历史起源这个话题时，唐代茶学家陆羽在《茶经·六之饮》中说："茶之为饮，发乎神农氏，闻于鲁周公，齐有晏婴，汉有扬雄、司马相如，吴有韦曜，晋有刘琨、张载、远祖纳、谢安、左思之徒，皆饮焉。"国人饮用茶的历史可以追溯到炎帝神农氏时代，经过尧、舜、禹所代表的传说时代及夏、商两个历史时期的传承、沉淀，进入西周之后，出现了熟知茶史的西周政治家周公旦，还有齐国人晏婴，汉代人扬雄、司马相如，三国时期孙吴集团的韦曜，晋代的刘琨、张载、远祖纳、谢安、左思等以善于饮茶而闻名的人。

　　"开门七件事：柴米油盐酱醋茶。"随着历史的推进，茶逐渐演化成我国人民习见乐饮的一种普通饮品。在中国人的意识里，茶与柴、米、油、盐、酱、醋一样是过日子所需要的基本物质之一，只有柴、米、油、盐、酱、醋、茶齐备，才能算过上了安宁、富足、愉快的生活。

　　时至今日，当我们关注民间茶俗这个话题的时候，我们会发现两种有趣的现象：在民间，人们仍然将茶当作药物使用，遇到普通的肠道疾病时，民间会用饮陈年茶的方式来自我治疗；民间视车前草、海金沙、金银花等普通药材泡制的饮品为茶，用以利尿、祛湿、解热。这些现象都是炎帝神农氏以茶为药理念遗存于民俗中的直接反映。

第四章　炎帝神农氏的家族

在古籍记载中，"炎帝神农氏"这个短语兼有多重意义：既指代远古历史时期的某一个时代，又指处于这个时代的一个氏族部落的名称，还指炎帝神农氏氏族或者氏族部落的首领。炎帝神农氏氏族部落在发展过程中有过不止一次大的迁徙，其部众随着这样的大迁徙而分布于东西南北各个地域。炎帝神农氏氏族部落的首领前后相继，传承有序，成了炎帝神农氏氏族部落历史上的不同世系。炎帝神农氏氏族部落的部众生生不息，发展成为以姜姓为主的多个姓氏及以汉族为主，包括三苗及鲜卑族、契丹族在内的多个民族，其中鲜卑族、契丹族等民族在历史上一度建立了属于自己的国家。

炎帝神农氏时代及炎帝神农氏氏族部落的概况如何，炎帝神农氏氏族部落繁衍发展的情况如何，是这一章里要叙述和介绍的主要内容。

炎帝神农氏时代和炎帝神农氏氏族部落

曲辰先生在他的著作《轩辕黄帝史迹之谜》中表示：古籍记载中的神农氏与伏羲氏、燧人氏、有巢氏一样，"是古人将我国原始社会依据不同历史时期的不同特点作一形象的用语，用以划分历史时期"①。也就是说，"神农氏"兼有指代时代的意义，指的是神农氏所处的历史时期，我们不妨称之为"炎帝神农氏时代"。

对于炎帝神农氏时代的社会状况，古籍中多有记载。现在选几段记载来略作说明：

先看《庄子·杂篇·盗跖第二十九》中的相关描述："神农之世，卧则居居，起则于于，民知其母，不知其父，与麋鹿共处，耕而食，织而衣，无有相害之心，此至德之隆也。"

"民知其母，不知其父"，在庄周的描述中，炎帝神农氏时代的人只知道自己的母亲是谁，不知道自己的父亲是谁，人类还处于母系氏族公社时期。这个时期的人生活在山野林间，与麋鹿等野兽和平共处，大家都自食其力，居处从容悠闲，行动安闲自得，人与人之间、人与动物之间彼此并无伤害之心。在庄周的意识里，这是人类道德鼎盛的时代。

《商君书》第十八篇《画策》中有过类似的描述。商鞅说："神农之世，男耕而食，妇织而衣，刑政不用而治，甲兵不起而王。"在炎帝神农氏时代，人类还处于母系氏族公社时期，大家男耕女织、自食其力，人类社会还没有出现阶级分化现象。在这个时代，"刑政不用而治"，各个氏族部落按照各自

① 见曲辰的《轩辕黄帝史迹之谜》（中国社会科学出版社 1992 年 7 月第 1 版）第 105 页。

的血缘关系自行组成一个个独立的社会组织，人类社会还没有法规法律；"甲兵不起"，氏族部落与氏族部落之间各自按照自己的方式生活，彼此之间相互独立，大家和平共处，因此，没有争夺、战争之类的事情发生。

"神农氏治天下，欲雨则雨。五日为行雨，旬为谷雨，旬五日为时雨。正四时之制，万物咸利，故谓之神。"这是《艺文类聚》卷二《天部下》从《尸子》一书中引用的一段话。按照尸佼的描述，炎帝神农氏时代风调雨顺，雨量充沛，适宜的气候有利于农业生产，这为"耕而食，织而衣""男耕而食，妇织而衣"的农耕生产模式提供了重要的保障。

古籍中也描述了母系氏族公社社会背景条件下的炎帝神农氏氏族部落。在引用古籍中的相关描述之前，我们要先明确一点：在古人的叙述中，炎帝神农氏氏族部落是一个"国家"，古人是按照叙述一个国家的方式来介绍炎帝神农氏氏族部落的。

现在来看一看古籍中的相关叙述："以火纪官，春官为大火，夏官为鹑火，秋官为西火，冬官为北火，中官为中火。乐曰《下谋》，或曰《扶持》。其俗朴重端悫，不忿争而财足，无制令而民从，威厉而不杀，法省而不烦。列廛于国，日中为市。始作五弦，削桐为琴，纠丝为弦，……南交趾，北幽都，东旸谷，西三危，是其封域也。"这是郑樵在《通志》卷一《三皇纪第一》中的相关叙述。按照这个叙述，我们知道，在炎帝神农氏的国家内部，成员之间有着简单的职务分工，出现了"大火""鹑火""西火""北火""中火"等名称不同的管理人员或者官员；炎帝神农氏的国家有自己的音乐，叫《下谋》或者《扶持》，国民会使用五弦琴这种乐器，出现了以物换物的原始商业活动；炎帝神农氏的国家民风淳朴，民众随遇而安，彼此和平相处，国家内部没有任何纷争；从南部的交趾，到北部的幽都，从东面的旸谷，到西面的三危，这样一个广袤的区域是炎帝神农氏的国家统辖之地。

在庄周的意识里，作为首领，炎帝神农氏勤政爱民，一心为公。他在《庄子·杂篇·让王第二十八》中通过伯夷、叔齐之口说："昔者神农之有天下也，时祀尽敬而不祈喜；其于人也，忠信尽治而无求焉。乐与政为政，乐与治为治，不以人之坏自成也，不以人之卑自高也，不以遭时自利也。"用现在的表述方式来说，这段话是这样的：炎帝神农氏治理天下的时候，往往会按时虔诚地举行祭祀，从不向神灵为个人祈求赐福。他对百姓忠诚守信而不索取回报，也不强求任何一个百姓按照他的意愿去做什么事情，有谁乐于处理氏族部落的行政事务就让谁去从事行政事务，有谁乐于参与氏族部落的管理工作就让谁去从事管理工作，从来不会乘人之危来做成自己的事情，不会贬损别人来有意识地抬高自己，也不会乘于己有利的时期来为自己牟取私利。

作为首领，炎帝神农氏十分重视农业生产，关心国民的生活。在《管子》卷二十三《揆度第七十八》中，管仲说："神农之数曰：'一谷不登，减一谷，谷之法什倍。二谷不登，减二谷，谷之法再什倍。'夷疏满之，无食者予之陈，无种者贷之新，故无什倍之贾，无倍称之民。"炎帝神农氏经常用这样的话来教育自己的国民：灾荒之年，一种粮食作物无收成，就会导致大家吃不到这种粮食，只得去市场上购买，这种粮食的市场价格将因此而上涨十倍。以此类推，如果是两种粮食作物无收成，就会导致大家吃不到这两种粮食，市场上的这两种粮食的价格将因此而上涨二十倍。为了应对这种情况，炎帝神农氏一方面倡导国民大量种植瓜果，用瓜果来填补歉收造成的损失，另一方面积极采取救灾措施，如向受灾民众免费提供粮食、发放种子，尽可能地降低民众受奸商盘剥的可能。

为了发展农业生产，炎帝神农氏以身作则，在国民面前率先垂范。《文子·上义》中叙述："故神农之法曰：'丈夫丁壮不耕，天下有受其饥者；妇人当年不织，天下有受其寒者。'故身亲耕，妻亲织，以为天下先。"炎帝神农氏与国人约定：大家都要自食其力，为国家做力所能及的事情，以避免有人可能会因为不劳动而忍饥挨冻的事情发生。为了激励大家自觉地遵守这样的约定，他和妻子"亲耕""亲织"，带头参加生产劳动。

"其民朴重端悫，不忿争而财足，不劳形而功成，因天地之资而与之和同，是故威厉而不杀，刑错而不用，法省而不烦，故其化如神。……当此之时，法宽刑缓、囹圄空虚，而天下一俗，莫怀奸心。"在《淮南子》卷九《主术训》的描述中，炎帝神农氏的国家民风淳朴，国民一个个都正直诚实，他们亲近自然，与自然融为一体，生活悠闲富足而友爱团结，没有谁会心存私利、与人争夺。在这个国家，炎帝神农氏拥有首领的地位，却从不在民众面前逞威逞凶，大家相处得十分融洽；国家制定了简略的法令法规，却从来不必要动用这些法令法规，监狱始终没有犯人；大家都注重教育教化工作，国内风俗淳朴，没有谁心怀奸诈之意。

炎帝神农氏的世系

皇甫谧在《帝王世纪·自开辟至三皇》中叙述："炎帝神农，母曰任姒，有蟜氏女，名女登，少典妃。"

前面说过，炎帝神农氏处在母系氏族公社时期，这个时期的特点之一是"民知其母，不知其父"，皇甫谧说炎帝神农氏的母亲为"少典妃"，这是交代炎帝神农氏来源于少典氏族部落。按照这样的记载，我们知道：炎帝神农氏部落是由少典氏族部落发展而来的，或者说，炎帝神农氏部落的前身是少典氏族部落。

炎帝神农氏氏族部落后来发展为一个庞大的新氏族部落，这个氏族部落在历史上存续了相当长的时间，前后传承了不止一代。关于这个氏族部落首领的世系传承情况，古籍中有下列不同的记载：

《古微书》卷十三《春秋命历序》说："炎帝号曰大庭氏，传八世，合五百二十岁。"

《帝王世纪·自开辟至三皇》中有相似的记载："（炎帝神农氏）在位百二十年而崩。至榆罔凡八世，合五百三十年。""凡八世：帝承、帝临、帝明、帝直、帝来、帝衰、帝榆罔。"

用现代汉语翻译，这两句话的意思是：第一代炎帝神农氏活了一百二十岁。从第一代炎帝到最后一代炎帝榆罔，炎帝神农氏氏族部落一共传承了八代。这八代炎帝依次是第一代炎帝、炎帝承、炎帝临、炎帝明、炎帝直、炎帝来、炎帝衰、炎帝榆罔。从第一代炎帝到第八代炎帝，前后持续了五百二十年或者五百三十年之久。

在一部分古籍如司马贞的《史记索隐·三皇本纪》等的记载中，这八代炎帝的名字稍有不同，炎帝神农氏氏族部落存续的时间也有所不同，这里不一一陈述，但"八代"这个数量是一致的。古人以三十年为一代，除第一代炎帝之外，其他七代炎帝存续的时间约为二百一十年，加上第一代炎帝在位的时间，一共应该是三百三十年。皇甫谧为什么要说炎帝家族存续了五百三十年呢？《古微书》卷十三《春秋命历序》又为什么说存续了五百二十年呢？这是一个谜。

古人似乎想对这个问题作一番解释。比方说，宋代的刘恕在《资治通鉴外纪》卷一《包牺以来纪》"神农氏"条目下是这样说的："神农纳莽水氏女曰听诙，生临魁。帝临魁，元年辛巳，在位六十年，或云八十年。帝承，元年辛巳，在位六年，或云六十年。一本承在临魁先。帝明，元年丁亥，在位四十九年。帝直，元年丙子，在位四十五年。帝釐，一曰克，元年辛酉，在位四十八年。帝哀，元年己酉，在位四十三年。帝榆罔，元年壬辰，在位五十五年。自神农至榆罔四百二十六年。临魁至榆罔七帝，袭神农氏之号三百六年。"刘恕清楚地记载了八代炎帝的在位时间，按他的解释，八代炎帝在位的时间累计有四百二十六年之久。①

用同样的方法，南宋的郑樵在《通志》卷一《三皇纪第一》中也对此作过解释："又按神农人身牛首，纳莽水氏之女曰听詙，生临魁，嗣神农曰帝临。魁在位八十年帝承嗣位，六十年帝明嗣位，四十九年帝直嗣位，四十五年帝釐嗣位，四十八年帝哀嗣位，四十三年帝榆罔嗣位。……自神农至榆罔五百年，自临魁至榆罔凡七帝，袭神农之号三百八十年"。郑樵统计的数字合起来也达不到五百三十年。

《吕氏春秋》卷十七《审分览·慎势》说："神农氏十七世有天下。"炎帝神农氏氏族部落前后传承了十七代。至于是哪十七代，作者并没有作解释。

《尸子·散见诸书文汇辑》（见上海古籍出版社 1989 年版之《尸子》）说："神农氏七十世有天下。"炎帝神农氏氏族部落前后传承了七十代。至于是哪七十代，作者尸佼也没有作解释，我们现在不得而知。

对于炎帝神农氏家族的传承时间记载得最为详细和具体的是罗泌。他在《路史》卷十三《后纪四·禅通纪》"炎帝纪下"条目下的记载是这样的：

"炎帝柱，神农子也。""炎帝庆甲，帝柱之伯也。自帝庆甲至帝临，书传蔑记，不得其考。""炎帝临。《通系》《外纪》以帝临为临魁，非也。夫帝临在帝承前，而帝魁乃在帝承之后，盖自异代。""炎帝承，帝临息也……""炎帝魁。""炎帝明，帝魁之子也，明生直。炎帝直，直生釐，是为帝值。炎帝釐，釐生居，是为帝来。""炎帝居……炎居生节茎。""炎帝节茎，节茎生克及戏。""炎帝克……""炎帝戏，戏生器及小帝，自庆甲以来疑年。炎

---

① 笔者按：按刘恕提供的数字统计，八代炎帝在位的时间应该是四百二十六年至五百年之间。

帝器，器生巨及伯陵、祝庸。""炎帝参卢，是曰榆罔……"

在这里，罗泌只介绍了十三代、十五个炎帝的传承关系。按照罗泌的叙述，第一代炎帝是庆甲，第二代炎帝是柱。炎帝庆甲到炎帝临之间的世系传承情况，古籍中无记载，无法考证。从炎帝临开始，炎帝世系的传承情况是这样的：

炎帝临→炎帝承→炎帝魁→炎帝明→炎帝直→炎帝釐（帝值）→炎帝居

（帝来）→炎帝节茎→$\begin{cases}炎帝克\\炎帝戏→炎帝器、小帝\end{cases}$　　　炎帝参卢（榆罔）

其中，炎帝器与小帝、炎帝器和小帝与炎帝参卢之间的传承关系，罗泌并没有说清楚。也许是年深日久，而又缺乏相应的文献资料，无法说清楚吧。

五百多年之间，炎帝之位只传承了八代，或者十三代、十七代，能说得出名字的只有八人或者十几人，这实在有些说不过去。对此，何光岳先生作了解释。他在《炎帝氏族的繁衍和迁徙》一文中是这样解释的："前所说的八代人只是神农氏也即炎帝氏族系统中较杰出的八代首领，被他们部落的后裔传诵着，才流传了下来。"这个解释有一定的道理。

炎帝神农氏部族的迁徙

炎帝神农氏和他的氏族部落是从哪里发展而来的呢？皇甫谧辑录古籍中的相关记载，在《帝王世纪·自开辟至三皇》中作了回答："神农氏，姜姓也。母曰任姒，有蟜氏之女，名女登，为少典妃。游于华阳，有神农首感女登于尚羊，生炎帝。人身牛首，长于姜水，因以氏焉。"炎帝神农氏是在姜水河畔成长起来的，故而以成长地之名为姓氏，姓姜。

与这一段引述的文字记载不同，《国语》卷十《晋语四》之《重耳婚媾怀嬴》记载了晋公子重耳与司空季子的一场对话。在对话中，司空季子说了这样一番话："昔少典娶于有蟜氏，生黄帝、炎帝。黄帝以姬水成，炎帝以姜水成。"韦昭在解释这一番话中的"成"字时说："谓所生长以成功也"。按照韦昭的解释，姜水河畔，或者说姜水流域不仅是炎帝神农氏的成长地，还是炎帝神农氏创业与成就个人事业的地方。炎帝神农氏是炎帝神农氏氏族部落的首领，自然，他的创业与成就个人事业的地方也就成了炎帝神农氏氏族部落的发祥地，或者说最初所在地。

姜水在哪里呢？这个问题的答案不止一个。最早回答这个问题的是北魏地理学家郦道元。他在《水经注》卷十八"渭水"条目下是这样说的："岐水又东迳姜氏城南，为姜水。"按照郦道元的这番注解，姜水是岐水流经姜氏城这一段，位置在陕西省宝鸡市境内。除此之外，据山西大学刘毓庆教授考证，关于姜水在哪里这个问题，至少还有七种答案。他在《上党神农氏传说与华夏文明起源》之第二章《神农氏起源于太行、太岳之野的先秦文献依据》中对这些答案作了归纳总结：

第一种说法：姜水即姜泉，在陕西省岐山县境内。第二种说法：姜水即清江河，在陕西省宝鸡市境内。第三种说法：姜水即美水，也就是现在的陕西省扶风县的美阳河。第四种说法：姜水即今陕西省扶风县的時沟河。第五种说法：姜水是岐水的一段，也就是陕西省岐山徐家河以东的后河或者沣河。第六种说法：姜水即蒲昌海，也就是我们现在所说的罗布泊。第七种说法：姜水即羌水，今甘肃岷县东南的岷江。

在总结归纳的基础上，刘毓庆教授提出了自己的见解：姜水是《山海经》第三卷《北三经·北次三经》中所说的"鄡水"，鄡水很有可能是山西省长治市屯留区的绛水。在古代，这条河是漳河的一条支流。

炎帝神农氏氏族部落的发祥地姜水在陕西省，或者甘肃省，或者山西省，也有可能在现在的新疆维吾尔自治区，炎帝神农氏氏族部落最初活跃在姜水流域。后来，炎帝神农氏和他的部众从这里向外迁徙。

关于炎帝神农氏和他的部众向外迁徙的情况，《帝王世纪》《路史》《历代帝王宅京记》《竹书统笺》等古籍作了记载。

"炎帝初都陈，又徙鲁。"（见皇甫谧的《帝王世纪·自开辟至三皇》）

"神农氏初都陈，后居曲阜。"（见清代顾炎武的《历代帝王宅京记》卷一《总序上》）

从皇甫谧、顾炎武的叙述中，我们知道，炎帝神农氏和他的部众迁徙到了"陈"和现在的山东曲阜。那么，"陈"是哪里呢？我们不妨来看看古人的注解。

罗苹的注解是这样的："今宛丘有陈城，故陈国，传云太昊之虚，或云神农亦居此。"炎帝神农氏和他的氏族部落迁居之地"陈"是历史上的陈国所在地宛丘陈城。

唐代的司马贞作《史记索隐·三皇本纪》叙述这一段史实时，也就"陈"是哪里作了注解。他的注解文字是"按：今淮阳有神农井"，按这种解释，"陈"就是淮阳。

《竹书统笺》卷首下《前编》叙述这一段史事时，援引杜预的注解说："（陈），今陈州，神农氏代伏羲有天下，始都于此。"历史上的陈州也是我们现在所说的河南省周口市淮阳区等在历史上一度隶属于宛丘的地方。

上述三个解释是一致的。综合这三个注释，我们知道，"陈"指的是现在的河南省周口市淮阳区等在历史上一度隶属于宛丘的地方。

至于"鲁""曲阜",大家知道,指的是现在的山东省曲阜市。《竹书统笺》卷首下《前编》的注解文字介绍说"炎帝迁此又号大庭氏",炎帝神农氏迁徙到曲阜后称大庭氏。

炎帝神农氏和他的部众迁徙情况远不止于此。《史记》卷一《五帝本纪第一》叙述炎帝神农氏部落与黄帝轩辕氏部落争霸战的时候特别提到了两件事:一是黄帝轩辕氏部落"与炎帝战于阪泉之野",二是"蚩尤作乱,不用帝命。于是黄帝乃征师诸侯,与蚩尤战于涿鹿之野,遂禽杀蚩尤"。蚩尤发动叛乱,黄帝轩辕氏带领部队平叛,与蚩尤在涿鹿交战,一举打败了蚩尤。

《逸周书》卷六《尝麦解第五十六》叙述了涿鹿之战爆发的原因及战斗的经过:"昔天之初,囗(此处缺一个字)作二后,乃设建典,命赤帝分正二卿,命蚩尤于宇少昊,以临四方,司囗囗(此处缺两个字)上天末成之庆。蚩尤乃逐帝,争于涿鹿之河,九隅无遗。赤帝大慑,乃说于黄帝,执蚩尤,杀之于中冀,……"

这一段记载介绍了涿鹿之战发生的原因、经过:炎帝神农氏部落和黄帝轩辕氏部落结成部落联盟,炎帝神农氏与黄帝轩辕氏担任了部落联盟首领;炎帝神农氏命令蚩尤去抵御少昊部落,以便确保部落联盟安全;蚩尤拒不执行命令,起兵反叛炎帝神农氏,将炎帝神农氏和他的部众一路赶到了涿鹿;炎帝神农氏向黄帝轩辕氏求援;黄帝轩辕氏起兵援助,获得胜利,俘获蚩尤并把蚩尤杀死在冀中。

"阪泉"在哪里?"涿鹿"在哪里?对此,曲辰先生在《轩辕黄帝史迹之谜》之《阪泉数说谁为准?》《古涿鹿究竟是现在的什么地方?》两文中作了回答。他在综合分析古籍记载及今人考证的基础上,指出"阪泉,即涿水之源泉。出于涿鹿山北麓的涿鹿县矾山镇上七旗村东口……今上七旗村,古名阪泉村"①。涿鹿，其地在涿鹿县，涿鹿县现隶属于河北省张家口市。

"炎帝初都陈，又徙鲁""神农氏初都陈，后居曲阜""与炎帝战于阪泉之野""与蚩尤战于涿鹿之野"的记载为我们勾勒了炎帝神农氏和他的部众迁徙的路线：从姜水往东，先后迁徙到了现在的河南省周口市淮阳区、山东省曲阜市，还有河北省涿鹿县。

《路史》卷八《前纪八·禅通纪》对祝融氏作了介绍。按照罗泌的说法，祝融氏，也叫"祝诵氏""祝龢"。他的部落"以火施化，号赤帝"，以火为图腾，首领号称"赤帝"。他和他的部落"都于会"，在今河南省新郑建立都城，"其治百年，葬衡山之阳，是以谓祝融峰也。后有祝氏、融氏、祝宗氏、祝龢氏"，经过一百年以后，这个部落的首领祝融氏南迁到湖南境内，死后安葬在衡山祝融峰。

《山海经》也介绍了有关炎帝神农氏氏族部落的迁徙情况。前面在介绍炎帝神农氏的妻子儿女时引用了《山海经》第十八卷《海内经》的相关记载，现在再引用一下这一段记载：

"炎帝之妻，赤水之子听訞生炎居，炎居生节并，节并生戏器，戏器生祝融。祝融降处于江水，生共工。共工生术器，术器首方颠，是复土壤，以处江水。共工生后土，后土生噎鸣，噎鸣生岁十有二。"

"祝融降处于江水"，这是说炎帝神农氏的后裔祝融一支往南迁徙到了长江流域，祝融的后裔共工、术器、后土以及噎鸣、噎鸣的十二个儿子都生长在南方长江流域一带，是地地道道的南方人。"术器首方颠，是复土壤，以处江水"，从术器这一代人开始，祝融这一支的后人开始平治水土，耕种田地，定居在南方地区。

这两段记载叙述了这样的史实：炎帝神农氏氏族部落中的祝融氏一支向

---

① 见曲辰的《轩辕黄帝史迹之谜》（中国社会科学出版社 1992 年 7 月第 1 版）第 174 页。

南迁徙到了河南省新郑境内，再由河南新郑继续往南迁徙，到了湖南省以衡山为中心的地带。

湖南工业大学湘东历史文化研究所的彭雪开先生在《炎帝神农氏南迁湖湘略考》① 一文中，对祝融氏一支南迁到湖南及南迁湖南境内之后的分布情况作了考证：

"综合古文献所载及地下文物考古发现，可以初步推断：约在新石器时代……皆有上古历史传说神农氏时代……约在新石器时代晚期龙山文化时代早期，即相传为炎黄时代黄帝之孙颛顼时期，高阳之曾孙"重黎"为帝喾高辛居火正，命曰祝融，族裔属祝融部落，其首领历为炎黄部落联盟火官，功高威重，后为华夏族部落尊崇。至尧、舜、禹时代，祝融部落首领，仍袭华夏部落联盟'火正'之职，且分居四方。其中一支约在距今 4600 年左右炎帝帝榆罔后裔时期，仍继任火官，并委以'司徒'重任，主政南方。与南方上古历史传说神农氏后裔，征战后共居一处或各分支族居，共同接受炎帝帝榆罔的统治、管理。《路史·卷八》载其首领'其治百年，葬衡阳之阳，是谓祝融峰也'，祝融氏族居南岳（今衡阳市南岳区）四周后，因袭'炎帝神农氏'，是有依据的说法。

"祝融首领去世后，奉为南岳衡山之神。共和国《南岳区志·大事记》：'周（代）祝融峰顶建祝融庙。'其时，是否建庙，待考。约在楚悼王吴起变法（前 386—前 381 年）时，在今湖南境内设置了洞庭郡、苍梧郡。其时，南岳境域是否置县，无考。战国中后期，楚国于今衡阳市区置庞邑（军邑或县邑），后属秦洞庭郡（秦初旋改为长沙郡）当可信。约在此时期，楚人在南岳衡山主峰，建祝融庙祭祀先祖，故名祝融峰。"

彭雪开先生又推断：

_____

① 见《长沙大学学报》2017 年 6 期第 69—76 页。

"炎帝神农氏后裔,在漫长的新石器时代晚期及金石时代,因在南方神农氏后裔的基础上,又创制更先进的木耒耜、石耒耜及金石耒耜,使浅耕原始稻作农业逐步向深耕原始稻作农业转变,创造了南方稻作文化。约在战国中末之交,耒族居于今耒水流域的河流,以楚篆书刻成为'𤭖'(下部非'土'字,实为河流流向状,读为 lěi)。战国晚期《鄂君舟节》有'入𤭖'铭文,专家考证后认为'入𤭖',即入'耒水'。"

"其后一支旺族因族居于今耒阳市耒水下游,依楚篆转读成'耒'水;聚落成邑,名'耒'。秦始皇二十六年①(前221年)于此置县,读写为耒县,以耒邑为名,汉高祖五年②(前202年),县治迁今耒阳市城区耒水之北岸,故改耒县为耒阳县,耒水也改称为耒水。"

彭雪开先生还推断:

"另一支族裔或溯湘水而入上中游,或溯耒水而上并翻越八面山,再沿洣水源头而下,族居在今茶陵、炎陵洣水中上游,与南方神农氏后裔争战后,和合共居。其中一位杰出首领,为耒耜农耕文明,做出很大贡献。相传有七大功绩,即制耒耜教民耕稼、尝百草首创医药、立市为集、治麻为布教民着衣帛、作五弦琴以娱百姓、剡木为弓以威天下、作陶器改善民生。后世称其为'炎帝神农氏'(当地历称为神农炎帝氏)。"

《元和姓纂》卷七在介绍"路"这个姓氏的来历时说"黄帝封其支子于路",黄帝轩辕氏把炎帝参卢的一个庶子分封在一个叫"路"的地方。对此,罗泌在《路史》卷十三《后纪四·禅通纪》"炎帝纪下"条目下作了比较详细的记载:黄帝轩辕氏在涿鹿打败蚩尤之后,"于是四方之侯争辨者宾祭于熊,爰代炎辉,是为黄帝,乃封参卢于路,而崇炎帝之祀于陈。路,露也。

---

① 应为"秦王政二十六年",原文有误。
② 应为"汉高帝五年",原文有误。

潞是后繁于河之北东"。罗苹对这一段记载作了细致的注解:"（路），亦作露。路，今茶陵军露水乡，有露水山，高于衡山等，初封盖在此。《元和姓纂》云黄帝封榆罔支子于路。"

罗泌、罗苹的记载和注解告诉我们，涿鹿之战后，黄帝轩辕氏取代炎帝神农氏成为当时的天下共主。取得天下共主地位的黄帝轩辕氏把炎帝参卢（也就是榆罔氏）和他的部众安置在陈，同时又把炎帝参卢的一个儿子分封在路。路在哪里呢？罗苹认为，路就是南宋时期的"茶陵军露水乡""露水山"，当时属于茶陵军的睦亲乡，简称"睦乡"，也就是现在的湖南省株洲市茶陵县腰潞镇双泉村、潞水村境内的露岭一带。分封在路的这一部分炎帝神农氏后裔后来有一部分北迁到"河之北东"，也就是现在的山西省潞城一带。

《（同治）酃县志》卷之四《炎陵》有这样一段记载:"茶陵睦乡有潞水兆，相传炎帝先卜葬于此，弗吉，乃归栖鹿原。今潞水尚有古坑，土人犹呼为天子冢云。"

《（乾隆）酃县志》卷之十二"胜迹"条目下也辑录了这一段记载。这是一个十分有趣的民间传说。用现在的话来说，这个传说是这样的:茶陵睦乡潞水有一座古老的坟墓，是炎帝神农氏的衣冠冢。相传炎帝神农氏死后，人们最初打算将其安葬在潞水天堂山，但是，这里的风水不吉利，不利于炎帝神农氏安葬，于是，大家把炎帝神农氏移葬到风水吉利的酃县（今炎陵县）鹿原陂。潞水天堂山至今还留有一个古老的墓坑，当地人把它叫作"天子墓坑"。

这个民间传说在茶陵县、炎陵县民间流传已久，它与《路史》卷十三《后纪四·禅通纪》的相关记载告诉我们:当时的炎帝神农氏（也就是榆罔氏）的一支南迁到现在的湖南省株洲市茶陵县腰潞镇双泉村、潞水村之后，一部分往北，返迁到山西省潞城一带，一部分则继续往南迁徙到了现在的炎陵县以及附近安仁、郴州等市县境内，然后，再往南迁徙到更远的岭南地区，还有岭南地区之南的越南等地。

第二章在叙述炎帝神农氏的出生及出生地的时候，引用了南朝刘宋时期盛弘之著述的《荆州记》卷二"随县"条目下的记载。这段记载说明炎帝神农氏迁徙到了现在的湖北省随州市。遗憾的是，我们现在无法知道迁入随州的是炎帝神农氏氏族部落中的祝融氏一支，还是榆罔氏一支。

炎帝神农氏部族及部落联盟的后裔也有向北迁徙的，《通典》《周书》《辽史》关于北狄、鲜卑、契丹等少数民族是炎帝神农氏后裔的记载提供了这方面的信息。炎帝神农氏氏族部落中的一支也曾迁徙到了西南地区。当代学者何光岳先生在其《炎帝氏族的繁衍和迁徙》一文中对此考证过，这里只说一个中心意思：西南地区有仡佬族、仫佬族，这两个少数民族很可能就是因此演变而来的。关于这两个方面的内容，我们将在本章下一小节中作较为详细的介绍。

按照司马迁在《史记》中的叙述，传说时代的尧、舜、禹都是黄帝轩辕氏的后裔。按照《后汉书》等史籍的记载，在传说中的尧、舜、禹时代，炎帝神农氏的后裔以"三苗九黎"的名号存在。如果我们把注意力放在传说中的尧、舜、禹时代，追述尧、舜、禹与三苗九黎的关系的话，我们还能大致说一说炎帝神农氏的后裔在尧、舜、禹时代的迁徙情况：

《史记》卷一《五帝本纪第一》记载，黄帝轩辕氏继炎帝神农氏而后起，经过一系列的征战之后，取代炎帝神农氏而成为天下共主。这里面特别重要的战争，一是炎黄氏族或部落间的阪泉之战，二是炎黄部落联盟与蚩尤之间的涿鹿之战。经过这两场战争之后，神农氏氏族或部落中的原神农氏部族与黄帝轩辕氏部落联盟融合，结成炎黄部落联盟。炎黄部落联盟形成之后，原炎帝神农氏氏族部落的部众一度奋起反击，其中，反抗最为强烈的是三苗九黎。三苗九黎战败之后，或被迫与黄帝轩辕氏氏族或部落联盟融合，或被迫向外迁徙。

《史记》卷一《五帝本纪第一》云："三苗在江淮、荆州数为乱。于是，舜归而言于帝，请流共工于幽陵，以变北狄；放灌兜于崇山，以变南蛮；迁三苗于三危，以变西戎；殛鲧于羽山，以变东夷。"三苗在江淮地区和湖北湖南等荆州地区发起叛乱，舜把情况向尧汇报，并建议尧对三苗及治水不力的鲧作出严厉处罚。尧接受舜的建议，把属于三苗族群的共工一支流放到幽陵，也就是现在的北京市、河北北部及辽宁一带，这一支演变成历史上的北方少数民族北狄；把属于三苗族群的灌兜一支流放到现在的湖南省慈利县崇山地区，这一支演变成历史上的南方少数民族南蛮；把其他三苗部众流放到敦煌地区（今甘肃省境内），这一支三苗部族演变成历史上的西方少数民族西戎；把鲧杀死在羽山，鲧在羽山的部众演变成了东夷人。

炎帝神农氏的后裔有一部分在商周之间往东迁徙到了现在的安徽省亳州市境内。《史记》卷四《周本纪第四》记载了周代炎帝神农氏氏族部落后裔的分布情况："武王追思先圣王，乃褒封神农之后于焦，黄帝之后于祝，帝尧之后于蓟，帝舜之后于陈，大禹之后于杞。"西周初年，周武王把炎帝神农氏的后裔分封在一个叫"焦"的地方。"焦"，其地在今安徽省亳州市。

相同的记载也见于《通典》卷第一百七十七《州郡七》："亳州，周武王封神农之后于焦，即其地也。"这是说，西周初年，周武王把炎帝神农氏的后裔分封在现在的安徽省亳州市。被封在亳州的应该是炎帝神农氏后裔中的一部分。

由炎帝神农氏后裔发展起来的姓氏和民族

炎帝神农氏生于姜水，长于姜水，又在姜水成就了自己的功业，因为这一点，他取"姜水"中的"姜"字作为自己的姓氏。《左传·哀公九年》记载了史墨所说的一段话："炎帝为火师，姜姓其后也。"炎帝神农氏是火师，现在所有姓姜的人都是他的后裔。自然，由姜姓发展起来的其他姓氏的人也是他的后裔了。

《世本·氏姓篇》"姜姓"条目除明确记载炎帝神农氏姓姜之外，还记载了由姜姓发展起来的部分姓氏和国家，原文是这样的：

"炎帝，姜姓。炎帝神农氏。""向，姜姓。""州国，姜姓。""齐，姜姓。""许州向申，姜姓也，炎帝后。"

这是说西周历史上的向、州、齐、许、申五个方国或者诸侯国，都是由炎帝氏族部落的后裔建立的，向、州、齐、许、申五个姓的人都是炎帝神农氏的后裔。

除《世本》之外，《潜夫论》卷九《志氏姓第三十五》、《元和姓纂》卷三至卷八、《文献通考》卷二百六十一《封建考二》、《古史》卷一《三皇本纪》等古籍也记载了由姜姓发展起来的姓氏。

与这些古籍相比，罗泌在《路史》中对由姜姓发展起来的姓氏，也就是炎帝神农氏的后裔的记载要详细得多。现在解读部分章节来略作说明：

《路史》卷十三《后纪四·禅通纪》"炎帝纪下"条目从炎帝神农氏家族谱系的角度谈了炎帝氏族部落的繁衍发展情况。这一卷的记载显示，炎帝神农氏的后裔不仅发展为众多的姓氏，而且发展成为历史上多个少数民族。具体情况是这样的：

炎帝器有三个儿子：巨、伯陵、祝庸。巨活跃于黄帝时代，颇受黄帝的尊崇，受封建立了属于自己的方国。他的后裔以方国之名封为氏，到夏代又有受封，他们的方国经历夏、商两代，到周代才失去。巨这一支发展为封、巨、封父、富父四个姓氏。

伯陵也活跃于黄帝时代，是黄帝的属下，受封在逢实这个地方建立了自己的方国。伯陵的婚姻、子嗣情况与《山海经》第十八卷《海内经》的记载一致，这里不再重复。再补充几点：伯陵的三个儿子殳、鼓、延生活在尧所处的时代；鼓的儿子叫灵恝，灵恝的儿子叫氏人；鼓这一支发展为逢、鼗、殳、延、氏、齐六个姓氏。

祝庸也活跃于黄帝时代，南迁到长江流域，他的儿子叫术嚣，术嚣的儿子叫条、勾龙。勾龙，在其他文献资料中又写作"句龙"，他长于平治水土和农耕技术，被尊为后土，死后被人们祀奉为社神。勾龙的一个儿子叫垂，另一个儿子叫信。信的儿子叫夸父，夸父长于奔跑，活跃在丹朱时代。勾龙这一支发展为句、句龙两个姓氏。

垂活跃在帝喾高辛氏、尧、共工时代，他的儿子叫噎鸣。噎鸣又叫伯夷，因治水有功受封在吕这个地方，建立了自己的方国。他有十二个儿子，其中一个儿子叫泰岳。泰岳在其他文献资料中又写作"四岳"，泰岳的后裔有一部分居住在吕，其余的分封在申、许两地建立自己的方国。

泰岳的一个后代叫先龙。先龙的儿子叫玄氏，玄氏一支发展为以"乞"为氏的后裔。到商代，这一支分为青氏、白氏、胸氏三个分支，商代初期，一度战败，臣服于商。进入商代之后，青氏、白氏、胸氏再发展为羌氏、羌戎氏、杨氏、符氏、氏羌、白马等几十个分支，这些分支统称为"氏人"。

西周初年，西周王朝把泰岳的后裔分封在申这个地方，这个时候的申是伯爵诸侯国，与西周一度有过婚姻关系，它的国王称为申伯，后来，申被楚国所灭。到周宣王时期，申国迁至谢这个地方。泰岳的这一支发展为宇、申、申叔、申鲜、射、谢、宇文、大野八个姓氏。

泰岳的后裔中，有一个人在周穆王时期担任了司寇（主管司法的官员），他由此而获取了"侯"一级的爵位，称"吕侯"，他的封地（称"采邑""封邑""食邑"）在现在的河南新蔡县。吕侯建立的方国后来改称甫，春秋时期，甫被楚国吞并。吕侯的后裔发展为吕、旅、吕相、甫、共、龚、药罗七个姓氏。

商周之交时期的姜子牙是吕侯的后裔之中最著名的历史人物。姜子牙辅助周文王、周武王父子有功，受封为侯，在西周初年建立了齐国，这是一个诸侯国。姜子牙的这一支后来发展为丁、牙、丘、尚、左、洴、国、晏、宾、平、纪、癸、柴、苑、庆、贺、掌、厉、献、易、竖、氏、是、年、栾、襄、牵、捷、青、管、柯、析、其、裔、壬、角、望、绍、茶、骆、弦、旗、明、灵、孝、彦、闾、门、柏、亘、威、齐、盖、铎、畅、李、子旗、子雅、子尾、子襄、子囊、子剡、子功、子牵、子渊、子泉、子乾、子公、公齐旗、公牛、公牵、公翰、母知、蔡公、仲长、诸儿、士疆、乐利、齐季、申鲜、将其、雍门、东门、东宫、西宫、南史、邨意、独孤、宇文、东郭、北郭、西郭、南郭、若左、若右、若子、若因等姓氏。还有丙、邴、艾、隰、高、剧、棠、高堂、灌檀、襟、鬶、崔、移、若、丁若、陆、大陆、井、百里、西乞、白乙、余、余丘、蛇丘、若闾丘、钽丘、籍丘、咸丘、梁丘、廪丘、蒲卢、卢蒲等三十多个姓氏，是由吕侯后裔的采邑之名发展而来的。所谓采邑，就是诸侯国君主赏赐给臣下的封地。

泰岳的后裔有一支以宣为氏，宣氏一支在汲这个地方建立了自己的方国，后裔以汲为姓氏，发展为汲氏。

泰岳的后裔中有一个叫傒的人在卢这个地方建立了自己的方国，这一支发展为卢、傒、柴三个姓氏。傒的一个分支在章这个地方建立了自己的方国，这一支发展为章、郭、章仇、申章、赤章、赤张六个姓氏。

周武王时期，一个叫文叔的泰岳后裔受封在许建立诸侯国。文叔的这一支发展为许、鄦、叔、函、礼、容成、锡我、买、止、焦、谯、岳、文、苴、苴人等姓氏。

炎帝参卢（也就是榆罔）在黄帝时代受封在路，当时，这里叫"路"，后代以路为氏。路、露、潞三者相通，也就成了三个姓氏。这是同一氏的三种不同写法。在商、周两代，这一支分化为赤狄、白狄、狄历、庸咎、皋、落、九州戎等西北戎狄等少数民族，发展为隗、狄、落、皋落、戎、戎子、袁纥、斛律、解批、乌护、纥骨、壹利吐、异其斥等姓氏，后来的回纥部落九个分支、高车十二族就是由戎狄发展而来的，这些姓氏的人都是中国历史上西北地区的少数民族。

由路氏发展而来的戎子这一支在周代外迁到河朔一带，其中的葛乌释（《新唐书》《资治通鉴》等古籍中写作"葛乌兔"，《辽史》等古籍中写作"葛乌菟"，以下同）演化为中国历史上的少数民族鲜卑族，葛乌释这一支后来发展为俟斤、俟汾、渝汾、嗣汾、俟畿五个鲜卑族姓氏。俟汾这一支后来发展为宇文、宇、普、俟豆、库莫奚、费乜头、阿会、莫贺弗、李九个鲜卑族姓氏。

炎帝参卢的后裔由路北迁到今山西潞城一带之后，建立的方国在春秋时期叫"潞子国"，到潞子婴儿当政时被晋国所灭。潞子婴儿这一支由路氏发展而来，他的后裔以甲为氏，甲氏的近支叫留吁，这也是由路氏发展而来的姓氏。甲、留吁这两个姓氏后来又发展为潞、路、路中、露、甲、榆六个姓氏。

炎帝神农氏的后裔在历史上还建立了伊、列、舟、骆、淳、戏、怡、向、州、薄、甘、隋、纪等方国。

大禹当政时期，怡这个方国的后人被确定为炎帝列山氏的直系后裔。炎帝列山氏的这一支直系后裔发展为一个姓氏，叫默台。

商代初期，怡（又写作"析"）这个方国的一部分发展为新的方国，名叫孤竹。在商、周之交时期，义士伯夷、叔齐就是这个方国的人。孤竹这个方国在西周时期受封为诸侯国，在定王十一年并入齐。竹、笁、孤竹、孤、墨、墨台、默怡、怡、台九个姓氏，都是由这一支发展而来的。

炎帝伊耆氏建立的方国叫伊耆。伊耆的后裔发展为伊秩、耆、伊耆、尹、伊祈、阿、衡伯、衡八个姓氏。

甘这个方国，在夏代就灭亡了；州，西周时期为杞国所灭；舟、骀、戏、薄，春秋时期被楚国所灭。它们的后裔各以国名为氏，发展为甘、州、舟、骀、戏、薄六个姓氏。

纪，周代发展为侯爵诸侯国，春秋时期为齐国所灭，后裔发展为纪、邢、裂、嶲、郚五个姓氏。

淳这个方国到周代已经不复存在了，这一支发展为淳、淳于、于三个姓氏。

由炎帝神农氏发展而来的姓氏，除了上面介绍的之外，还有列、厉、丽、巫、神、灵、农、夸、节、烈、药、山、邹屠等姓氏。

今人何光岳先生在《炎帝氏族的繁衍和迁徙》一文中谈到了炎帝氏族部落的繁衍和迁徙情况，相关内容摘抄如下：

"神农氏的后裔繁衍，支族甚多，商周时期，分建了很多国家。传说神农姓姜名轨，一名石年，神农之子有神氏、农氏、列氏、厉氏和柱。厉氏又衍出丽氏和赖氏。自柱开始称炎帝，帝柱生庆甲，庆甲生甲氏和帝临，帝临传帝承，帝承传帝魁，魁传帝明，明传帝直，直传帝釐，釐传帝居，也称帝哀。帝居传节茎。节茎之后，有节氏、戏、克三支。克又传帝榆罔（参卢），其后衍生出榆氏、露、赤狄和白狄。戏传器和小帝。器的后裔为钜、伯陵、祝庸三支。钜之后以封、钜、封父、富父为氏。伯陵生蜂氏和逄，逄生殳（为殳氏）、延（为延氏）和鼓，鼓生灵契，灵契生氏，后以氏为氏。与伯陵为兄弟的另一支祝庸氏更加人丁盛兴，支裔发达。祝庸生求嚣，求嚣生条和句龙，句龙也即后土。后土因平水土，人民纪念他，尊他为社神，后来社稷这个名称即代表国家之意。句龙之后有句氏、句龙氏、共工氏、信、垂。共工氏衍生出共氏和龚氏。信生夸父。垂生噎鸣，即伯夷。伯夷之后为太岳、骀氏、怡氏。太岳即四岳，其后于商周分封，有吕、申、隋、淳、向、薄、甘、州、文叔、岳氏、先龙。先龙生玄氏，为乞姓，今西南民族多以乞为族名，如仡佬、僜、仡伶，瑶族称仡熊等，皆为其支裔。玄氏之后代为羌氏，苻氏、杨氏、羌戎氏。州生淳于。淳于之后为淳氏、于氏、淳于氏。文叔之后封于焦、许，焦有焦氏和谯氏，许之后有许、鄦、叔、函、礼、容成、锡我、买、止、文、苴、苴人等氏。申之后为申氏、申叔氏、申鲜氏、宇氏、谢氏、射氏。吕之后为吕氏、甫氏、旅氏和吕尚。旅氏又衍生出李氏。吕尚即姜子牙，建齐国，其后为齐氏、井氏、章、牙氏、尚氏、吕相氏、丁氏。章之后为章氏、章仇、鄣、申章、赤章、赤张。丁氏之后更衍生出百里、西乞、白乙、佘、佘丘、蛇丘、钼丘、闾丘、咸丘、籍丘、梁丘、廪丘、卢蒲、艾、剧、檀、高堂、灌檀、禚、崔、甗、移、若、丁若、陆、大陆、将其、东门、东宫、西宫、南史、东郭、西郭、南郭、北郭、丙、邴、子囊、公牛、公牵、毋知、祭公、仲长、诸儿、士强、乐、利、齐季、子旗、子功、子公、子泉、子乾、公旗、翰公、子雅、子尾、雍门、子剡、卢、隰、茶、骆、明、弦、旗、灵、彦、恒、亘、威、盖、铎、李、畅、子渊、厉、襄、子襄、献、易、坚、栾、子牵、捷、青、营、柯、析、壬、角、丘、左、湴、国、晏、宾、平、纪、癸、柴、庆、贺、苑、掌、高、望、绍、汲等一百来个族姓的后代。所以，炎帝氏族的后裔和黄帝氏族的后裔一起构成了今天中华民族的主干，今天的中国人也就自豪地说自己是'炎黄子孙'。"

《国语》卷三《周语下》之《太子晋谏灵王壅谷水》记载了太子晋向周灵王进谏时说过的话："夫亡者繄无宠？皆黄、炎之后也。"夏代及申、吕等诸侯国的亡国之君是没有上天宠幸了吗？他们可都是炎帝神农氏和黄帝轩辕氏的后代呢！从已知古籍记载来看，这可能是古籍中第一次出现"炎黄之后"之说。

炎帝神农氏后裔建立的国家

前面在介绍由炎帝神农氏后裔发展起来的姓氏和民族时提到了方国。方国，简单地说，是商周时期比较大的部落或者由这样的部落建立起来的诸侯国。这一部分内容已经涉及"炎帝神农氏后裔建立的国家"这个话题。这里再谈这个话题时，前面已经介绍过的内容这里尽可能地不再介绍。

我们也用引述古籍记载的方式来讲解相关内容。

《路史》卷二十四《国名纪·炎帝后姜姓国》关于炎帝神农氏的后裔所建立的方国或诸侯国的记载如下：

伊、耆。伊，方国，在今河南境内。炎帝神农氏氏族部落后裔的一支由伊迁徙到耆，建立了一个叫"耆"的方国。人们把伊、耆并称，把炎帝神农氏氏族部落的这一支称为"伊耆氏"。耆国在商代末期被西伯侯姬昌所灭，《史记》卷四《周本纪第四》记载："明年，（西伯侯）败耆。"

厉，又写作"列""赖"，在今湖北随县一带。这个方国以烈山为中心。烈山，又写作"丽山""历山"，所以，炎帝氏族部落的这一支称为"烈山氏"。厉这个方国至少持续到了春秋时期。《左传·僖公十五年》载："秋，伐厉，以救徐也。"僖公十五年秋天，鲁国与齐国、宋国、陈国、卫国、郑国、许国、曹国联合出兵攻打厉国，用这种方式来救援正在遭受楚国进攻的徐国。

姜，方国，在今陕西省宝鸡市南，以姜城堡为中心。

封，黄帝时代的方国，在今河南省开封附近。

逢，又写作"庞"，炎帝神农氏氏族部落后裔伯陵在黄帝时代建立的方国。

北齐，炎帝神农氏后裔伯陵在建立逢这个方国之前所建立的方国，在今山东省境内。

殳，伯陵的后代殳在唐尧时代建立的方国。

江水，炎帝神农氏后裔祝庸南迁到长江流域所建立的方国，罗泌认为这个"江水"就是历史上的"朱提"。

吕，又写作"甫"，炎帝神农氏后裔伯夷建立的方国，在今河南省境内。周代的诸侯国齐国的建造者姜子牙就是这一支的后裔。

申、汲，方国，在今河南省境内。

谢、析、随，方国，在今湖北省境内。

齐，西周初年分封的诸侯国，在今山东省境内。始建者为齐太公姜子牙。

许，炎帝神农氏后裔太岳的后裔建立的诸侯国。太岳，又表述为"四岳"。春秋时期，许被郑国所灭。《左传·定公六年》载："六年春，郑灭许，因楚败也。"

焦，由许这个诸侯国发展而来。《左传·成公十五年》载："许灵公畏于郑，请迁于楚。辛丑，楚公子申迁许于叶。"许灵公为了摆脱郑国的威胁，向楚国求援，楚公子申把许国国君、国民迁徙到一个叫"叶"的地方。到许悼公时代，许在楚公子弃疾的帮助下，再迁到城父这个地方，被人称为"焦夷"。这件事在《左传·昭公九年》中有记载。叶，今河南省境内；城父，今安徽省境内。

隰，又写作"犁"，方国。柯、丙（又写作"邴"）、高、棠、檀、若、井、剧、颛、崔、卢、章、高堂、闾丘、廪丘、梁丘、虞丘、移、艾、骀、怡、纪、酀、小颢、孤竹，方国，均在今山东省境内。

氐人、狄历、廥咎、皋落、玄氏、杨、柜、泉、皋、伊落、陆浑、九州之戎，这是炎帝氏族部落后裔向西北、西南地区迁徙发展而形成的少数民族部落，在文献资料中表述为"氐""戎""敕勒"等古老的少数民族。其中的"玄氏"发展为我国西南地区以"仡"为名的少数民族，如仡佬族。

路、露、潞，炎帝参卢（即榆罔）的后裔在今山西潞城一带建立的方国。后裔以路、露、潞为氏，其中潞氏一支又分衍出赤狄、留吁、甲氏三个方国，这三个方国最后被晋国所灭，相关的史事在《左传·宣公十五年》中有记载。露氏一支南迁至今湖南省茶陵县腰潞镇以露岭为中心的地带，在古茶陵地区繁衍自己的族裔，今湖南省株洲市炎陵县境内的炎帝陵祀奉的炎帝就是炎帝榆罔的后裔。罗泌、罗苹父子说："今陵山尚存二百余坟，盖妃后亲宗子属存焉。"这就是说，炎帝榆罔家族在这里生活了很长一段时间，直到宋代，人们还能找到这个家族的公共墓地。

隗氏、向、州、舟、黑齿、淳、薄、甘，方国。

阪泉，方国，在今河北省境内。

　　纪鄋，诸侯国，在今江苏省境内，鲁庄公三十年（前 664 年）为齐所灭，相关的史事在《左传·庄公三十年》中有记载。

　　前面引述《路史》卷二十四《国名纪·炎帝后姜姓国》讲的是炎帝神农氏后裔在远古时期还有商周时期建立的国家。现在引述《通典》《周书》《辽史》等古籍来简单地介绍一下炎帝神农氏后裔在南北朝时期和辽、宋、夏、金时期建立的少数民族政权北周、辽。

　　宇文氏是我国古代北方少数民族鲜卑族中的一支，即宇文鲜卑。南北朝时期，宇文鲜卑首领宇文泰是少数民族政权北周的奠基者。宇文泰，字黑獭，后被追尊为文皇帝，是代郡武川（今内蒙古自治区武川县）人。《周书》卷一《帝纪第一·文帝上》在叙述宇文泰的家族史时说："……其先出自炎帝神农氏，为黄帝所灭，子孙遁居朔野。"宇文泰的祖先是炎帝神农氏，当年，在与黄帝轩辕氏的争霸战中失败之后，炎帝神农氏的一部分后裔逃到了北方地区。关于炎帝神农氏的一部分后裔逃到北方地区演化成鲜卑族一事，本章前一小节中在讲述炎帝参卢（榆罔）的后裔葛乌释的时候已经作过介绍，《新唐书》《资治通鉴》等古籍则就葛乌释（或葛乌兔）一支演化成鲜卑族中的宇文鲜卑之事作了介绍：

　　"宇文氏，出自匈奴南单于之裔。有葛乌兔，为鲜卑君长，世袭大人，至普回，因猎得玉玺，自以为天授也。俗谓天子为宇文，因号宇文氏。或云神农氏为黄帝所灭，子孙遁居北方，鲜卑俗呼草为俟汾，以神农尝草有功，因自号俟汾氏。其后音讹，遂为宇文氏。"（见《新唐书·表第十一下·宰相世系一下》）

　　"（北）周王祀圜丘，自谓先世出于神农，以神农配二丘（即圜丘、方丘）。"胡三省在注释这一段文字时说："宇文氏自谓其先出于炎帝，炎帝为黄帝所灭，子孙遁去朔野，其后有葛乌兔者，雄武多算略，鲜卑奉以为主。裔孙曰普回，因狩得玉玺，三纽，文曰皇帝玺，以为天授。其俗谓天子曰宇文，遂以为氏及国号。……"（原文及注释文字见《资治通鉴》卷一百六十七《陈纪一·高祖武皇帝》）

按照《新唐书》《资治通鉴》及胡三省的记载和注释，葛乌释（或葛乌兔）一支是这样演化成宇文氏的：

葛乌释（或葛乌兔）的后裔普回狩猎的时候捡到了一方玉玺，玉玺是天子使用的印玺。普回和他的部众认为这是上天暗示自己的部落将有人成为天子。于是，大家用鲜卑族人称呼天子的词语"宇文"来作为自己部落的名称。宇文部落的人以部落的名称作为自己的姓氏，"宇文"又成了宇文部落人的姓氏。这是第一种说法。

"宇文氏"是由"俟汾氏"转化而来的。在鲜卑族语言中，"草"叫作"俟汾"。俟汾氏部落的人为了缅怀他们的祖先炎帝神农氏尝百草而发明医药的功绩，以"俟汾"作为自己的部落名称及姓氏。这是第二种说法。

当然，在介绍宇文氏演化过程的时候，《新唐书》也提到了这一点：宇文氏部落是由匈奴这个少数民族演化而来的，这是它的另一个来源。

葛乌释的后裔在辽、宋、夏、金时期也建立了一个少数民族政权，叫辽。《辽史》卷六十三《表第一·世表》在叙述辽王朝的历史时说："……考之宇文周之《书》，辽本炎帝之后，……盖炎帝之裔曰葛乌菟者，世雄朔陲，后为冒顿可汗所袭，保鲜卑山以居，号鲜卑氏。既而慕容燕破之，析其部曰宇文，曰库莫奚，曰契丹。契丹之名，方见于此。"辽是契丹族建立的。脱脱叙述：契丹族是由鲜卑族的宇文氏部落演化而来的。炎帝神农氏的后裔葛乌释（或葛乌菟）被冒顿可汗率领的匈奴人打败，最后退守在鲜卑山，葛乌释

（或葛乌菟）由此而称鲜卑族，或者说宇文鲜卑。五胡十六国时期，宇文鲜卑被慕容鲜卑吞并。慕容鲜卑建立了一个少数民族政权，史称前燕。宇文鲜卑战败后，被前燕析分为宇文、库莫奚、契丹三支。契丹一支演化成少数民族契丹族。契丹族首领耶律阿保机于 907 年建立辽国，于 916 年始建年号。契丹族是由炎帝神农氏的后裔发展而来的，所以，脱脱在《辽史》卷二《本纪第二·太祖下》"赞"部分说"辽之先，出自炎帝，……"，指出辽国建立者的祖先是炎帝神农氏的后裔。

第五章 炎帝神农氏和蚩尤、黄帝及炎黄族群的关系

黄帝轩辕氏取代炎帝神农氏而为天下共主，这是中国远古历史上一件意义十分重大的事情。从《大戴礼记》《史记》等古籍的记载来看，黄帝轩辕氏取代炎帝神农氏是通过战争来实现的，这样的战争可以视为炎黄争霸战。炎帝神农氏和黄帝轩辕氏之间的阪泉之战，还有炎帝神农氏、黄帝轩辕氏部落联盟和蚩尤之间的涿鹿之战是炎黄争霸战中极为重要的两场大仗。古籍中对这两场大仗的叙述比较详细，这样的叙述为后世读者引出了这样两个话题：第一个话题，炎帝神农氏和黄帝轩辕氏的关系；第二个话题，炎帝神农氏和蚩尤的关系。对于这些话题，古籍中的叙述比较多，但是，古籍中的叙述并没有给读者明确的答案，也难以给读者明确的答案。

炎黄争霸战以黄帝轩辕氏的胜利而结束。战后，炎帝神农氏部落与黄帝轩辕氏部落组成了炎黄部落联盟，一部分炎帝神农氏部落成员融入炎黄部落

联盟之中，而以蚩尤、共工、夸父等为首领的一部分炎帝神农氏部落成员则拒绝融入炎黄部落联盟。这些拒绝融入炎黄部落联盟的原炎帝神农氏部落成员，演变成了我国远古历史上的三苗九黎等部落，成为黄帝轩辕氏部落及炎黄部落联盟之外的族群。在黄帝轩辕氏部落之后，由黄帝轩辕氏部落发展而来的族群继续打压、排挤三苗九黎等族群，由此引发了炎帝神农氏部落后裔与黄帝轩辕氏部落后裔之间的一系列战争。这样的战争一直持续到了传说中的尧、舜、禹时期。

炎帝神农氏和黄帝

《史记》卷一《五帝本纪第一》记载了炎黄争霸战："轩辕之时，神农氏世衰。诸侯相侵伐，暴虐百姓，而神农氏弗能征。于是轩辕乃习用干戈，以征不享，诸侯咸来宾从。而蚩尤最为暴，莫能伐。炎帝欲侵陵诸侯，诸侯咸归轩辕。轩辕乃修德振兵，治五气，艺五种，抚万民，度四方，教熊、罴、貔、貅、貙、虎，以与炎帝战于阪泉之野。三战，然后得其志。蚩尤作乱，不用帝命。于是黄帝乃征师诸侯，与蚩尤战于涿鹿之野，遂禽杀蚩尤。而诸侯咸尊轩辕为天子，代神农氏，是为黄帝。"

这一段记载如同一个完整的故事，用现在的话来说，这个故事是这样的：

黄帝轩辕氏兴起的时候，炎帝神农氏部落已经衰败，无法控制归服于自己的其他部落（即司马迁所说的"诸侯"）。当时，各部落相互攻战，百姓深受其害。面对这样的状况，炎帝神农氏没有力量去征讨这些部落，控制天下局势。在这样的情境下，黄帝轩辕氏练兵习武，代表炎帝神农氏去征讨那些不来进贡的部落，就这样，其他部落都来归从黄帝轩辕氏。除炎帝神农氏部落与黄帝轩辕氏部落之外，蚩尤和他的部落最为凶暴，力量最为强大，以至于没有人能去征讨他。眼看此前归附于自己的部落现在都归从黄帝轩辕氏部落了，炎帝神农氏不甘心失去天下共主的尊荣，他带领他的部落去进攻欺压其他部落，这些遭受炎帝神农氏部落进攻欺压的部落便都主动去归从黄帝轩辕氏部落。这样的形势对黄帝轩辕氏和他的部落大为有利。黄帝轩辕氏比以前更加注重修行德业、整顿军旅了。不仅如此，他还研究四时节气变化，种植五谷，安抚民众，丈量四方的土地，训练熊、罴、貔、貅、貙、虎等猛兽。条件成熟之后，他率领他的部队与炎帝神农氏在阪泉郊野交战，这就是阪泉之战。阪泉之战打了很久，最后以黄帝轩辕氏取得胜利而告结束。通过阪泉之战，黄帝轩辕氏征服了炎帝神农氏和他的部落。此后不久，蚩尤发动叛乱，不听从黄帝轩辕氏的命令。于是黄帝轩辕氏征调各个部落的军队，在涿鹿郊野与蚩尤作战，这就是涿鹿之战。在涿鹿之战中，黄帝轩辕氏一举擒获蚩尤，蚩尤兵败被杀。经过阪泉之战、涿鹿之战后，各个部落都归附于黄帝轩辕氏部落，黄帝轩辕氏顺势取代了炎帝神农氏，成为新的天下共主（即司马迁所说的"天子"）。

司马迁叙述阪泉之战，援引的是《大戴礼记》卷七《五帝德第六十二》提供的资料。戴德的原文是这样的：

"孔子曰：'黄帝，少典之子也，曰轩辕。……治五气，设五量，抚万民，度四方。教熊罴貔豹虎，以与赤帝战于阪泉之野。'三战，然后得行其志。"

《通志》卷一《三皇纪第一》在叙述阪泉之战时说："（帝哀）四十三年帝榆罔嗣位。五十五年诸侯相侵，帝不能正，黄帝征之，天下尊为天子，炎帝遂绝。"阪泉之战发生在炎帝榆罔氏嗣位的第五十五年，这个时候，身为天下共主的炎帝榆罔氏已经无力控制其他部落。作为新兴部落的首领，黄帝轩辕氏乘势而起，率领部队征服别的部落，取代炎帝榆罔氏而成为新的天下共主。由此一来，炎帝神农氏部落彻底衰败了。

按照郑樵的叙述，与黄帝轩辕氏交战的是炎帝榆罔氏。《稽古录》在叙述这一段史实时说，与黄帝轩辕氏在阪泉之野交战的是"炎帝子孙"。该书卷一《有熊氏》是这样记载阪泉之战的："诸侯皆去神农氏，归黄帝。黄帝与炎帝子孙战于阪泉之野，三战，然后得其志，诸侯咸尊黄帝为天子，代神农氏。"榆罔氏等炎帝神农氏的子孙世袭部落首领之职而称炎帝，说"黄帝与炎帝子孙战于阪泉之野"并没有错。

炎帝神农氏和黄帝轩辕氏之间为什么会爆发战争呢？《大戴礼记》《史记》《通志》《稽古录》的记载作了回答：炎帝神农氏部落发展到炎帝榆罔氏在位时期已经走向衰落，无力维持部落已有的地位，黄帝轩辕氏乘势而起，通过战争来取代炎帝神农氏。也就是说，炎帝神农氏与黄帝轩辕氏之间爆发的战争乃是新、旧天下共主的争霸战。《云笈七签》卷一百"轩辕本纪"条目下说："黄帝又与榆罔争天下，榆罔恃神农帝之后，故争之。"同书卷一百十四《九天玄女传》则说："榆罔神农之后，自号赤帝。……由是榆罔拒命，又诛之于阪泉之野。"黄帝轩辕氏与炎帝榆罔氏争霸天下，炎帝榆罔氏拒绝执行黄帝轩辕氏的命令而被杀，这样的叙述比《大戴礼记》《史记》《通志》《稽古录》的记载说得要直截明白：黄帝轩辕氏与炎帝榆罔氏之间发生的是争霸战。

古籍在叙述炎帝神农氏与黄帝轩辕氏的时候，还说到了两者之间的关系。

第一种说法：黄帝轩辕氏是炎帝神农氏的儿子。

"少典，炎帝妃，生黄帝。"（见《汉书》卷二十《古今人表第八》）

班固等人的记载很明确：少典是炎帝的妃子，黄帝是炎帝与少典的儿子。

第二种说法：黄帝轩辕氏是炎帝神农氏的后裔或者晚辈。

关于黄帝轩辕氏是炎帝神农氏的后裔，罗泌在《路史》卷十二《后纪三·禅通纪》"炎帝"条目下是这样说的："初，少典氏取于有蟜氏，是曰安登。生子二人，一为黄帝之先，袭少典氏，一为神农，是为炎帝……"少典氏与安登生了两个儿子，一个是炎帝神农氏，另一个是黄帝轩辕氏的祖先。黄帝轩辕氏的祖先、炎帝神农氏的兄弟承袭父亲的职务，当了少典部落的首领。

《古史》卷一《三皇本纪》中也有相同的记载："黄帝，亦神农之后，以其德异，故异号异姓。"炎帝神农氏以成长之地姜水之名为姓，姓姜，而作为炎帝后裔的黄帝轩辕氏则姓姬，这是由他秉承的道德、品行与炎帝神农氏不同造成的。

"黄帝有熊氏，少典之子。母曰附宝，其先即炎帝母家有蟜氏之女，世与少典氏婚。及神农之末，少典氏又娶附宝。……附宝孕二十五月，生黄帝于寿丘。"这是《搜神记》佚文中所记载的一段话。黄帝轩辕氏的母亲附宝的母亲或者外婆，或者其他女性先人来自有蟜氏家族，是炎帝神农氏母亲的娘家人。有蟜氏、少典氏这两个家族世代通婚。炎帝神农氏末期，少典氏家族中的一个人娶了有蟜氏家族的女儿，在寿丘生下了黄帝轩辕氏。按照这种记载，黄帝轩辕氏是炎帝神农氏的后辈，两家世代都是姻表亲关系。

第三种说法：炎帝神农氏和黄帝轩辕氏是兄弟。这样的记载比较多，这里引述《国语》《新书》《日下旧闻考》中的相关记载：

"昔少典娶于有蟜氏，生黄帝、炎帝。黄帝以姬水成，炎帝以姜水成。成而异德，故黄帝为姬，炎帝为姜，二帝用师以相济也，异德之故也。"（见《国语》卷十《晋语四》之《重耳婚媾怀嬴》）

按司空季子的说法，炎帝神农氏和黄帝轩辕氏同是少典氏与有蟜氏的儿子，他们两兄弟因为成长之地不同、秉承的道德品行不同而一个姓姜、一个姓姬。

"故黄帝者，炎帝之兄也。""炎帝者，黄帝同父母弟也。"（见《新书》卷一《宗首·益壤》及《新书》卷二《制不定》）

《日下旧闻考》卷二《世纪一》在介绍阪泉之战后，再补充说："炎帝者，黄帝同母异父兄弟也。"

这几处记载也是说炎帝神农氏和黄帝轩辕氏是兄弟。既然如此，两者之间为什么会爆发战争呢？对此，前面从《古史》卷一《三皇本纪》中引述的记载与《新书》及《日下旧闻考》的记载是一致的。《日下旧闻考》卷二《世纪一》和《新书》卷二《制不定》叙述："（炎帝神农氏和黄帝轩辕氏）各有天下之半。黄帝行道，而炎帝不听，故战于涿鹿之野。"《新书》卷一《宗首·益壤》则说："炎帝无道，黄帝伐之涿鹿之野。"炎帝神农氏"无道"，又不听从黄帝轩辕氏的劝告，执意要与黄帝轩辕氏争夺天下。于是，兄弟之间便爆发争战了。

大概是要强化一下炎帝神农氏的"无道"形象吧，《鹖冠子》之《数始·五帝治天下》中有"黄帝十岁时便深知神农为政之非，立志改弦易辙，刷新政令"这样一句话。有"为政之非"也就是"无道"了，"无道"也就失德、无德了。古人强调有德者得天下，说炎帝神农氏"无道"，这是对炎帝神农氏丧失天下共主地位的另一种解释，与《大戴礼记》《史记》等古籍的记载并不矛盾。

在《日下旧闻考》和《新书》的记载中，炎帝神农氏和黄帝轩辕氏之间爆发的战争是涿鹿之战而不是阪泉之战。炎帝神农氏和黄帝轩辕氏之间爆发的战争是阪泉之战还是涿鹿之战呢？这如同要追索炎帝神农氏与黄帝轩辕氏之间的关系一样，是一个谜，即使是有众多的古籍记载支撑，我们现在也无法获得确切的答案。

　　现代学者对炎帝神农氏与黄帝轩辕氏的关系作了研究并提出不少新的见解。这里引述一下刘毓庆先生的研究成果。刘毓庆先生在《上党神农氏传说与华夏文明起源》一书第八章《关于炎黄关系与炎黄之战的考察》中提出了自己的见解：

　　"窃以为所谓'少典'，犹言少狄，可能是众多狄中之一，与长狄相对应，犹如赤狄、白狄之相对应。"①

　　"黄帝族团最早活动于大西北与大北方，即青海、甘肃、宁夏、内蒙古及晋与冀的北部，皆有可能是其活动的范围，绝不在今人所认可的陕西或河南境内。"②

　　"我们可以推断，黄帝率草原民族南下的一个主要原因，可能与气候变迁有关。"③

　　"炎黄战争的发生，根本不是什么炎帝侵凌诸侯造成的，而是一场草原民族与农耕民族的冲突大战，也正是中国历史上无数次同类战争的最早记述。"④

　　也就是说，刘先生认为，黄帝轩辕氏及黄帝轩辕氏部落是我国远古历史上少数民族狄人中的一部分，是北方游牧民族，他们最初活动于现在的青海、甘肃、宁夏、内蒙古及晋与冀的北部一带，在遭遇恶劣天气而使部落生活甚至是生存受到严重威胁的时候南下进掠南方农耕民族，其中最主要的掠夺对象是炎帝神农氏及炎帝神农氏部落。所以，从本质上来说，炎帝神农氏和黄帝轩辕氏之间的战争是中国历史上最早的游牧民族与农耕民族之间的战争，有如后世的匈奴等少数民族与中原国家之间的战争。

----

① 见刘毓庆的《上党神农氏传说与华夏文明起源》（人民出版社 2008 年 11 月第 1 版）第 208 页。
② 见刘毓庆的《上党神农氏传说与华夏文明起源》（人民出版社 2008 年 11 月第 1 版）第 217 页。
③ 见刘毓庆的《上党神农氏传说与华夏文明起源》（人民出版社 2008 年 11 月第 1 版）第 227 页。
④ 见刘毓庆的《上党神农氏传说与华夏文明起源》（人民出版社 2008 年 11 月第 1 版）第 226 页。

当然，从《逸周书》卷六《尝麦解第五十六》的记载来看，有一点是可以肯定的：炎帝神农氏和黄帝轩辕氏两个部落经过阪泉之战后，结成了部落联盟。关于这一点，这里不再重复叙述。

炎帝神农氏和蚩尤

《史记》卷一《五帝本纪第一》在叙述炎黄争霸战的历史时，司马迁明确记载黄帝轩辕氏与蚩尤之间爆发了一场大战，这就是涿鹿之战。对于涿鹿之战发生的原因，司马迁的叙述极为简单，甚至也可以说十分笼统，"而蚩尤最为暴，莫能伐"，"蚩尤作乱，不用帝命"。

与司马迁的叙述相比，《逸周书》卷六《尝麦解第五十六》对涿鹿之战发生的原因叙述得要详细一些。我们不妨在这里再重复叙述一下：阪泉之战促成了炎黄部落联盟的形成，身为炎黄部落联盟的主要首领之一，炎帝神农氏命令蚩尤去抵御少昊部落，蚩尤起兵反叛炎帝神农氏以示拒不服从命令。蚩尤率领部队一举打败炎帝神农氏，炎帝神农氏和他的部众败逃到了涿鹿。紧急关头，炎帝神农氏向黄帝轩辕氏求援，黄帝轩辕氏起兵救援，黄帝轩辕氏与蚩尤之间的涿鹿之战随之爆发。涿鹿之战以蚩尤失败、被俘被杀而结束。

《山海经》第十七卷《大荒北经》也记载了黄帝轩辕氏与蚩尤之间爆发的一场战争："蚩尤作兵伐黄帝，黄帝乃令应龙攻之冀州之野。应龙畜水。蚩尤请风伯雨师，纵大风雨。黄帝乃下天女曰魃，雨止，遂杀蚩尤。"与《史记》卷一《五帝本纪第一》和《逸周书》卷六《尝麦解第五十六》的记载相比，《山海经》第十七卷《大荒北经》的这番记载没有交代战争爆发的起因，但明确交代了战争发生的地点，即冀州之野，也就是冀州。任昉在《述异记》卷上说："涿鹿今在冀州。"

涿鹿在冀州，"冀州之野"与涿鹿这两个地点，前者是一个大致的范围，后者是这个范围内一个具体的地点。《山海经》第十七卷《大荒北经》记载的也是涿鹿之战。同样是记涿鹿之战，《史记》卷一《五帝本纪第一》和《逸周书》卷六《尝麦解第五十六》用的是纪实手法来记载战事，《山海经》第十七卷《大荒北经》则是用神话方式来叙述战事。这是三者的主要不同之处。按照《山海经》第十七卷《大荒北经》的叙述，黄帝轩辕氏和蚩尤都请了天神来相助。去掉神话色彩来看"蚩尤请风伯雨师，纵大风雨。黄帝乃下天女曰魃"的记载，或许，作者要说的是交战双方都争取了外援来参与战斗。交战双方的阵容都很大，自然，这一场大战打得十分激烈。

在前面引用的古籍记载中，蚩尤是黄帝征战的主要对象之一。除此之外，古籍记载中的蚩尤还有三重身份。

第一，蚩尤是远古时期一个重要的部落首领。《后汉书》卷五十四《马援列传第十四》记载了马援的侄子马严奉旨"祭蚩尤"一事，李贤在注解时引述《前书音义》中的话说："蚩尤，古天子，好五兵，故今祭之。"蚩尤是远古时期一个"好战"的"天子"，也就是部落首领。《管子》卷二十三《地数第七十七》在叙述有关蚩尤的事迹时说："葛卢之山，发而出水，金从之，蚩尤受而制之，以为剑、铠、矛、戟是岁相兼者诸侯九。雍狐之山，发而出水，金从之，蚩尤受而制之，以为雍狐之戟、芮戈，是岁相兼者诸侯十二。"蚩尤从葛卢之山、雍狐之山采来铁矿，冶炼成铁之后，打造了剑、铠、矛、戟、芮戈等金属兵器。最先掌握冶炼技术，打造并使用金属兵器，这是蚩尤最大的历史功绩。但是，在古籍记载中，蚩尤是一个反面形象。张守节在对《史记》卷一《五帝本纪第一》作注解时，引用《龙鱼河图》说："黄帝摄政，有蚩尤，兄弟八十一人，并兽身人语，铜头铁额，食沙，造五兵，仗刀戟大弩，威振天下，诛杀无道，万民钦命。黄帝行天子事，黄帝以仁义不能禁止蚩尤，乃仰天而叹。"在作者的描述中，蚩尤是这样一个人：长着野兽的身子，他的头是铜的，眉额是铁的，吃的是沙子，这样的形象实在很丑陋。蚩尤形象丑陋，心灵也如形象一样丑陋：凭借掌握冶炼技术、发明金属兵器的优势，与他的八十一个兄弟诛杀无辜，即使是招致了百姓反对、有黄帝来善意劝告也继续为非作歹。因为这一点，裴骃在注解《史记》卷一《五帝本纪第一》时引用《孔子三朝记》中的话说："蚩尤，庶人之贪者。"蚩尤是一个贪得无厌的小人。《尚书·周书·吕刑》则说："蚩尤惟始作乱。"蚩尤残暴作恶，是一个兴兵作乱的人。

第二，蚩尤是古籍记载中的战神。《史记》卷八《高祖本纪第八》记载了这样一件事：汉高帝刘邦称沛公的时候"祠黄帝，祭蚩尤于沛庭，而衅鼓旗，帜皆赤"。同一件事也被记载在《史记》卷二十八《封禅书第六》中："高祖……徇沛，为沛公，则祠蚩尤，衅鼓旗。"刘邦称沛公，在家乡沛举行了祭祀蚩尤的仪式。刘邦祭祀蚩尤，这并不是一件罕见的事情，在古代出征前举行祭祀蚩尤的仪式，这几乎是一个通行的惯例。为什么要祭祀蚩尤呢？张守节在《史记正义》中引述《龙鱼河图》的记载似乎能为我们提供一种答案："天遣玄女，下授黄帝兵符伏蚩尤。后天下复扰乱，黄帝遂画蚩尤形像以威天下，咸谓蚩尤不死，八方皆为殄灭。"蚩尤被黄帝战败后，归附于黄帝，被黄帝任命为主管军事的首领，为黄帝南征北战，立下了赫赫战功。蚩尤去世之后，黄帝把蚩尤画像做成旗帜，黄帝的部队打着这样的旗帜出征，竟然也战无不胜攻无不克。裴骃在《史记集解》中为《史记》卷八《高祖本纪第八》作注解时引用应劭的话解释道："蚩尤好五兵，故祠祭之求福祥也。"蚩尤如此能战善守，所以，后世之人把蚩尤视为战神，在出征前举行祭祀蚩尤的仪式，希望能得到战神蚩尤的赐福而凯旋。

第三，蚩尤是彗星中的一种，又叫"蚩尤旗"，在我国古代天文体系中，蚩尤旗是"妖星"中的一种。《晋书》卷十二《志第二·天文中》"妖星"条目下云："六曰蚩尤旗，类彗而后曲，象旗。"蚩尤旗像彗星，后面拖着一条长长的尾巴，这条尾巴像随风飘扬的旗帜一样。《史记》卷二十七《天官书第五》记载："（蚩尤旗）见则王者征伐四方。"天空中出现了蚩尤旗，这意味着兵灾、战乱即将发生。"元光、元狩，蚩尤之旗再见，长则半天。其后京师师四出，诛夷狄者数十年，而伐胡尤甚。"汉武帝元光、元狩年间，天空先后两次出现了蚩尤旗，随后出现了汉王朝与北方匈奴等少数民族的一系列战争，战争持续了几十年。

那么，作为远古部落首领的蚩尤，他与炎帝神农氏又是什么关系呢？"命赤帝分正二卿，命蚩尤于宇少昊，以临四方，司□□上天末成之庆。蚩尤乃逐帝，争于涿鹿之河，九隅无遗。"《逸周书》卷六《尝麦解第五十六》的这番叙述暗示，蚩尤很可能是炎帝神农氏部落的一个主要成员。但是，其他古籍中对于炎帝神农氏与蚩尤关系的叙述要复杂得多。

第一种意见：炎帝神农氏与蚩尤是同一个人。《日下旧闻考》卷二《世纪一》和《新书》卷一《宗首·益壤》、卷二《制不定》的记载给人这样一种印象：涿鹿之战是黄帝轩辕氏与炎帝神农氏之间的一场战争；炎帝神农氏就是蚩尤，蚩尤就是一代炎帝神农氏。《焦氏易林》卷一中也有同样的暗示，"白龙黑虎，起伏暴怒。战于阪泉，蚩尤败走，居止不殆，居安其所"，"白龙黑虎，起伏俱怒。战于阪泉，蚩尤走败，死于鲁首"。《日下旧闻考》卷二《世纪一》"……以与炎帝战于阪泉之野，蚩尤不用帝命"条下以"【补】"作标示，增补了这样一段记载："《史记》《逸周书》《大戴礼》《文子》所云，炎帝、赤帝皆谓蚩尤，而书传举以为榆罔，失之。"《史记》《逸周书》《大戴礼记》《文子》等古籍中所说的炎帝、赤帝其实都是蚩尤，而不是榆罔。这种记载明确地表述了这样一个意思：涿鹿之战中，与黄帝轩辕氏交战的蚩尤和炎帝神农氏是同一个人。

炎帝神农氏与蚩尤是不是同一个人呢？古人在注解《绎史》卷五《黄帝纪》有关炎帝神农氏和黄帝轩辕氏涿鹿之战时说："史称克炎帝于阪泉、擒蚩尤于涿鹿本两事也，而诸书多言战炎帝涿鹿之野，当是舛误。或云蚩尤亦自号炎帝。"阪泉之战与涿鹿之战是两场战争，战争的发生地及交战双方各不相同，涿鹿之战交战双方是炎帝神农氏与黄帝轩辕氏的说法是错误的。但也有人说，蚩尤一度自称为炎帝。

关于蚩尤自称炎帝之事，罗泌在《路史》卷十三《后纪四·禅通纪》"炎帝纪下"条目所附的《蚩尤传》作了记载："帝榆罔立，诸侯携贰，胥伐虐弱，乃分正二卿，命蚩尤宇于小颢，以临四方，司百工。德不能驭，蚩尤产乱，出羊水，登九淖，以伐空桑，逐帝而居于浊鹿，兴封禅，号炎帝。"炎帝榆罔氏即位之后，无力驾驭其他部落，蚩尤趁机叛乱，公然违背炎帝榆罔氏的命令而发动叛乱，"逐帝而居于浊鹿，兴封禅，号炎帝"，打败炎帝榆罔氏，自立为炎帝。

蚩尤自立为炎帝，这可能是贾谊等人说涿鹿之战的交战双方是炎帝神农氏与黄帝轩辕氏的原因所在。

尽管如此，后世史学家在论及炎帝神农氏与蚩尤的关系时，仍然有持炎帝神农氏与蚩尤是同一个人的意见的。比方说，吕思勉先生在《先秦史·五帝事迹》中谈炎黄之争时说："蚩尤、炎帝，殆即一人；涿鹿、阪泉，亦即一役。"重庆师范大学刘俊男先生在《华夏上古史研究》之《炎帝蚩尤与神农的纠葛——兼论二帝史迹》中谈炎帝神农氏与蚩尤的关系时说："最早的炎帝就是蚩尤。"

第二种意见：蚩尤是炎帝神农氏的臣子。在古籍记载中，持这种意见的并不少。《世本·作篇》"神农"条目下有这样一段记载："蚩尤作兵。蚩尤以金作兵器。蚩尤作五兵，戈矛戟酋矛夷矛，黄帝诛之涿鹿之野。"东汉人宋衷作注时说："蚩尤，神农臣也。"《博物志·佚文》也有这样的记载："蚩尤造兵，炎帝臣也。"《皇王大纪》卷二《五帝纪》云："神农氏之臣蚩尤起九冶，……"这些古籍的记载都明确表达了这样的意思：蚩尤，是炎帝神农氏的臣子。

第三种意见：蚩尤是炎帝神农氏的后裔。在古籍记载中，持这种意见的最多。《路史》卷十三《后纪四·禅通纪》"炎帝纪下"条目所附的《蚩尤传》第一句话说："阪泉氏蚩尤，姜姓，炎帝之裔也。"蚩尤姓姜，是炎帝神农氏的后裔。《太白阴经》收辑的《祭蚩尤文》，还有《纲鉴易知录》卷一《五帝纪·炎帝神农氏》等古籍中的相关记载也明确指出蚩尤是炎帝神农氏的后裔："谨以牲牢之奠，祭尔炎帝之后，蚩尤之神曰：……""蚩尤姜姓，炎帝之裔也。"

炎黄族群之间的关系

在炎帝神农氏和黄帝轩辕氏之后，炎帝神农氏部落与黄帝轩辕氏部落的部众之间的关系如何呢？这是这一节所要叙述的内容：炎黄族群之间的关系。关于这个内容，我们也可以这样来理解：炎帝神农氏的后裔与黄帝轩辕氏的后裔之间的关系如何？

前面介绍炎帝神农氏与蚩尤的关系时，谈到了蚩尤与黄帝轩辕氏之间的涿鹿之战。按古籍记载，蚩尤是炎帝神农氏的后裔或者臣子。从这个意义上来说，谈蚩尤和黄帝轩辕氏之间的涿鹿之战，也是叙述炎黄族群之间的关系。

现在再谈这个话题，主要叙述三个方面的内容：炎帝神农氏的后裔夸父和黄帝轩辕氏之间的故事；炎帝神农氏的后裔共工与黄帝轩辕氏的后裔颛顼、帝喾、尧、禹之间的故事；炎帝神农氏的后裔三苗九黎与黄帝轩辕氏的后裔尧、舜、禹之间的故事。

夸父和黄帝轩辕氏之间的故事

夸父逐日是人们并不陌生的一个神话故事，记载在《山海经》第八卷《海外北经》之中："夸父与日逐走，入日；渴，欲得饮，饮于河、渭；河、渭不足，北饮大泽。未至，道渴而死。弃其杖，化为邓林。"

这个记载与《列子·汤问第五》的记载在文字上差别不大，无须作翻译处理。在第八卷之外，《山海经》第十四卷《大荒东经》记载了夸父被应龙打败杀死的故事：

"大荒东北隅中，有山名曰凶犁土丘。应龙处南极，杀蚩尤与夸父，不得复上，故下数旱。旱而为应龙之状，乃得大雨。"

第十七卷《大荒北经》在重复记载夸父逐日的故事之余，还暗示夸父是炎帝神农氏的后裔：

"大荒之中，有山名曰成都载天，有人珥两黄蛇，把两黄蛇，名曰夸父。后土生信，信生夸父。夸父不量力，欲追日景，逮之于禺谷。将饮河而不足也，将走大泽，未至，死于此。应龙已杀蚩尤，又杀夸父。乃去南方处之，故南方多雨。"

夸父居住在一个叫凶犁土丘的地方，或者一座叫成都载天的山上，以两条黄色的蛇作耳朵上的装饰物，手里还拿着两条黄色的蛇，他追逐太阳而口渴，在往大泽找水喝的路上被黄帝轩辕氏手下的应龙杀死。应龙打败蚩尤之后，一鼓作气，战胜了夸父。"应龙已杀蚩尤，又杀夸父"，应龙与蚩尤、夸父是彼此对立的双方。

《山海经》第十七卷《大荒北经》还叙述了应龙战蚩尤的故事：

"有人衣青衣，名曰黄帝女魃。蚩尤作兵伐黄帝，黄帝乃令应龙攻之冀州之野。应龙畜水。蚩尤请风伯雨师，纵大风雨。黄帝乃下天女曰魃，雨止，遂杀蚩尤。魃不得复上，所居不雨。"

这是一个神话色彩浓重的故事，可以对《史记》《逸周书》中记载的黄帝轩辕氏、蚩尤之间的涿鹿之战交战情景作一个补充。这里翻译一下：有一个人身穿青色衣服，名叫黄帝女魃。蚩尤拿着自己制造的武器去攻打黄帝，黄帝便派应龙到冀州之野去与蚩尤交战。战斗开始了，应龙蓄积了很多水，蚩尤则请来了风伯、雨师，风伯纵起一场大风，雨师降下了一场大雨，一时间，风大雨狂，阻止住了应龙。这时，黄帝下令让这个叫黄帝女魃的天女来助战。就这样，风止了，雨住了，应龙一举杀死了蚩尤。黄帝女魃呢？因为帮助应龙作战，精力耗尽，再也不能回到天上去了，只能留在人间。遗憾的是，凡是她居住的地方都不会下雨。

战败蚩尤、夸父的应龙是黄帝轩辕氏部落的人。《山海经》第十七卷《大荒北经》中还有"后土生信，信生夸父"的记载，这是说夸父是后土、信的后代。《山海经》第十八卷《海内经》记载："炎帝之妻，赤水之子听訞生炎居，炎居生节并，节并生戏器，戏器生祝融。祝融降处于江水，生共工。……共工生后土，后土生噎鸣，噎鸣生岁十有二。"后土是炎帝神农氏的后裔共工的后代。如此说来，应龙与夸父之间的争战，其实是黄帝轩辕氏部落与炎帝神农氏后裔之间的争战。

在夸父与应龙交战前后，凶犁土丘一度遭遇了严重的干旱，"为应龙之状"，或者"乃去南方处之，故南方多雨"。人们让应龙的偶像站在凶犁土丘上之后，大雨应时而下。应龙杀死蚩尤与夸父之后，迁徙到南方，南方因而多雨。战斗开始，"应龙畜水"；战斗进行中，"蚩尤请风伯雨师，纵大风雨。黄帝乃下天女曰魃，雨止"；战斗结束后，"魃不得复上，所居不雨"。去掉故事中的神话色彩，这样的记载与夸父逐日的神话故事似乎还暗示了夸父逐日、夸父与应龙之间争斗而有"旱""大雨""多雨""大风雨"这样的异常天气。应龙与夸父之间的这场战争可能与气候的异常变化有直接关系。

刘毓庆先生在谈论炎帝神农氏与黄帝轩辕氏及其部落之间的争霸战时说，黄帝轩辕氏及其部落是在遭遇恶劣天气而使部众生活甚或生存遭到了严重威胁的情境下才南下进掠炎帝神农氏部落的。这说明夸父与应龙之间的战争或许是炎黄部落争霸战的一部分。

共工与颛顼、帝喾、尧、禹之间的故事

说到这个话题时，大家很容易想起《淮南子》卷三《天文训》中的一个神话故事："昔者，共工与颛顼争为帝，怒而触不周之山，天柱折，地维绝。天倾西北，故日月星辰移焉；地不满东南，故水潦尘埃归焉。"这个神话故事即《共工怒触不周山》，大家耳熟能详，无须作翻译处理。

除《淮南子》卷三《天文训》之外，还有其他古籍也记载了这个神话传说：

"其后共工氏与颛顼争为帝，怒而触不周之山，折天柱，绝地维。故天倾西北，日月星辰就焉；地不满东南，故百川水潦归焉。"（见《列子·汤问第五》）

这个记载与《淮南子》卷三《天文训》的记载是一致的。

"昔共工之力，触不周之山使地东南倾。与高辛争为帝，遂潜于渊，宗族残灭，继嗣绝祀。"（见《淮南子》卷一《原道训》）

在这一段记载中，共工怒触不周山，其原因是"与高辛争为帝"失利，

一场恶战打得十分惨烈，结果是共工失败被杀，共工的宗族、子孙后代被高辛氏灭绝。这与《淮南子》卷三《天文训》中的记载不尽一致。尽管如此，它们的记载有一点是一致的：故事的主角一是炎帝神农氏的后裔共工，一是黄帝轩辕氏的后裔颛顼或者高辛。

"炎帝之妻，赤水之子听䒢生炎居，炎居生节并，节并生戏器，戏器生祝融。祝融降处于江水，生共工。……"按照《山海经》第十八卷《海内经》的记载，共工是炎帝神农氏的后裔祝融的儿子。

在古籍记载中，颛顼与高辛都是"五帝"中的成员。颛顼又称"高阳"，高辛则是帝喾，他们都是黄帝轩辕氏的后裔。《史记》卷一《五帝本纪第一》记载："帝颛顼高阳者，黄帝子孙而昌意之子也"，"帝喾高辛者，黄帝之曾孙也"。颛顼是黄帝轩辕氏的孙子，昌意的儿子；高辛是颛顼的儿子，黄帝轩辕氏的曾孙。

《说文·丄部》在解释"帝"时说："帝，皇天下之号也。"《尔雅·释诂》的解释与此相同："帝，君也。"按照这个解释，共工"与颛顼争为帝""与高辛争为帝"实则是争夺天下共主地位，这是炎帝神农氏与黄帝轩辕氏后裔之间的一场争斗战。

根据《说文》《尔雅》的解释，古代汉语中所说的"帝"用以指人的时候，指的是君主、皇帝、帝王。共工、颛顼、高辛所处的时期没有君主，也没有帝王，更没有皇帝，只可能有部落联盟首领，古籍中说共工与颛顼或者高辛争"帝"，争的可能就是部落联盟首领的位子。共工一度担任过部落联盟首领，他的儿子叫后土。后土长于治理水土，死后，被人尊奉为社神（也就是土地神）。《国语》卷四《鲁语上》之《展禽论祭爰居非政之宜》记载了展禽说过的一段话："……共工氏之伯九有也，其子曰后土，能平九土，故祀以为社。……"这段话说的就是这个意思。

　　《国语》卷三《周语下》之《太子晋谏灵王壅谷水》记载了太子晋与周灵王说的一段话："昔共工弃此道也，虞于湛乐，淫失其身，欲壅防百川，堕高堙庳，以害天下。皇天弗福，庶民弗助，祸乱并兴，共工用灭。其在有虞，有崇伯鲧，播其淫心，称遂共工之过，尧用殛之于羽山。其后伯禹念前之非度，厘改制量，象物天地，比类百则，仪之于民，而度之于群生，共之从孙四岳佐之，高高下下，疏川道滞，钟水丰物，封崇九山，决汩九川，陂障九泽，丰殖九薮，汩越九原，宅居九隩，合通四海。故天无伏阴，地无散阳，水无沉气，火无灾燀，神无间行，民无淫心，时无逆数，物无害生。帅象禹之功，度之于轨仪，莫非嘉绩，克厌帝心。皇天嘉之，祚以天下，赐姓曰姒，氏曰有夏，谓其能以嘉祉殷富生物也。祚四岳国，命以侯伯，赐姓曰姜，氏曰有吕，谓其能为禹股肱心膂，以养物丰民人也。"

　　这一段话及其中的注释包含了三个方面的信息，对前面叙述的共工与颛顼、高辛关系问题作了一个补充，还叙述了共工的后裔与黄帝轩辕氏的后裔尧、禹的关系[1]。

　　前面说过，共工的儿子后土长于治理水土，后土的后裔也长于治理水土并因此而成为主管水利事务的官员。所以，郑玄在注解《尚书·虞夏书·尧典》中的"共工方鸠僝功"时说："共工，水官名。"太子晋说"昔共工弃此道也"，说的是共工的后裔在治水过程中，一改祖先教授的治水方法，没有把水土治理好，给百姓带来了灾难。贾逵在注解"昔共工弃此道也"说："贾侍中云：'共工，诸侯，炎帝之后，姜姓也。颛顼氏衰，共工氏侵陵诸侯，与高辛氏争而王也'。""或云：'共工，尧时诸侯，为高辛所灭。'"颛顼无力

---

① 尧和禹是黄帝轩辕氏的后裔，相关记载见《史记》。《史记》卷一《五帝本纪第一》云："帝喾崩，而挚代立。帝挚立，不善（崩），而弟放勋立，是为帝尧。"《史记》卷二《夏本纪第二》云："夏禹，名曰文命。禹之父曰鲧，鲧之父曰帝颛顼，颛顼之父曰昌意，昌意之父曰黄帝。禹者，黄帝之玄孙而帝颛顼之孙也。"

控制诸侯的时候，共工乘势而起，想要争夺统治地位，结果被高辛打败了。这是第一个方面的信息。

"其后伯禹念前之非度，……共之从孙四岳佐之……"鲧治水失败之后，大禹接受尧的命令，承担了治水的重任。当时，共工的侄孙担任了掌管祭祀四岳职务的官员，即四岳。大禹治水时，四岳奉命去当大禹的助手。《左传·隐公十一年》载："夫许，大岳之胤也。"杜预注解说："大岳，神农之后，尧四岳也。"大岳是炎帝神农氏的后裔，在尧当政的时候担任了四岳。杜预的注解与这段话中的叙述是一致的。这是第二个方面的信息。

"……祚四岳国，命以侯伯，赐姓曰姜，氏曰有吕……"大禹治水成功之后，四岳因辅助大禹治水有功，被尧奉为诸侯。尧还让四岳恢复了祖先炎帝神农氏的姓氏，也就是姜姓。四岳的封地在吕，他的后裔以封地吕为姓氏，改姓吕。这与《新唐书·表第十五上·宰相世系五上》在叙述"吕"姓的来源时所说的"出姜姓，炎帝裔孙，为诸侯，号共工氏"是一致的。这是第三个方面的信息。

三苗九黎与尧、舜、禹之间的故事

在第四章《炎帝神农氏的家族》之《炎帝神农氏部族的迁徙》中，我们引述了《史记》卷一《五帝本纪第一》中"舜归而言于帝，请流共工于幽陵……迁三苗于三危"的记载，这个记载介绍了炎帝神农氏的后裔三苗九黎与黄帝轩辕氏的后裔尧、舜等人之间的关系。这里再引述古籍记载，对有关情况作一下补充叙述。在此之前，我们先来说一说三苗九黎与炎帝神农氏之间的关系。

在古籍记载中，三苗九黎是炎帝神农氏的后裔。古人在谈论三苗九黎与炎帝神农氏的关系时，主要有两种不同意见。在陈述这两种意见时，他们也叙述了三苗九黎与黄帝轩辕氏后裔少昊、颛顼、帝喾、尧、舜等人之间的关系。

第一种意见：三苗九黎是蚩尤的后裔。司马贞在《史记索隐》中就《史记》卷一《五帝本纪第一》"诸侯咸来宾从。而蚩尤最为暴，莫能伐"一句作注解时引述孔安国的话说："九黎之君，号蚩尤。"九黎统属于蚩尤，蚩尤是九黎部落的首领。

孔安国在为此作注解的同时，也叙述了三苗九黎与黄帝轩辕氏后裔之间的关系："九黎之君，号蚩尤……三苗之君习蚩尤之恶，不用善化民，而制以重刑，惟为五虐之刑，自谓得法。蚩尤黄帝所灭，三苗帝尧所诛，言异世而同恶。"

蚩尤的后裔三苗像他们的祖先蚩尤一样，用五种暴虐的刑法来统治人民；蚩尤及他的后裔三苗用严刑酷法来统治人，激起了部众的反对，黄帝轩辕氏顺应民心，灭了蚩尤，黄帝轩辕氏的后裔尧顺应民心，灭了三苗。

关于蚩尤"惟为五虐之刑"之事，《礼记·缁衣第三十三》中也有过叙述，原文是这样的："《甫刑》曰：'苗民匪用命，制以刑，惟作五虐之刑曰法。是以民有恶德，而遂绝其世也。'"这里的《甫刑》即《尚书》中的《周书·吕刑》，孔颖达引述郑玄的解释作注解说："苗民，谓九黎之君也。九黎之君于少昊氏衰而弃善道，上效蚩尤重刑，必变九黎。言苗民者，有苗，九黎之后。颛顼代少昊诛九黎，分流其子孙，为居于西裔者三苗。至高辛之衰，又复九黎之君恶，尧兴，又诛之。尧末，又在朝，舜时又窜之。后王深恶此族三生凶恶，故著其氏而谓之民。民者，冥也，言未见仁道。"

郑玄的注解包含了蚩尤与三苗九黎，以及三苗九黎与黄帝轩辕氏后裔少昊氏、颛顼、帝喾、尧、舜等人有关的诸多信息：

其一，在黄帝轩辕氏的后裔少昊氏衰落的时期，九黎效法祖先，动用严刑峻法统治人民，希望能通过这样的方式和途径从少昊氏手中夺取天下共主地位。关于这段事实，《国语》卷十八《楚语下》之《观射父论绝地天通》中有类似的叙述，与前文引自《礼记·缁衣第三十三》的叙述可以互为补充。

其二，九黎的悖逆行为招致了民众反对，在少昊氏之后，黄帝轩辕氏的后裔颛顼一举攻灭了九黎，然后流放了九黎的后裔，其中，流放到西部边陲的一部分九黎后裔被人称为三苗。这段叙述表明了蚩尤与九黎、三苗之间的关系——九黎是蚩尤的后裔，九黎的一支后裔西迁到西部边陲之后为三苗。

其三，高辛时期，也就是黄帝轩辕氏的后裔帝喾时期，三苗九黎再一次效法祖先蚩尤危害于民，帝喾的继承者、黄帝轩辕氏的另一个后裔尧又起而诛灭了三苗九黎。

其四，到尧的继任者、黄帝轩辕氏的另一个后裔舜时期，再一次发生了三苗九黎作恶危害于人的事情，舜诛灭三苗九黎，并再一次流放三苗九黎部众。关于这件史事，史籍中多有记载。《吕氏春秋》卷二十《恃君览·召类》言："舜却苗民，更易其俗。"《战国策》卷三《秦策一·苏秦始将连横》言："舜伐三苗。"《史记》卷一《五帝本纪第一》言："舜……迁三苗于三危。"

其五，"三苗"是"三苗之民"的简称，这是一个带有贬义的称谓：民，即冥顽不化的意思，所谓三苗之民，就是一群不守善道、冥顽不化的人。

第二种意见：三苗是炎帝神农氏后裔四岳的子孙。项安世在《项氏家说》卷三《三苗族系》中综合考证《左传·昭公九年》《左传·襄公十四年》《左传·文公十八年》《左传·隐公十一年》中的相关史料，还有杜预的注解之后，说："盖神农氏没，子孙仕于黄帝为缙云氏，仕于尧为四岳，而四岳之子孙受封于南方者为三苗，三苗之子孙长于西方者为姜戎云。"四岳活跃在尧所处的时代，其后代一部分迁徙到了南方地区，这部分人就是历史上的三苗；还有一部分迁徙到了西部边陲，他们就是曾经活跃在周代的少数民族姜戎。

三苗活跃于南方地区。《战国策》卷二十二《魏策一·魏武侯与诸大夫浮于西河》有吴起说过的一段话，介绍了三苗的活动范围："昔者三苗之居，左有彭蠡之波，右有洞庭之水，文山在其南，而衡山在其北。恃此险也，为政不善，而禹放逐之。"

西起今湖南洞庭湖，东到今江西鄱阳湖，南达今云南文山，北至今湖南衡山，这个范围内是三苗的主要活动区域。活跃在这个区域里的三苗，到大禹时期，仍然"为政不善"，有鉴于此，大禹与三苗之间发动了一场征讨与反征讨之战。《墨子》第五卷《非攻下》对这场战争作了记载："昔者有三苗大乱，天命殛之。日妖宵出，雨血三朝，龙生庙，犬哭乎市，夏冰，地坼及泉，五谷变化，民乃大振。……苗师大乱，后乃遂几。"在墨子的描述中，大禹征伐三苗，是因为三苗倒行逆施，危害了百姓，激起了天怒人怨：太阳在夜晚出来，天空下了血雨，龙在祖庙中出现，狗在闹市哭泣，夏天结冰，土地开裂，庄稼到了相应的时令却没有成熟。在这样的情境下，大禹起兵攻打三苗，并在天神帮助下，一举打败了三苗。

这是一个颇具神话色彩的故事，去掉它的神话因素来看，这场战争或许是这样的：大禹遭遇了一场罕见的天灾之后，联合援助力量一起打败了为害作乱的三苗。

第六章　炎帝神农氏的祭祀及祭祀炎帝神农氏

　　古人十分重视祭祀。《左传·成公十三年》记载了刘子说过的一段话："国之大事，在祀与戎。"祭祀与战争是国家应该重视的两件大事，这是古人对祭祀、战争与国家关系的一种直观认识。《礼记·祭法第二十三》说"法施于民则祀之，以死勤事则祀之，以劳定国则祀之，能御大灾则祀之，能捍大患则祀之。……及夫日、月、星辰，民所瞻仰也，山林、川谷、丘陵，民所取材用也。"这样的表述集中阐述了古人确定祭祀对象的原则：被百姓树立为榜样的人、以身殉职的人、为定国安邦建有功劳的人、能为大众防止灾害的人、能救民于水火的人都是人们祭祀的对象；日、月、星辰帮助人们区分四时，确定历法，安排农事，是人们祭祀的对象；山林、川谷、丘陵之神，为人们提供了各种赖以生产、生活的物资，也是人们祭祀的对象。这样的人与日、月、星辰、山林、川谷、丘陵都有功于人、有恩于人，人们奉之为祭祀对象，目的是通过祭祀来表示感恩回报。

炎帝神农氏也有自己感恩回报与祭祀的对象，炎帝神农氏又是后人感恩回报的对象。因此，炎帝神农氏有自己的祭祀对象和祭祀仪式，炎帝神农氏也是后世祭祀的对象。炎帝神农氏所处的时代有过哪些祭祀对象和形式呢？在炎帝神农氏之后，人们怎样来祭祀炎帝神农氏呢？这是本章所要叙述的主要内容。

伊耆氏始为腊

对祖先和自然的膜拜和感恩，这是我国古代先民一以贯之的一种朴素情感。炎帝神农氏首创农业及农耕文化，引领人类进入农耕时代。进入农耕时代之后，人们把能获取收成，特别是农业丰收视为祖先和大自然中各种神灵保护、眷顾的结果，出于感恩、报恩的朴素意愿，早在炎帝神农氏所处的时代，人们就开始在年终举行旨在酬谢祖先和大自然中各种与农业及农业生产有关的神灵的祭祀仪式。这叫作"腊祭"，也写作"蜡祭"，有时简称"腊"或者"蜡"。

关于腊祭，《通典》卷四十四《礼四·吉三》是这样记载的："蜡之义，自伊耆之代而有其礼，古之君子使之必报之，是报田之祭也。其神神农，初为田事，故以报之。乐以苴桴土鼓，夏后氏更名曰嘉平……"杜佑介绍，腊祭仪式是从炎帝神农氏伊耆氏时代开始的，举行腊祭仪式，目的是报答农神神农氏。为什么要举行专门的仪式来祭祀神农氏呢？这是因为炎帝神农氏是农业及农耕文化的始祖。伊耆氏也是一代神农氏，他能自己举行这样的仪式来祭祀自己吗？杜佑解释这是他的后裔为感恩祖先的功绩而创设的。杜佑描述，举行腊祭仪式时，大家拿起用陶质鼓槌敲打陶质鼓，演奏专门的乐曲，在鼓乐声中跳专门的祭祀舞蹈。

在炎帝神农氏之后，商代也有腊祭仪式。在商代，腊祭仪式改名为"嘉平"。周代也有腊祭仪式。《礼记·郊特牲第十一》对周代的腊祭作了具体记载："天子大蜡八。伊耆氏始为蜡。蜡也者，索也。岁十二月，合聚万物而索飨之也。蜡之祭也，主先啬而祭司啬也，祭百种以报啬也。飨农及邮表畷、禽兽，仁之至，义之尽也。古之君子，使之必报之。迎猫，为其食田鼠也；迎虎，为其食田豕也，迎而祭之也。祭坊与水庸，事也。曰：'土反其宅，水归其壑，昆虫毋作，草木归其泽。'皮弁、素服而祭。素服，以送终也。葛带、榛杖，丧杀也。蜡之祭，仁之至，义之尽也。黄衣、黄冠而祭，息田夫也。野夫黄冠，黄冠，草服也。"

周代举行腊祭仪式，祭祀的有八位神灵。其一，先啬，即炎帝神农氏，他是农业及农耕文化的创始者，是农神。其二，司啬，周人的始祖、周代的农神后稷。其三，农，田官之神，也就是主管农业事务的官员之神，他们督促与指导农事，功莫大焉。其四，邮表畷，最先在田地间开设疆界、修建道路和凉亭小屋供人休息的人，他们开设田埂，在农田之间铺设道路，修建凉亭，为农夫从事农业生产提供了交通与休息等方面的便利条件，因此，也被当成了腊祭对象。其五，猫和老虎，猫吃老鼠，老虎吃野猪，减少了禽兽对农田和农作物的破坏、损害。其六、其七，坊神与水庸神，即掌管堤坝、水沟的神灵。坊神与水庸神之所以成为人们祭祀的对象，是因为堤坝水沟便于防洪排灌，这是获取农业丰收的基本保障之一。其八，昆虫，也就是主管昆虫的神灵，腊祭时祭祀昆虫，目的是希望能通过祭祀昆虫神的方式来减少昆虫对庄稼的危害。这几位神灵都是与农业及农业生产关系密切的神灵。

"皮弁、素服而祭",举行腊祭仪式时,作为主祭的人,国君要按规定戴上用白鹿皮做成的帽子,穿上白色的礼服,在歌舞声中恭恭敬敬地行礼,向神灵宣唱祝词:"土反其宅,水归其壑,昆虫毋作,草木归其泽"——泥土,返回到各自原来的地方去吧,不要随风流失;河水,流到沟壑里去吧,不要泛滥成灾;昆虫,孵化有节制吧,不要繁殖成灾;野草,到沼泽里去吧,不要长在农田里面。如此祭祀一番之后,"黄衣、黄冠而祭",国君要再换上黄色的帽子、黄色的礼服去祭祀土地,以此宣告一年里的农事结束。作为国君,他还要慰劳慰劳农夫,并和大家一起好好地休息,即"息田夫"。

《礼记·郊特牲第十一》的记载表明,周代的腊祭与息田夫仪式是同时举行的。在周代之后,腊祭的形式和内容与此不同。《说文·肉部》解释"腊"时说:"冬至后三戌腊祭百神。"古人用干支纪日、纪月、纪年,每年冬至后第三个干支纪日逢戌的日子,人们要举行大型的祭祀神灵仪式,这种祭祀仪式就是腊祭。唐代人颜师古对"腊"的解释与许慎在《说文》中的解释一致:"腊者,冬至后腊祭百神也。"许慎、颜师古对腊祭的解释与《礼记·郊特牲第十一》记载的周代腊祭祭祀对象不一致,他们据以解释的是汉代、唐代的腊祭。汉代、唐代腊祭时祭祀的神灵要更多一些。关于唐代的腊祭,《通典》卷一百一十《礼七十·开元礼纂类五·吉二》作了记载。从记载来看,唐代的腊祭仪式是这样的:

在腊祭仪式举行前三天,皇帝及参与腊祭仪式的官员先要进行为期三天的斋戒以示虔诚与郑重其事。与此同时,工作人员还要按仪式要求,在举行腊祭仪式的坛场陈设乐器、礼器及皇帝的宝座。腊祭仪式是在都城长安南郊举行的。举行腊祭仪式的这一天五更时分,工作人员趁天还没亮先布置好神座:在坛场设置好大明(太阳神)、夜明(月亮神)、神农(即先啬)、伊耆、后稷（即司啬）等一百九十个神主的神座。天亮后，皇帝亲临坛场，在司仪人员的指挥下，依次完成奠玉币、奠毛血、进馔、盥洗、奠爵等仪程，然后是读祝文、奏乐、行跪拜礼，之后焚烧、掩埋祭祀神灵的祝版纸帛。其中，祭祀神农氏的祝文是这样的：

"维某年岁次月朔日，子嗣开元神武皇帝讳，谨遣具位臣姓名敢昭告于帝神农氏：惟帝肇兴播植，粒此黎元。今时和岁稔，神功是赖。谨以制币牺齐粢盛庶品，明荐于帝。尚飨。"

从祝文中不难看出，唐代腊祭的主题是祭祀和感恩神农氏，也就是感恩和酬谢与农业有关的神灵。作为一种传统的大型祭祀仪式，至少从周代开始，腊祭始终是由官方主持的一种祭祀仪式。历代王朝都十分重视腊祭，直到清乾隆十五年（1750 年），这种祭祀仪式才宣告停止。

炎帝神农氏封禅

除腊祭之外，古人还十分重视封禅仪式。

《字汇·寸部》对"封"的解释是这样的："封，又封禅祭名。""封"，又称"封禅"，是祭祀名称。古时候，帝王在改朝换代之初或者国力强盛的时候要修筑祭坛，举行祭祀天地的盛大典礼仪式，这样的典礼仪式就是封禅。其实，"禅"也是古代的一种祭祀名称。《广雅·释天》解释："禅，祭名。"《说文·示部》对"禅"的解释稍微具体一点："禅，祭天也。"禅是一种祭祀上天的祭祀仪式。但是，在古籍中，"封""禅"多数情况下是并称的，称为"封禅"。《字汇·寸部》中"封，又封禅祭名"的解释就是这样来的。《史记》卷二十八《封禅书第六》记载："自古受命帝王，曷尝不封禅？"张守节在《史记正义》中注解："泰山上封土为坛以祭天，报天之功，故曰封；泰山下小山上除地，报地之功，故曰禅。"按照张守节的解释，所谓封禅，乃是在泰山山上、山下举行的旨在祭祀天地的仪式。这比"封，又封禅祭名"的解释要更直观一些。

关于远古帝王举行封禅仪式的情况，《管子》卷十六《封禅第五十》有这样一段记载："桓公既霸，会诸侯于葵丘，而欲封禅。管仲曰：'古者封泰山禅梁父者七十二家，而夷吾所记者十有二焉。'"齐桓公称霸以后，在葵丘大会诸侯，然后，他想效法远古帝王，去泰山举行封禅仪式。获悉齐桓公这个想法之后，管仲来进谏，说："远古时期，一共有七十二个帝王在泰山及泰山下的小山梁父举行过封禅仪式，可惜，这七十二个帝王中，我记住了的只有十二个。"管仲说这十二个帝王中有炎帝神农氏："神农封泰山，禅云云；炎帝封泰山，禅云云。"

古人为什么要在泰山举行封禅仪式呢？《公羊传·僖公三十一年》中的一段叙述或许可以提供一种答案："触石而出，肤寸而合，不崇朝而遍雨乎天下，唯泰山尔。"云气与山峦一经接触就会逐渐汇合，形成云雾，随后不久，大雨哗哗而下。无须朝拜吁请而能降下甘霖的，在天底下，只有泰山才会这样恩施天下。能应时而降下大雨，对于从事农耕的人来说，这的确是善莫大焉的大好事，这应该是人们选择在这里举行祭祀天地的封禅仪式的主要原因之一。炎帝神农氏是农业及农耕文化的首发者，他自然也要像无怀氏等远古帝王一样来"封泰山，禅云云"了。

按照管仲的叙述，在炎帝神农氏之后，黄帝轩辕氏、颛顼、帝喾、尧、舜、禹、商汤、周成王等人先后举行了封禅仪式。作为一种祭祀仪式，后世帝王在改朝换代或者国力强盛的时候，也会举行封禅仪式。《史记》卷二十八《封禅书第六》记载了汉武帝时期举行的封禅情况。《新唐书·志第四·礼乐四》则记载了唐高宗时期举行封禅大典的情况："高宗乾封元年，封泰山……其后将封嵩岳，以吐蕃、突厥寇边而止。"唐乾封元年（666年），吐蕃、突厥犯边，边境上重新兴起了战事，唐高宗被迫取消封禅仪式。

封禅仪式的设置，开启了后世郊祭祭天、圜丘祭天及明堂配祭作为天帝的炎帝的历史。

秦灵公作下畤祭炎帝

《史记》卷二十八《封禅书第六》记载："其后百余年，秦灵公作吴阳上畤，祭黄帝；作下畤，祭炎帝。"秦灵公三年，也就是前422年，秦灵公在吴阳作上畤①、下畤祭祀黄帝和炎帝。从考古发掘来看，这里所说的"吴阳"很可能是现在的陕西省宝鸡市陈仓区新街庙镇吴山东路。② 秦灵公在这里祭祀的炎帝、黄帝是五天帝中的炎帝、黄帝，而不是作为远古帝王的炎帝、黄帝。作为远古帝王的炎帝、黄帝与太昊、少昊、颛顼并称"五人帝"，简称"五帝"③。

古人认为人类生存、生活所需要的一切物质资源都来源于大自然，人类应该感恩大自然。

在这样的观念指导下，古人对大自然始终怀有一种虔诚的敬畏之心。在他们的意识里，天是大自然的最高象征，敬畏天也就是敬畏大自然，感恩天

---

① 畤，也写作"峙"，古时候祭祀天地五帝的场所。
② 见2018年12月9日记者都红刚在《陕西日报》的报道《陕西考古发现战国时期大型祭祀遗址》。
③ 古籍记载中的五帝指的是远古时期五位有名的帝王，在不同的古籍记载中，五帝所指的五位远古帝王各不相同，这里采用的是《吕氏春秋》"十二纪"中记载的五帝。

就是感恩大自然。古人将大自然人格化之后，由此产生了土地神、水神、风神、雷神等各种自然神灵。同样，将天人格化之后，也就产生了各种天神。天神之中，最高的神灵为天帝，在古籍中，又叫作"上帝""天宗""帝"。春秋战国时期，五行理论形成，人们用五行理论来解释宇宙、社会、人生各个方面的问题，五行理论成为影响当时人们的思想观念乃至生活的主要理论之一。受此影响，人们认为天有五行，五行各自对应一个方位、一种颜色、一个季节（即"五节"），五行各有一位对应的天帝，即五行之帝，五行之帝各自对应他代表的五行所对应的方位、颜色和季节，于是，就出现了东方青帝、南方赤帝、中央黄帝、西方白帝、北方黑帝五天帝。五天帝各有一颗座星，这就是太微垣五帝的座星，即东方青帝灵威仰、南方赤帝赤熛怒、中央黄帝含枢纽、西方白帝白招拒、北方黑帝汁光纪，都是天上的星宿。

从古籍记载来看，早在传说中的五帝时代就有"兆五帝"祭天的仪式。《尚书·虞夏书·尧典》中有"正月上日，受终于文祖。……肆类于上帝，禋于六宗，望于山川，遍于群神"的记载。正月某一个吉日，尧把帝位禅让给舜，舜祭告天帝，告知此事，又祭祀了掌管天地四时、山川的神灵，以及其他神灵。

周代也有祭祀天帝的仪式。周代祭祀的天帝有五位，也就是五天帝，或者说五帝。《周礼·春官宗伯第三·小宗伯》有祭祀五帝的记载："兆五帝于四郊。"在都城四郊确定祭祀五帝的坛场位置，在当时，这是小宗伯的职责之一。

春秋战国时期，也就是东周时期，国君要按照一定的仪式，逐月在明堂祭祀五帝。对此，《吕氏春秋》"十二纪"及《孔子家语》卷六《五帝第二十四》作了具体记载，西汉时期的《礼记·月令第六》和《淮南子》卷五《时则训》作了转载，《孔子家语》卷六《五帝第二十四》则阐述了五天帝与五人帝、五人臣相配合而祭祀的原则。

《孔子家语》卷六《五帝第二十四》通过孔子与季康子的对话，阐述了五天帝匹配五人帝、五人臣匹配五人帝的祭祀原则。这段对话是这样的：

"季康子问于孔子曰：'旧闻五帝之名，而不知其实，请问何谓五帝？'孔子曰：'昔丘也闻诸老聃曰："天有五行，水、火、金、木、土，分时化育，以成万物，其神谓之五帝。"古之王者，易代而改号，取法五行。五行更王，终始相生，亦象其义。故其生为明王者，而死配五行。是以太皞配木，炎帝配火，黄帝配土，少皞配金，颛顼配水。'康子曰：'太皞氏其始之木何如？'孔子曰：'五行用事，先起于木。木东方，万物之初皆出焉，是故王者则之，而首以木德王天下。其次则以所生之行，转相承也。'康子曰：'吾闻句芒为木正，祝融为火正，蓐收为金正，玄冥为水正，后土为土正，此五行之主而不乱。称曰帝者何也？'孔子曰：'凡五正者，五行之官名。五行佐成上帝，而称五帝。太皞之属配焉，亦云帝，从其号。其少皞氏之子有四叔，曰重，曰该，曰修，曰熙，实能金木及水。使重为句芒，该为蓐收，修及熙为玄冥。颛顼氏之子曰黎，为祝融。共工氏之子曰句芒，为后土。此五者各以其所能业为官职，生为上公，死为贵神，别称五祀，不得同帝。'……康子曰：'陶唐、有虞、夏后、殷、周独不配五帝，意者德不及上古邪？将有限乎？'孔子曰：'古之平治水土及播殖百谷者众矣，唯句龙兼食于社，而弃为稷神，易代奉之，无敢益者，明不可与等……'"

这段对话讲了下面三层意思：

第一，"天有五行，水、火、金、木、土，分时化育，以成万物，其神谓之五帝"。五行各自有一帝来掌管，掌管五行的"帝"就是五行之帝，也就是五天帝。

第二，五位人间帝王（即五人帝）匹配天上五位天帝，五位人间帝王的臣佐（即五人臣）匹配五位人间帝王，他们与五天帝同时享受祭祀。这五位人间帝王以及他们与五天帝、五人臣匹配的情况是这样的："太皞配木，炎帝配火，黄帝配土，少皞配金，颛顼配水"，"句芒为木正，祝融为火正，蓐收为金正，玄冥为水正，后土为土正"。句芒、祝融、蓐收、玄冥、后土五人臣依次与木、火、金、水、土相匹配，句芒、祝融、蓐收、玄冥、后土五人臣同时也是五位神祇。

第三，"易代奉之，无敢益者，明不可与等"。从夏、商、周三代以来，后世其他帝王无法与这五位比附于天帝的人间帝王媲美，因此，太皞等五位远古时期的帝王匹配天帝的殊荣和地位是后世其他帝王无可取代的。因此，祭祀天帝时，只选择这五人帝来匹配五天帝。

综合《孔子家语》卷六《五帝第二十四》中的上述记载，用表来表示，五天帝、五人帝与五人臣匹配祭祀的情况如下：

五天帝、五人帝与五人臣匹配祭祀情况

五行	木	火	金	水	土
五方	东	南	西	北	中央
五节	春	夏	秋	冬	长夏（年中）
五色	青	赤（红）	白	黑	黄
五天帝	青帝	赤帝	白帝	黑帝	黄帝
五人帝	太昊（太皞）	炎帝	少昊（少皞）	颛顼	黄帝
五神（五人臣）	句芒	祝融	蓐收	玄冥	后土

《吕氏春秋》"十二纪"记载了一年十二个月里掌管各个月份的天帝和神祇，还记载了周天子逐月举行的祭祀活动，其中就有"祈谷于上帝"这样的祭祀天帝仪式。用表来表示，《吕氏春秋》"十二纪"记载的情况是这样的：

掌管各个月份的天帝和神祇及其主要祭祀活动

时间		主管的天帝和神祇		主要祭祀活动
春季	正月	太皞	句芒	①立春之日，天子亲率三公、九卿、诸侯、大夫，以迎春于东郊 ②以元日，祈谷于上帝
	二月			①（玄鸟）至之日，以太牢祀于高禖 ②（天子）献羔开冰，先荐寝庙
	三月			①天子乃荐鞠衣于先帝……荐鲔于寝庙，乃为麦祈实 ②国人傩，九门磔禳，以毕春气
夏季	四月	炎帝	祝融	①立夏之日，天子亲率三公、九卿、大夫，以迎夏于南郊 ②天子乃以彘尝麦，先荐寝庙
	五月			天子乃以雏尝黍，羞以含桃，先荐寝庙
	六月			
年中	即长夏	黄帝	后土	
秋季	七月	少皞	蓐收	①立秋之日，天子亲率三公、九卿、诸侯、大夫，以迎秋于西郊 ②农乃升谷，天子尝新，先荐寝庙
	八月			天子乃傩，御佐疾，以通秋气。以犬尝麻，先祭寝庙
	九月			①大飨帝，尝牺牲，告备于天子 ②天子乃以犬尝稻，先荐寝庙
冬季	十月	颛顼	玄冥	①立冬之日，天子亲率三公、九卿、大夫，以迎冬于北郊 ②天子乃祈来年于天宗，大割，祠于公社及门闾，飨祷祖五祀
	十一月			天子命有司，祈祀四海、大川、名原、渊泽、井泉
	十二月			①命有司，大傩旁磔，出土牛，以送寒气 ②毕山川之祀，及帝之大臣，天地之神祇 ③天子亲往，乃尝鱼，先荐寝庙

表中的这些祭祀活动可以归为三类：

一是祭祀天帝，主要是在立春、立夏、立秋、立冬之日，天子率领大臣在都城东郊、南郊、西郊、北郊举行迎春、迎夏、迎秋、迎冬仪式。迎春、迎夏、迎秋、迎冬也就是祭祀与这些季节对应的天帝和神祇，即东郊迎春而祭祀太皞和句芒，南郊迎夏而祭祀炎帝和祝融，长夏时期（夏末秋初）祭祀黄帝和后土，西郊迎秋而祭祀少皞和蓐收，北郊迎冬而祭祀颛顼和玄冥。在古籍记载中，这叫作"迎时气"，这是古人适应季节变化而举行的祭祀天帝仪式。"祈谷于上帝""大飨帝""祈来年于天宗"等也是祭祀天帝的仪式，这是为祈求丰收年成而举行的祭祀仪式，在古籍记载中，这种祭祀仪式叫"祈年""祈丰"。

二是祭祀祖先，表述为"天子……先荐（祭）寝庙"。

三是祭祀山川等自然神灵。

至于"国人傩，九门磔禳，以毕春气""大傩旁磔，出土牛，以送寒气"，这是古人为适应季节变化而举行的带有一定巫傩色彩的祭祀仪式。

秦灵公作吴阳上畤祭黄帝、作下畤祭炎帝，反映的是战国时期秦国祭祀五帝的情景。在《史记》卷二十八《封禅书第六》中，司马迁记载了这样一个细节，反映的也是战国时期秦国祭祀五帝的情景：

汉高帝二年（前205年），汉高帝刘邦东征，打败项羽，还兵入关后，刘邦问身边的人："过去，秦王朝祭祀上帝的情况如何啊？"身边的人告诉他："秦王朝人立坛庙祭祀的上帝一共有四位：白帝、青帝、黄帝、赤帝。"刘邦一听，说："不对呀，我听说上天一共五位天帝，要有五座庙坛才是呀，怎么才有四座坛场呢？"对于这个问题，身边的人谁也回答不出来。这时，刘邦哈哈大笑，说："告诉你们吧，五帝之中还缺少一帝，他们是在等待我来凑足五帝之数的。"于是，刘邦下令建立黑帝祠，命名为北畤，并且规定由有关机构主持祭祀，皇帝不亲往祭祀。各个庙坛主持祭祀的祝官全部由秦王朝的祝官担任，同时，还设置了太祝、太宰等与祭祀有关的官员，各位天帝的祭祀仪礼也与秦王朝的相同。

后世王朝承续前代的礼仪制度，也保留了迎时节即祈年这样的祭祀仪式，这是历代王朝举行的重大祭祀仪式之一。现在摘引《大唐开元礼》卷十四《吉礼·皇帝立夏祀赤帝于南郊》的记载为例，来简单地说一说唐代立夏日祭祀赤帝的情况：

皇帝为主祭人，其他随祭大臣为陪祭者。祭祀的礼仪程式如下：主祭人和陪祭人斋戒；工作人员在举行祭祀仪式前三天布置坛场；举行祭祀仪式前职能官员负责察看作为祭祀供品的牲口是否合适；祭祀时，在司仪人员指挥下，皇帝进献玉帛；进供加工好了的熟食——供品祭祀炎帝，同时，宣读祝词，然后，在歌舞中，皇帝跪拜行礼，其他陪祭官员以此依次跪拜；最后，焚烧祝文、供品。

迎夏祭祀炎帝的祝文是这样的："惟某年岁次某月朔日，子嗣开元神武皇帝臣讳，敢昭告于帝神农氏：时惟孟夏，火德方融，用致明禋于赤帝赤熛怒。惟帝表功协德，允斯作对，谨以制币牺齐，粢盛庶品，式陈明荐，作主配神，尚飨。"

除此之外，后世王朝举行明堂祭祀、圜丘祭祀（祭天仪式）、祈年等祭祀仪式时，也会祭祀五天帝。被祭祀的五天帝中，有作为天帝之一的炎帝。

历代帝王祭祀作为古代帝王圣贤及先农先医的炎帝神农氏

在古籍记载中，炎帝神农氏有多重身份：远古时期部落和部落联盟首领，被古人视为帝王而尊奉为"三皇"之一；农业及农耕文化、医药及医药文化的首创者，被古人尊奉为"先啬""先农""先医"；功绩赫赫，泽被后世，被古人视为圣贤之一。炎帝神农氏因此而成为中华民族的人文始祖之一。自古以来，人们就用祭祀的方式来表达对这位人文始祖的缅怀与崇敬之情，炎帝神农氏因此而成为后世帝王与王朝祭祀的主要对象之一；后世帝王与王朝在祭祀作为天帝的炎帝的同时，还祭祀作为远古帝王、古代圣贤及先农、先医的炎帝神农氏。

祭祀作为远古帝王及先医的炎帝神农氏

《路史》卷十三《后纪四·禅通纪》"炎帝纪下"条目记载，黄帝轩辕氏取代炎帝神农氏而为天下共主之后，"乃封参卢于路，而崇炎帝之祀于陈"。炎帝神农氏是黄帝轩辕氏之前有名的部落和部落联盟首领，用后世的说法来讲，是历史上有名的"帝王"。所以黄帝轩辕氏取代炎帝神农氏之后，把末代炎帝参卢，也就是榆罔氏封在露这个地方，同时，在炎帝神农氏的故都陈修建了专门的建筑物来供奉、祭祀炎帝神农氏。相同的内容还记载在《元和姓纂》里。从已知的古籍来看，黄帝轩辕氏"崇炎帝之祀于陈"是古人祭祀作为远古帝王的炎帝神农氏的滥觞。

追思与祭祀前代帝王，这是我国古代各个王朝的一个传统。《史记》卷四《周本纪第四》叙述，西周建立之初，周武王追封前代帝王，把炎帝神农氏的后裔分封在"焦"，焦后来又叫亳州。《金史》卷三十五《志第十六·礼八》记载，金代"诸前代帝王，三年一祭"，金国每三年举行一次祭祀前代帝王的仪式；"于仲春之月"，祭祀的时间是当祭之年的农历二月；祭祀的远古帝王和地点是这样的："祭伏牺于陈州，神农于亳州，轩辕于坊州，少昊于兖州，颛顼于开州，高辛于归德府，陶唐于平阳府，虞舜、夏禹、成汤于河中府。"

在陈州祭祀伏羲氏，在亳州祭祀炎帝神农氏……金国朝廷在当祭之年委派人员到远古帝王陵墓或者庙宇所在地去祭祀，也就是赴陵墓或者庙宇祭祀，这是我国古代各个王朝祭祀前代帝王的主要方法之一。直到清代还有祭祀前代帝王的祭祀仪式，《钦定大清会典》卷四十五《礼部·祠祭清吏司·中祀二》记载："凡祭前代帝王之礼，为庙于皇城之西殿，曰景德崇圣，……皇帝特行崇典，则亲诣行礼。景德崇圣殿中三皇各一案，五帝共三案，夏、商、周代设一案，其余每室三案。"清代，朝廷在皇城景德崇圣殿中祭祀三皇五帝与夏、商、周至明代等各个朝代的帝王，每逢祭祀时，皇帝要亲自到殿中香案前行礼。

《礼部志稿》卷八十五上《群祀备考·历代帝王祀》记载，明洪武六年（1373 年），礼部尚书牛谅给明太祖朱元璋上了一道奏折，提出"三皇开天立极，大有功德于民，京都有庙，春、秋享祀，宜令太常掌之，伏羲以勾芒配，神农以祝融配，黄帝以风后、力牧配，正位南面，祀以太牢，配位东面，祀以少牢"。京城有祭祀伏羲氏、炎帝神农氏、黄帝轩辕氏，也就是祭祀三皇的庙宇，朝廷应该安排由太常寺来掌管主持每年春季、秋季祭祀三皇的事务；采用主神与配神匹配的方式来安设祭祀神位：伏羲氏与勾芒（即句芒）匹配、炎帝神农氏与祝融匹配、黄帝轩辕氏与风后、力牧匹配，其中主神的神位按坐北朝南方向安设，配神神位按坐东朝西的方向安设；祭祀的时候，用猪、牛、羊各一头作供品祭祀主神，用猪、羊各一头作供品祭祀配神。"汉高祖、光武，唐高祖、太宗，宋太祖，元世祖，宜令有司就各陵立庙，每岁仲春以少牢致祭。商中宗、高宗，周成王、康王，汉文帝、武帝、宣帝、明帝、章帝，唐玄宗、宪宗，后唐明宗，宋太宗、真宗、仁宗，亦宜令有司立庙陵，三年一祭，祭以少牢。"除祭祀三皇之外，还要祭祀商代的中宗等其他前代帝王。祭祀其他前代帝王时，由主管部门在这些帝王陵墓边修建的庙宇里举行。或者每年农历二月祭祀，或者每三年才祭祀一次。祭祀时，用猪、羊各一头作供品。

明太祖朱元璋批准了牛谅的建议，批示说："五帝三王及汉、唐、宋创业之君，俱宜于京师立庙致祭，其余守成贤君，令有司祭于陵庙，皆每岁春、秋祭之。"在京城专门修建庙宇来祭祀三皇五帝和汉、唐、宋各朝各代的开国君主，除开国君主之外，其他卓有功绩的历代帝王则由有关部门到他们的陵墓或者庙宇里去祭祀；统一在每年春、秋两季定期祭祀。"乙酉，建历代帝王庙于京师，礼部奏定其仪制，略如宗庙，同堂异室。"当年八月，历代帝王庙在京城建成，经奏请朝廷批准后，礼部公布了祭祀历代帝王的礼仪制度，历代帝王庙的祭祀仪式与皇家祠庙的祭祀仪式大致相同，历代帝王的神位安放在不同的房间里。

牛谅在奏折里提到京城里有祭祀三皇的庙宇，这就是三皇庙。这是各个王朝祭祀三皇的主要场所。三皇，最初指的是天皇、地皇、人皇，到汉魏时期，天皇、地皇、人皇与传说中的伏羲氏、炎帝神农氏、黄帝轩辕氏逐渐合而为一，三皇由天皇、地皇、人皇逐渐定位为伏羲氏、炎帝神农氏、黄帝轩辕氏。唐天宝六年，朝廷于京城长安修建三皇五帝庙，并确定三皇五帝为历代帝王中最早的帝王而由朝廷按时祭祀。从此以后，三皇正式被确定为伏羲氏、炎帝神农氏、黄帝轩辕氏，官方祭祀三皇，也就是由朝廷主持祭祀三皇的礼仪制度正式确定并为此后各个朝代沿袭。元贞元年，也就是1295年，元代统治者对官方祭祀三皇的礼仪制度作了改革。《元史》卷七十六《志第二十七上·祭祀五·郡县三皇庙》记载："元贞元年初，命郡县通祀三皇如宣圣释奠礼，太皞伏羲氏以勾芒氏之神配，炎帝神农氏以祝融氏之神配，黄帝轩辕氏以风后氏、力牧氏神配，黄帝臣俞跗以下十人姓名载于医书者从祀两庑。"从这一年开始，各地方州县政府也要举行祭祀三皇的仪式，祭祀的规格和礼仪制度与祭祀孔子的一样。除此之外，朝廷还规定了祭祀三皇时主神与配神的匹配制度：伏羲氏与勾芒氏（也叫句芒氏）匹配在一起，炎帝神农氏与祝融氏匹配在一起，黄帝轩辕氏与风后氏、力牧氏匹配在一起，还有十大名医与之匹配。这样的改革与主神、配神匹配模式（这里仅指伏羲氏与勾芒氏匹配，炎帝神农氏与祝融氏匹配，以及黄帝轩辕氏与风后氏、力牧氏匹配这种匹配模式）为明、清两代所沿袭。对此，古籍中作了记载：

"明初仍元制，以三月三日、九月九日通祀三皇。"（见《明史》卷五十《志第二十六·礼四·三皇》）

"祭前代帝王庙，顺治二年，定每岁春秋仲月诹日，遣官祭帝王庙。"（见《钦定大清会典则例》卷八十二《礼部·祠祭清吏司·中祀二》）

"凡祭前代帝王之礼，为庙于皇城之西殿，曰景德崇圣，内设七室，中一室奉太昊伏羲氏、炎帝神农氏、黄帝轩辕氏。"（见《钦定大清会典》卷四十五《礼部·祠祭清吏司·中祀二》）

元贞元年，元代统治者改革三皇祭祀的时候，规定与三皇一道接受祭祀的有"黄帝臣俞跗以下十人姓名载于医书者"，也就是古籍记载的远古时期的十大名医。为什么要把这十大名医与伏羲氏、炎帝神农氏、黄帝轩辕氏放在一起来祭祀呢？原因之一是作为三皇的伏羲氏、炎帝神农氏、黄帝轩辕氏既是远古时期有名的帝王，又是我国医药及医药文化的创始人，是医药及医药文化的三位始祖。也就是说，祭祀三皇，既是把三皇尊奉为三位远古帝王来祭祀，又是把三皇尊奉为医药及医药文化的始祖来祭祀。

在古籍记载中，医药及医药文化的始祖就是"先医"——最先行医采药、为人治病疗伤的人。祭祀先医，这是元代元贞元年以来民间与朝廷都很重视的祭祀仪式之一。祭祀的对象一是伏羲氏，一是炎帝神农氏，一是黄帝轩辕氏。民间祭祀的主要方式是修建药王庙（殿）、医王庙，在药王庙（殿）或医王庙中不定期祭祀药王或者先医；朝廷祭祀的方式则因朝代的不同而略有差异：元、明两代是将三皇祭祀与先医祭祀合而为一，清代则是在太医院官署内专设景惠殿祭祀。《钦定大清会典则例》卷八十四《礼部·祠祭清吏司·群祀三》载："祭先医，顺治元年，定每年春二月、冬十一月上甲日，遣官致祭先医于太医院署之景惠殿。"从顺治元年（1644 年）开始，清政府就确定祭祀先医的时间为每年农历二月、十一月干支纪日中第一个逢甲的日子。

祭祀作为谷神、先农的炎帝神农氏

腊祭的主题是祭祀与感恩、酬谢和农业及农业生产有关的神灵。在炎帝神农氏之后，又有祭祀稷的仪式与活动。

稷是古代的一种粮食作物，一说指粟（北方人称谷子），一说指没有黏性的黍（没有黏性的小米），一说指高粱。《说文·禾部》解释："稷，斋也。五谷之长。"稷是帝王祭祀时使用的供品之一，是稷、稻、黍、麦、菽（或者稷、麻、黍、麦、菽）五种粮食作物中最为人推崇的一种粮食作物。因此，古人把稷作为粮食及粮食作物的代表，古代帝王把稷奉为谷神。在以农业为根本的中国古代社会，人们认为拥有土地和粮食即拥有了一切，所以，古代帝王都很重视祭祀社、稷，古人把"社"与"稷"并称，用"社稷"来代表国家。

在古籍记载中，早在夏代及夏代之前就有祭祀稷的活动。《汉书》卷二十五《郊祀志第五上》记载："自共工氏霸九州，其子曰句龙，能平水土，死为社祠。有烈山氏王天下，其子曰柱，能殖百谷，死为稷祠。故郊祀社稷，所从来尚矣。"早在传说中的炎帝烈山氏及其后裔共工氏时期，古人就有祭祀社稷的传统，他们祭祀的社神、稷神（也就是谷神）分别是共工氏的儿子句龙、烈山氏的儿子柱。

《左传·昭公二十九年》记载了魏献子与蔡墨的对话，其中有这样一段话："有烈山氏之子曰柱为稷，自夏以上祀之。周弃亦为稷，自商以来祀之。"相类的记载也见于《国语》卷四《鲁语上》之《展禽论祭爰居非政之宜》中："昔烈山氏之有天下也，其子曰柱，能殖百谷百蔬。夏之兴也，周弃继之，故祀以为稷。"《礼记·祭法第二十三》在记载这个内容时，文字稍有差异："是故历山氏之有天下也，其子曰农，能殖百谷。夏之衰也，周弃继之，故祀以为稷。"炎帝神农氏的儿子柱或者农"能殖百谷百蔬"，在夏代及夏代之前，他被人们祀奉为谷神稷来祭祀，进入商代之后，他被周代的始祖周弃取代，从此以后，人们祭祀的"稷"是周弃。柱或者农是一代炎帝神农氏，在夏代及夏代之前祭祀稷，也就是祀奉炎帝神农氏。

古代还有举行籍田礼的传统做法。天子、诸侯划定一定数量的耕地，征用民力来耕种这些耕地，然后把收获的粮食用于祭祀宗庙祖先，这样的耕地叫"籍田"。韦昭在注解《国语》卷一《周语上》之《虢文公谏宣王不籍千亩》时说："天子籍田千亩，诸侯百亩。"在周代，天子的籍田有一千亩，诸侯的籍田有一百亩。因此，古籍中又把籍田称为"千亩"。《诗经颂·周颂·闵予小子之什》辑录有一首名为《载芟》的诗歌，这是周代每年春天农耕之前周天子、诸侯亲持耒耜农具在籍田举行亲耕仪式时所唱的歌。这样的亲耕仪式叫"籍礼""籍"。举行籍礼，目的是祭祀作为农神的炎帝神农氏，同时含有激励农耕、昭示天子重视农业生产之意。

周代有祈年的祭祀仪式。祈年这种祭祀仪式一直保留到了清代，举行这种祭祀仪式的目的是祭祀农神炎帝神农氏以祈求丰收。《周礼·春官宗伯第三》记载："凡国祈年于田祖，吹豳雅，击土鼓，以乐田畯。"国家在举行祈年仪式时，要表演配套的歌舞，以歌舞来娱乐田祖，也就是作为农业始祖的炎帝神农氏。所以，朱熹在注释时说："（田祖、田畯）谓始耕田者，即神农也。"这里所说的"田祖""田畯"指最初开始耕种田地的人，也就是农业始祖炎帝神农氏。

祈年，也叫作"祈谷"。周代，祈年仪式结束之后，紧随其后的是籍田礼。《礼记·月令第六》之"孟春月"条目下记载了周代的祈年仪式："是月也，天子乃以元日祈谷于上帝。乃择元辰，天子亲载耒耜，措之于参保介之御间，帅三公、九卿、诸侯、大夫躬耕帝藉。天子三推，三公五推，卿、诸侯九推。反，执爵于大寝，三公、九卿、诸侯、大夫皆御，命曰'劳酒'。"藉，也作籍。这段记载用现代汉语来说是这样的：孟春之月，也就是农历正月，天子要在干支纪日中第一个逢辛的日子举行祈谷仪式。然后，再选择干支纪日中第一个逢亥的日子，天子亲自把耒耜放在车座右边与驾车的人之间的位置，率领三公、九卿、诸侯、大夫到籍田中去举行籍田礼。举行籍田礼时，天子推耜推三下，三公推耜推五下，九卿、诸侯推耜推九下。籍田礼举行完毕后，天子要在大寝殿举行宴会，这叫作"劳酒"。三公、九卿、诸侯、大夫都要应邀参加劳酒。

周代举行籍田礼的做法一直持续到了清代。《通典》卷四十六《礼六·吉五》"籍田"条目下记载了周代至唐代举行籍田礼的情况，这里选取部分记载来略作叙述：

"汉文帝制曰：农，天下之本。遂开籍田，朕躬耕，以给宗庙粢盛。"汉文帝在诏书中说农业是天下的根本。为了达到劝农耕种的目的，他以身作则，亲自耕种籍田，以便用籍田收获的农作物来祭祀祖先。关于汉代籍田礼的仪式，《汉旧仪补遗》有过记载："春始，东耕于籍田，官祠先农。先农即神农炎帝也。祠以太牢，百官皆从，皇帝亲执耒耜而耕，天子三推，三公五，孤卿十，大夫十二，士、庶人终亩。"举行籍田礼的时间及天子、三公、九卿、大夫等人执农具耕田的规定与《礼记·月令第六》的规定差别不大，稍有不同的是，《汉旧仪补遗》明确地告诉读者举行籍田礼的目的是祭祀"先农"，

"先农"是炎帝神农氏，祭祀炎帝神农氏时要用猪、牛、羊各一头作供品，这样规格的供品叫"太牢"，这是古时候祭祀用的规格最高的供品。

"北齐籍于帝城东南千亩……每岁正月上辛后吉亥，祠先农神农氏于坛上，无配飨，稷讫亲耕。"南北朝之北齐时期，北齐王朝的籍田在都城邺城东南方向，人们于每年正月干支纪日中第一个逢辛的日子举行祈谷仪式，然后，在干支纪日中第一个逢亥的日子举行籍田仪式。举行籍田仪式时，祭祀的只有先农炎帝神农氏。

"大唐贞观三年正月二十一日，太宗亲祭先农，籍于千亩之甸。……开元二十三年二月，亲祀神农于东郊，勾芒配。礼毕，躬御耒耜，籍于千亩之甸。"贞观三年（629年）正月二十一日，唐太宗李世民亲自祭祀先农炎帝神农氏；开元二十三年（735年）二月，唐玄宗李隆基也亲自祭祀先农炎帝神农氏，然后到籍田中去举行籍田礼。

从汉代开始，朝廷举行籍田礼时也要祭祀炎帝神农氏，足见汉代人及汉代之后的历代统治者对作为农神的炎帝神农氏的敬重。

进入元代之后，以祭祀作为农神的炎帝神农氏为主要内容，出现了祭祀先农的祭祀仪式。朝廷对于祭祀先农的仪式作了明确的规定。《元史》卷七十六《志第二十七上·祭祀五》"先农"条目下记载："先农之祀，始自至元九年二月，命祭先农如祭社之仪。"元代祭祀先农的仪式是从至元九年（1272年）二月开始的，当时，朝廷下令按照祭祀社神的仪式来祭祀先农。

在雍正四年（1726年）之前，祭祀先农的仪式由朝廷主持。雍正四年，清政府下令各州县地方政府也开设籍田，设置先农坛，在清明节期间干支纪日逢亥的日子举行祭祀先农的仪式。《（同治）茶陵州志》卷之十一《祀典》"先农坛"条目下是这样记载的："先农坛，在西郭。雍正四年奉文：择洁净丰腴之地为籍田立坛，每岁清明节内亥日，印官率僚属、耆老、农夫恭祭先农之神。祭品、仪注与社稷同。"祭祀仪式由州县最高行政长官知州或者知县主持，届时，州县地方官、州县有名望的绅士，还有农民代表与知州或者知县一道参与；祭祀用的供品、祭祀先农的仪式仪程与祭祀社稷的相同。

祭祀作为帝王之师的炎帝神农氏

汉唐以来，朝廷有请学识广博的大臣或者名师硕儒为帝王讲经论史而特地在皇帝宝座前开设讲席的做法，叫"经筵""经筵日讲"。进入宋代之后，经筵正式成为一种朝廷制度，这种制度被此后的元、明、清各个朝代沿袭。

炎帝神农氏功绩赫赫，泽被后世，被古人视为圣贤，后世帝王尊奉他为老师。嘉靖九年（1530 年），明世宗朱厚熜把炎帝神农氏与同样被古人尊奉为圣贤的伏羲氏、黄帝轩辕氏尊奉为皇师，把尧、舜尊奉为帝师，把夏禹、商汤、周文王、周武王尊奉为王师，把周公、孔子尊奉为先圣。从明世宗朱厚熜开始，每当经筵开讲之前，明代皇帝都要郑重其事地先行祭拜皇师、帝师、王师、先圣，这样的祭拜仪式叫"祭告礼"。经筵开讲前举行祭告礼，目的是宣示尊师重教，秉承儒家礼仪制度。

清代沿袭经筵日讲制度。清代的经筵日讲始于顺治十四年（1657 年），终于咸丰十年（1860 年）。开讲期间，朝廷指派学识广博的大臣来轮流侍讲，向皇帝讲解儒家经籍，以便为皇帝治国理政提供借鉴。侍讲的大臣被尊称为"经筵讲官"。康熙二十四年（1685 年），朝廷于紫禁城文华殿东面修建传心殿。传心殿内设置了皇师、帝师、王师、先圣神位：殿正中设皇师伏羲氏、炎帝神农氏、黄帝轩辕氏神位，帝师尧、舜神位，王师夏禹、商汤、周文武王神位，皇师、帝师、王师的神位坐北朝南；殿东面安设周公神位，西面安设孔子神位。像明世宗一样，经筵开讲前，皇帝要先举行祭告礼。经筵开讲前在传心殿举行祭告礼的做法一直持续到了经筵日讲制度结束。

宋、元、明、清时期，鹿原陂炎帝陵祭祀炎帝神农氏

前面介绍的古人祭祀作为天帝的炎帝与作为远古帝王、古代圣贤，以及先农、先医的炎帝神农氏，都是在庙宇或者相应的坛场举行的，现在来介绍一下宋、元、明、清时期朝廷及地方官府在现在的湖南省炎陵县鹿原陂①炎帝陵祭祀炎帝神农氏的情况。

《路史》卷十二《后纪三·禅通纪》"炎帝"条目记载了"有唐尝奉祠焉""有唐代旧记"，从唐代留下的碑记来看，唐代开始就有朝廷或者地方官府在鹿原陂炎帝陵祭祀炎帝神农氏的记载。此后，到乾德五年，宋太祖赵匡胤派出的使者在当时的荆湖南路潭州茶陵县鹿原陂找到了炎帝神农氏的陵墓，此举开启了国家派遣官员代表朝廷远赴鹿原陂炎帝陵祭祀炎帝神农氏的历史新篇章。

关于这一段史实，南宋人王象之综合当时的《国朝会要》《乾道（茶陵）图经》及苏德祥撰写的修炎帝庙记碑刻等资料，在《舆地纪胜》卷六十三《荆湖南路·茶陵军》"炎帝庙"条目下对宋代祭祀鹿原陂炎帝陵的情况作了记载：

"炎帝庙，在茶陵县西南帝陵侧。乾德五年始访得陵，即诏建庙。见县令孙冠所记苏德祥碑阴。六年以祝融配食。开宝四年，诏置守陵庙七户，仍委本县尉钤辖洒扫，并见《国朝会要》。六年复有旨修焉。见苏德祥修庙碑。

---

① 也写作"白鹿原"，今炎陵县鹿原镇炎帝陵所在地。在嘉定四年之前，今炎陵县所辖区域隶属于茶陵县。在绍兴九年，当时的茶陵军分设有茶陵乡、睦亲乡、西阳乡、袁鹤乡、康乐乡、霞阳乡、常平乡七个乡及永安镇、茶陵镇、船场镇、霞阳镇四个镇。嘉定四年，应曹彦约之请，南宋朝廷析茶陵军康乐乡、霞阳乡、常平乡三个乡及霞阳镇设置酃县。1994年，经国务院批准，酃县改名为炎陵县。为方便起见，本书在提到这座炎帝陵时统称"鹿原陂炎帝陵"。

九年诏移庙就县，委令主簿日察视，弗虔者有罚。庙去县五里。见《国朝会要》。按：《乾道图经》：开宝中，刺史龙景韶奉诏至祭，路经桥梁峡，山溪暴涨，从者多溺死，因请迁庙于县。与《会要》不同，当考。岁久禁稍弛，益敝，弗葺。淳熙十三年，知州事刘清之请诸朝，乞复守陵户，乃即陵侧复建庙。诏许之。于是，栋宇像设始复一新。"

除此之外，《（乾隆）衡州府志》《（同治）酃县志》也记载了这方面的信息：

《（乾隆）衡州府志》卷之十七《坛祠·酃县》记载："宋乾德五年建庙，六年，以祝融氏配食，九年，诏移庙就县，去县五里。淳熙十三年，仍移陵侧，每年春、秋致祭。"

《（同治）酃县志》卷之四《炎陵·祭碑》"宋太祖命制庙碑"条目下也记载："……炎陵自太祖访得，于乾德五年建庙陵上，遣比部员外郎丁顾言诣潭州祭告。……碑文暨分撰、诣庙、书石诸人俱无从考。"

上述三段引述文字记载的历史故事是这样的：

北宋开国之初，宋太祖赵匡胤拟封炎帝神农氏为感生大帝，但当时并没有找到炎帝神农氏的陵墓。乾德五年，宋太祖赵匡胤梦见炎帝神农氏诉说他的庙宇在南方地区，年久失修。事后，宋太祖赵匡胤再次派出使者搜访炎帝神农氏陵墓，最后在当时的潭州茶陵县南部桥梁岭（今炎陵县境内）下十里之外的鹿原陂找到了炎帝陵。

从这一年开始，朝廷"立庙陵前，肖像而祀"，在白鹿原炎帝神农氏陵墓一侧修建炎帝庙，在庙堂大堂上悬挂炎帝神农氏的肖像作为祭祀行礼对象。也是在这一年，北宋朝廷派出比部员外郎丁顾言代表朝廷来鹿原陂炎帝陵旁的炎帝庙祭祀炎帝神农氏。事后，人们还在炎帝庙立了一方石碑，刊刻丁顾言祭祀炎帝神农氏的祭文。遗憾的是，这方石碑并没有保存下来。

也是从这一年开始，朝廷策定这里为国家举行炎帝神农氏祭祀大典的专门场所。次年（968 年），朝廷确定了炎帝神农氏与祝融匹配祭祀的祭祀制度。

开宝四年（971 年），朝廷还下诏禁止人们在陵山上砍柴放牧，另外还派令七户人家为守陵户，负责守护炎帝陵，专职负责炎帝陵和炎帝神农氏庙宇的看守、清扫等日常事务。这七户人家隶属于茶陵县县尉，具体受茶陵县县尉管理。

开宝六年（973 年），当时的茶陵县官员奉旨修缮炎帝庙。开宝九年（976 年）[①] 的某一天，朝廷委派衡州刺史龙景韶为专门的使者，代表朝廷赴鹿原陂祭祀炎帝神农氏。这时，天降暴雨，龙景韶一行人在桥梁岭一带遭遇了一场山洪，洪水打翻了大船，淹死了不少随行人员。有鉴于这样的教训，北宋朝廷接受有关大臣的建议，下旨将炎帝庙改建到茶陵县县城（即宋代金州城，在今茶陵县思聪街道大兴村城前组境内）之南五里路远一个叫西昌山（今茶陵县县城创信小区一带）的地方。由此一来，西昌山的炎帝庙一度取代鹿原陂炎帝陵旁的炎帝庙而成为朝廷祭祀炎帝的法定场所。鹿原陂炎帝陵，以及这里的炎帝庙则交由炎帝陵附近唐代建造的佛寺里的僧人看管。在长时间缺乏官府有效督促与管理的情境下，鹿原陂炎帝陵旁的炎帝庙日渐破烂陈旧，亟待修缮。见此情景，衡州守臣刘清之于淳熙十三年（1186 年）上书朝廷，请求朝廷恢复在鹿原陂炎帝庙祭祀炎帝神农氏及为鹿原陂炎帝陵设置专职守陵户的制度，同时修缮炎帝陵旁边的炎帝庙。这个请求得到了朝廷批准。就这样，时隔 211 年[②]之后，鹿原陂的炎帝庙重新恢复为茶陵及后来的酃县当

---

① 《路史》卷十二《后纪三·禅通纪》中注解性的文字记载，龙景韶一行人在桥梁岭遇险之事发生在"太平兴国中"（976—984 年）。这里采用王象之《舆地纪胜》中的记载。《舆地纪胜》中的记载来源于《乾道（茶陵）图经》。

② 此处按年头计算时间。

地官府祭祀炎帝的法定场所，也是宋代及宋代之后各个朝代朝廷及酃县当地官府祭祀炎帝神农氏的法定场所。

宋代及宋代之后官府组织在鹿原陂炎帝陵祭祀炎帝神农氏。祭祀的形式主要有两种：一是诣陵致祭，一是春秋时祭。

诣陵致祭：宋、元、明、清时期官方在鹿原陂祭祀炎帝神农氏

像此前各个朝代一样，宋代朝廷也很重视对前代帝王的祭祀。《宋史》卷一百五《礼志第五十八·礼八》记载："乾德初，诏：'历代帝王，国有常京，著于甲令，可举而行。……按《祠令》，先代帝王，每三年一享，以仲春之月，牲用太牢。祀官以本州长官，有故则上佐行事。官造祭器，送诸陵庙。'又诏：'……其太昊、炎帝、黄帝……各置守陵五户，岁春秋祠以太牢。'"

这段记载叙述了宋代在炎帝陵祭祀炎帝神农氏的情况：宋代朝廷将祭祀炎帝神农氏纳入祭祀历代帝王的范畴，严格按照唐代《祠令》上的有关规定进行——每三年祭祀一次，由帝王陵墓所在州县的知州或县令（特殊情况下由其他地方官员）主持祭祀，祭祀时间是祭祀当年的农历二月，祭祀时使用猪、牛、羊各一头作为供品。祭祀用的礼器由各州县官府监造。同样是祭祀前代帝王，宋代朝廷又规定：为太昊、炎帝神农氏、黄帝轩辕氏等远古帝王的陵墓设置专职守陵人员各五户人家，这些前代帝王陵墓所在州县官府每年春、秋两季各举行一次祭祀仪式，祭祀时用猪、牛、羊各一头作为供品。

从《舆地纪胜》卷六十三《荆湖南路·茶陵军》"炎帝庙"条目、《宋史》卷一百五《礼志第五十八·礼八》、《（同治）酃县志》卷之四《炎陵·祭碑》"宋太祖命制庙碑"条目的记载来看，宋代在鹿原陂炎帝庙祭祀炎帝神农氏①有两种祭祀形式：一是朝廷派出使节（如丁顾言、龙景韶）赴炎帝陵，在炎帝陵附近的炎帝庙祭祀，这是诣陵致祭，在《宋史》等正史记载中称为"大祭"；二是茶陵县及后来的酃县当地官府在县城或者炎帝陵附近的炎帝庙祭祀，这是当地官府祭祀，在《宋史》等正史记载中称为"时祭"。诣陵致祭与当地官府祭祀同时进行，这是宋、元、明、清四个朝代官方祭祀炎帝神农氏的主要形式。

元代曾经被人怀疑没有诣陵致祭。其实，元代也有诣陵致祭。编纂于乾隆二十年（1755年）的《炎陵霍氏族谱·重修家谱序》中有一篇序言记载了元代诣陵御祭的史事：炎陵霍氏先祖霍卷嵩为顺天府通判，至治元年（1321年），元英宗"钦命同学士阿沙不花谒祭炎陵"，派霍卷嵩与阿沙不花一道前往炎帝陵祭祀炎帝神农氏；"见酃邑山水秀丽，人文尔雅"，祭祀期间，霍卷嵩被炎陵县境内的山水风光与人文风情深深地吸引住了，于是，"于至治二年携子同迁酃邑康乐里二都"，在次年和他的儿子迁居到了该县康乐里二都，成为炎陵县霍氏始迁祖。

明代，朝廷诣陵致祭的次数比较多。湖湘文库（乙编）系列丛书之《炎帝历史文献选编》辑录有明代诣陵致祭的祭文十五篇，其中告皇帝即位而诣陵致祭的十二篇，告靖边致祭的一篇，告皇帝复辟致祭的一篇，告桂端王即藩位致祭的一篇。洪武四年（1371年），明太祖朱元璋派国史院编修雷燧代表朝廷赴鹿原陂炎帝陵祭祀炎帝神农氏，祭文是明太祖朱元璋亲自撰写的《御制告炎帝祭文》，这是已知文献中辑录的最早一篇由皇帝撰写的炎帝神农氏祭文。

清代，朝廷诣陵致祭达三十八次之多。在清代，诣陵致祭与朝廷祭祀其

---

① 开宝九年至淳熙十三年，当时，酃县还没有置县，祭祀炎帝神农氏是在当时的茶陵县县城宋代金州城南面的西昌山炎帝庙进行的。西昌山，今茶陵县县城创信小区一带。这里的炎帝庙后改称神农殿，茶陵民间俗称一化坛神农殿。

他前代帝王的祭祀仪式被视为国家的"大祀"。《（道光）炎陵志》卷四《祀典·大祀》援引《大清会典》的相关规定记载"凡遇国家大庆，举行典礼，钦派官员告祭炎帝神农氏陵于湖南衡州府酃县"。在皇帝即位之外，清代朝廷逢其他喜庆时期也会派出使节或者委任地方大员代表朝廷诣陵致祭：

其一，告靖边军功致祭，也就是取得平定叛乱与农民起义的胜利之后，朝廷派出使节或者委任地方大员代表朝廷诣陵致祭。如康熙二十一年（1682年），朝廷因平定吴三桂之乱，委派詹事府少詹事舒书代表朝廷赴鹿原陂炎帝陵致祭。

其二，告亲政复储致祭。康熙七年（1668年），年少的康熙皇帝正式开始处理朝政。康熙四十七年（1708年），太子胤礽废；康熙四十八年（1709年），太子胤礽复立。为此，朝廷先后委派宗人府府丞高珩、通政司左通政戴璠代表朝廷赴鹿原陂炎帝陵致祭。

其三，告万寿晋徽致祭。皇帝或者皇太后过生日，皇帝、皇后或者皇太后生前加封某种新尊号的时候，朝廷委派大臣或者地方大员代表朝廷赴鹿原陂炎帝陵致祭。

其四，告先人后事礼成致祭。皇帝去世后，依照一定的礼仪制度把已故皇帝的牌位安放在圜丘祭祀天帝祖先的祭坛上，以便冬至圜丘祭天时让他与天帝及其他已故皇帝一道接受祭祀，这叫配享圜丘。皇太后、皇后去世后，按照一定的礼仪制度把其牌位安放在祖庙中，这叫升祔太庙。配享圜丘、升祔太庙的仪式完成之后，朝廷委派大臣或者地方大员代表朝廷赴鹿原陂炎帝陵致祭。

除此之外，康熙三十五年（1696年），在遭遇自然灾害的时候，朝廷委派太仆寺少卿王珅远赴鹿原陂炎帝陵祭祀炎帝神农氏。康熙五十年（1711年），皇帝在位满五十年的时候，朝廷也委派了大臣或者地方大员代表朝廷赴鹿原陂炎帝陵致祭。

清代诣陵致祭，礼仪最为完善。对此，《（道光）炎陵志》卷四《祀典·大祀》、《（同治）酃县志》卷之四《炎陵·大祀》等古籍有具体的记载，这里不作赘述。

一般认为，朝廷派遣大臣赴鹿原陂炎帝陵祭祀炎帝神农氏，也就是我们在前面所说的诣陵致祭，是从北宋初年开始的。但是，从罗泌的《路史》记载来看，这个说法可能不准确，官方在鹿原陂炎帝陵祭祀炎帝神农氏的历史可能要追溯到唐代。《路史》卷十二《后纪三·禅通纪》"炎帝"条目下记载了"有唐尝奉祠焉"。"奉"，即"祭祀、供奉"的意思。在这段记载中，罗泌用"奉"字，似乎在暗示唐代曾经派出使节来这里祭祀炎帝神农氏。罗苹在注释时则强调"有唐代旧记"，鹿原陂炎帝陵保存有唐代的碑刻，上面记载了唐代朝廷祭祀鹿原陂炎帝神农氏的情况。罗苹在注释时，还提到了淳熙十三年，刘清之给朝廷的奏折中写了"乞以陵前唐兴敝寺为之"这样的内容，也就是说，开宝九年至淳熙十三年，朝廷将祭祀炎帝神农氏的场所由鹿原陂炎帝陵北移到当时的茶陵县县城之南的西昌山炎帝庙。在这段时间里，朝廷委托鹿原陂炎帝陵旁的唐兴寺僧人祭祀鹿原陂炎帝陵。唐兴寺建于唐代。"有唐尝奉祠焉"，也有可能是朝廷或者茶陵县官府委托了唐兴寺的僧人代表官方在鹿原陂炎帝陵祭祀炎帝神农氏。无论是朝廷派出使节来鹿原陂祭祀炎帝神农氏，还是朝廷或者茶陵县政府委托唐兴寺的僧人代表官方在鹿原陂炎帝陵祭祀炎帝神农氏，都说明唐代在鹿原陂炎帝陵祭祀炎帝神农氏的行为是官方行为。

五代十国期间，至少在后晋时期，朝廷曾派遣官员远赴鹿原陂炎帝陵祭祀炎帝神农氏。有留存于现在的炎陵县霞阳镇潘家村境内的欧阳林启墓为证。欧阳林启担任过后晋的礼部尚书，天福三年（938 年）前后，他曾经奉旨赴鹿原陂炎帝陵祭祀炎帝神农氏。关于这段史实，我们将在下编第九章作较为详细的介绍。

我们在这里补充叙述上面的内容，目的是要说明朝廷委派官员赴鹿原陂炎帝陵祭祀炎帝神农氏，或者说诣陵致祭，其历史可以追溯到唐代，至少可以追溯到五代十国的后晋时期，这是我们考证的结果。

春秋时祭：酃县当地官府在鹿原陂祭祀炎帝神农氏

除诣陵致祭之外，至少在清代，酃县县令还会按照一定礼仪制度要求，在每年农历二月、八月选择一个吉利的日子亲赴鹿原陂炎帝陵祭祀炎帝神农氏，这叫"时祭"。关于时祭，《（同治）酃县志》卷之四《炎陵·时祭》是这样记载的："每岁春秋仲月诹吉，守土正印官一员致祭，执事以礼生。"

这里再简单地补充介绍一下与时祭相关的三个方面的内容。

第一，时祭的仪注，也就是有关时祭的礼仪要求、规定及程序。时祭前一天，酃县县令举行斋戒仪式，同时，带领下属做好先期准备工作。第二天，举行祭祀仪式时，县令身穿朝服，在礼仪人员指挥下，在炎帝神农氏灵位前完成三跪九叩首、三次进献供品的仪式；然后，像文庙举行祭祀孔子的仪式一样，在仪式结束后，与众人分享酒、肉、果品等祭祀供品。在整个时祭过程中，没有歌舞表演，这是时祭与祭祀孔子所不同的地方。

第二，时祭仪式过程中诵读的祝文。时祭的祝文是这样的："维帝功高当时，泽垂后世。陵庙所在，仰止益虔。兹届仲春（秋），谨以粢盛醴齐，用申禴（尝）祀。① 尚飨。"

第三，时祭的经费来源。按《（同治）酃县志》卷之四《炎陵·时祭》

① 农历二月叫仲春，八月叫仲秋。春天举行的大型祭祀叫禴，秋天举行的大型祭祀叫尝。时祭祝文是固定的，只有祭祀的时间及相应的时间里举行的祭祀名称要根据祭祀的具体时间来确定，即"仲春"时选择用"禴"，"仲秋"时选择用"尝"。

"存留经费""垫支请领款项"条目记载，时祭所用银两共二十两银子，由县财政支付。受人丁税减少的影响，缺少部分由县财政垫付。

　　上面介绍的是元明清时期，由朝廷及酃县当地官府在鹿原陂炎帝陵祭祀炎帝神农氏的情况。除鹿原陂炎帝陵之外，在山西等有炎帝神农氏及其部族活动过的地方，古代也遗留有炎帝陵，民间修建有炎帝庙。因此，这些地方也有由州县官府组织的炎帝神农氏祭祀仪式，其主要形式与上面介绍的时祭极为相似：由州县官府一年一度或两度赴当地炎帝庙祭祀炎帝神农氏。这里值得一提的是山西省高平市也有炎帝陵，《（光绪）高平县志》卷三记载："炎帝陵，在换马镇东南，广六十步，南北袤百步。有石栏石柱存焉，金元物也。"元大德九年（1305 年），朝廷一度派出使节在这里祭祀炎帝神农氏，并且一度下令禁止在炎帝陵附近放牧、砍柴。当地现在还保存有"炎帝陵"碑刻。

民间祭祀炎帝神农氏

　　前面介绍了宋代及宋代之后各个朝代朝廷及州县官府在鹿原陂炎帝陵祭祀炎帝神农氏的情况，现在我们用举例的方式来简单地介绍一下宋代及宋代之后历代民间祭祀炎帝神农氏的情况。

　　先说酃县（今炎陵县）及邻近市县民间祭祀炎帝神农氏的情况。民间称赴鹿原陂炎帝陵祭祀炎帝神农氏为"朝神农皇帝""拜天子坟"，主要方式有以下几种：

春节朝拜炎帝神农氏

小年（农历十二月二十三日或者二十四日）至次年农历正月十五期间，

民间视为"过年"，也就是过春节。在这期间，鹿原陂附近的人、酃县东南乡的人，还有茶陵、安仁、桂东、资兴、永兴、攸县、耒阳、汝城及江西遂川、永新、吉安、上犹、崇义等地的人，携带香烛、鞭炮、黄表纸及酒肉熟食，或者公鸡，赴炎帝陵上供祭拜炎帝神农氏。如行动不便，或者要宰杀猪、牛、羊等大型牲畜祭祀炎帝神农氏时，则委托亲戚或邻居代为祭祀，或者在自家大门口安设香案，上供祭拜，然后面对炎帝陵方向宰杀牲畜。

民间尝新第一口饭喂给狗吃

农历六七月，民间第一次食用当年收获的新米煮成的饭时，要主办酒菜，邀请客人来家吃饭，这叫作"尝新"。尝新时，第一口饭要倒在地上喂给狗吃。民间传说，稻谷种子最初是炎帝神农氏的琉璃犬从天上偷来的，为此，后人用这种方式来感恩炎帝神农氏的琉璃犬。

做预禳祭拜炎帝神农氏

民间遭遇自然灾害或者公认为"不祥"的事情时，人们以为是得罪了神灵或者有妖孽作祟，于是，相邻的村庄礼请道士在村中设坛作法，礼敬神灵、取悦神灵，禳除妖孽。这样的法事与禳除活动就是做预禳。做预禳时要供奉众多神灵的宫衣、宫灯（象征神灵的纸扎物）或者纸偶，其中有一种纸偶叫"神农皇帝织米谷"，扎制的是手拿稻穗的炎帝神农氏纸质偶像。

药农礼敬祖师爷炎帝神农氏

药农上山采药之前，先要用默念口诀等方式礼敬医药行的祖师爷，其中有一位祖师爷便是炎帝神农氏。民间传说，炎帝神农氏有鹰（民间俗称"岩鹰"）、鹿两位动物母亲。药农上山采药期间，忌讳直呼镰刀、锄头两种采药工具，而要将镰刀、锄头讳称为鹰、鹿。同时，禁止在石头上、地上磕打这两种工具，或者把它们垫在屁股底下。

抬狗求雨与敲瓦片求雨

遭遇旱灾时，茶陵部分乡镇民间有抬狗求雨的习俗：大家把狗绑在抬架上，然后敲锣打鼓，抬着狗穿行于村庄，最后把狗赶到河里或者池塘里，视狗上岸后身上沾水的多少来预卜能否求到雨；或者组织村中的小孩，大家拿着瓦片，从炎帝庙外走进庙内，一边敲打，一边呼喊炎帝神农氏降雨。

介绍完了鄞县及鄞县附近民间祭祀炎帝神农氏的情况之后，我们再以山西长子县色头镇色头村民间在炎帝庙祭祀炎帝神农氏的情况为例，简单介绍一下山西上党等其他有炎帝神农氏活动遗迹的地区民间祭祀炎帝神农氏的情况。

山西长子县色头镇色头村祭祀炎帝神农氏的日期比较固定，即农历正月初一、正月十五及农历三月。在这些日期，祭祀炎帝神农氏的主题是祈求丰收；到了秋天再一次祭祀炎帝神农氏时，祭祀的主题则是感恩炎帝神农氏保佑一年里风调雨顺、农业丰收。这样的祭祀与古时候的春祈秋报是一致的。农历十二月二十三日过小年的时候祭祀，叫祭小年。除此之外，祭祀日期相对固定的祭祀还有农历七月初三的群马会、农历十月初十的纸火会。至于民间因为生育、婚娶及小孩子过满月举行的祭祀，则完全没有固定的日期和形式。

春祈秋报祭祀炎帝神农氏，时间一般在三天左右，这期间，附近的村庄要礼请戏班来唱戏，举行八音会，还要请艺人来说书。除这样的祭祀活动之外，每逢村庄遭遇旱灾的时候，大家还会把炎帝神农氏的神像抬出来，用暴晒神像的方式"请"炎帝神农氏降雨。

抗战期间酃县县长代表湖南省政府祭祀炎帝陵

民国二十八年（1939 年）秋天，国民党第九战区司令长官兼湖南省政府主席薛岳组织中国军队抗击日寇，取得第一次长沙保卫战的胜利。次年，日寇进犯我国西南地区及湖北，湖南境内暂时没有战事。当时，抗战正处于相持阶段，日寇还有继续进犯湖南的可能，战争胜负难以预料。在这样的境况下，薛岳拟将湖南省政府迁往酃县鹿原陂炎陵山，以适应未来抗战形势的变化。

民国二十九年（1940 年）春天，湖南省政府拨发专款，在鹿原陂炎陵山修建省政府机关办公室及工作人员宿舍，还修通了茶陵县至酃县的简易公路。在这个过程中，湖南省政府应主持修建省政府机关办公室及工作人员宿舍的人之请，拨发专款，修缮了炎帝陵。这是民国期间湖南省政府主持的第二次炎帝陵大修。第一次修缮炎帝陵，时间在民国十二年（1923 年），修缮工程由当时的酃县县长欧阳枚主持。1940 年 10 月 10 日，正是中华民国的国庆日，也是第一次长沙保卫战胜利一周年之际，这时，炎帝陵修缮工程已经完成。为了鼓舞湖湘及全国抗战军民的士气，薛岳亲自撰写了《重修炎帝陵记》碑文，并特地委派省政府秘书长李扬敬代表自己赴鹿原陂炎帝陵祭祀炎帝神农氏。祭文碑今存于炎帝陵碑坊。

次年（1941 年），湖南省政府计划举行清明炎帝陵祭祖大典。因为战备繁忙，于是，改为委派酃县政府代表省政府举行祭祀仪式。这一次祭祀大典于 4 月 5 日举行。4 月 7 日，《酃县民报》以《本县县长肖本恒氏奉电代表省政府致祭炎帝陵》为题对此作了专题报道。这篇报道称，这一次祭祀"由肖县长代表省府主祭"，有来自社会各界的 800 多人参加，于 4 月 5 日（也就是清明节）黎明举行，"仪式隆重，陈设齐备，一豕一羊一牛"，"金鼓齐鸣，祭仪肃穆，历时一小时余，始告礼成"。

乾德五年以来，历经宋、元、明、清及民国各个不同历史时期，酃县鹿原陂炎帝陵始终是官方祭祀炎帝神农氏的场所。受此影响，中华人民共和国成立之后，湖南省、株洲市及炎陵县（原名酃县，1994 年更名）三级政府举行炎帝陵公祭大典时，也选择在鹿原陂炎帝陵进行。这里在介绍现代社会公祭炎帝陵的时候，仅简单地介绍湖南省、株洲市及炎陵县三级政府及其他单位、团体，以及海内外华人华侨在炎陵县公祭炎帝陵的情况。关于这方面的内容，以及现代社会炎陵县及邻近市县民间祭祀炎帝神农氏的情况，我们将在下编第九章叙述炎帝神农氏与湖南省炎陵县的关系时再作较为详细的介绍。

炎帝神农氏信仰在台湾

台湾是我国第一大岛屿。有一种提法称，在已知古代文献中，古人对台湾的记载最早可以追溯到战国时期。在这一时期的文献中，台湾叫"岛夷"，这与周代对东方民族的称谓是一致的。从地域上来说，夏、商、周时期三个王朝的直接统治区域主要集中在中原地区。进入周代之后，人们按照方位的不同而把中原地区之外的人群依次称为"东夷""南蛮""西戎""北狄"。台湾人生活在东方海岛上，所以，被周朝人称为"岛夷"。此后，海峡两岸之间的联系始终没有间断，大陆人对台湾的称谓则随着历史的变迁而变化：两汉时期称"东鳀"，三国时期称"夷洲"，隋、唐至宋时称"流求"，元时称"琉球"，明代万历年间（1573—1620 年）正式称"台湾"。

《三国志》卷四十七《吴书二·吴主传第二》记载，黄龙二年（230年）"春正月……遣将军卫温、诸葛直将甲士万人浮海求夷洲及亶洲。……（亶洲）所在绝远，卒不可得至，但得夷洲数千人还"。230年正月，孙权派遣卫温、诸葛直率领一支一万余人的船队去寻找夷洲、亶洲。亶洲太远了，卫温、诸葛直一行人只到达了夷洲，然后带着几千个夷洲人回到了吴国。这是古籍中关于大陆军民东渡台湾最早的记载。

进入隋代之后，海峡两岸居民的接触越来越多。连雅堂在《台湾通史》中记载这段历史时说：从隋文帝时期开始就有不少来自福建、广东等地的大陆居民来到台湾开垦耕种，并定居台湾。这些大陆移民抵达台湾时，随身携带有炎帝神农氏的神牌。在生产劳动过程中，他们祈祷、礼拜炎帝神农氏，以祈求炎帝神农氏保佑家中五谷丰登、人畜平安。就这样，台湾的炎帝神农氏信仰最先在大陆移民群体中形成。

南宋时期，澎湖列岛被纳入当时的福建路晋江县。至元十八年（1281年），元代统治者在澎湖设置澎湖巡检司（隶属福建行省泉州路同安县），虽然没有直接将台湾并入其内，但这是中国封建王朝统治者对台湾地区的首次官署设置。此后，在明代，先后有西班牙、葡萄牙及荷兰殖民者侵扰台湾，其中，荷兰殖民者侵占台湾达38年之久。在这期间，荷兰殖民者大量招募移民来台湾垦荒定居。来自大陆的移民春夏两季来台湾耕种，秋冬收获之后再返回大陆。从宋代开始，到荷兰殖民者占据台湾期间，大多数大陆移民还没有完全认同台湾为安身立命之所，受此影响，台湾没有产生普遍的炎帝神农氏信仰。在数百年的时间里，仅有台南士绅姚孝于1646年在台南神农街街尾兴建开基药王庙，祭祀作为"药王"的炎帝神农氏，这是台湾最早兴建的炎帝神农氏庙宇。

南明永历十五年（1661年），郑成功收复台湾，台湾进入郑氏家族统治时期。出于保障军民粮食供应以安定社会的考量，郑氏祖孙三代推行了一系列寓兵于民的屯田开垦政策。这样的社会环境与政策使外来屯垦者有了安定感，进入台湾的大陆移民随之而增，与移民同来的炎帝神农氏信仰也随之落地生根。移民们开始在家里悬挂炎帝神农氏神像以便随时祭拜，在居住较为集中的地方以建造草庵祀奉神灵的方式来祭祀炎帝神农氏。

康熙二十二年（1683 年），清朝统一台湾，台湾重新被纳入中央王朝统一管辖范围。清政府也推行移民屯垦、积极开发台湾的政策，在这样的政策引导下，到乾隆年间，大陆移民大量涌入台湾，成为台湾新增居民的主要来源。钟宗宪在《炎帝神农信仰》一书中介绍，移民在"拓垦初期，环境艰苦，神农大帝信仰无疑是支撑先民的精神支柱，不论是祈求农事顺遂，五谷丰收，还是面对瘴疠之气、传染病流行，医药亦不普及的种种威胁，盼能受神农大帝的眷顾与庇佑以安顿生活"。为适应这样的需要，立草庵或者修宫庙祀奉炎帝神农氏的做法在移民群体中一时兴起。《海峡两岸共祭炎帝神农》一书援引的资料[①]显示，从康熙年间到清朝末年，台湾民间修建的神农宫庙计有 21 座之多：康熙年间 3 座、乾隆年间 7 座、道光年间 2 座、咸丰年间 1 座、同治年间 5 座、光绪年间 2 座、清末 1 座。

为了宣示对农耕、农事的重视，清政府于雍正五年（1727 年）诏令台湾所属各府、县官衙开设籍田，设置先农坛，由府、县官衙按时举行籍田礼，祭祀先农，也就是祭祀炎帝神农氏。从这一年开始，台湾进入了官府与民间都重视炎帝神农氏祭祀的时期。

中日甲午战争之后，台湾被日本侵据。受日本殖民者"皇民化"政策影响，台湾的炎帝神农氏信仰受到阻扰，陷入停滞状态。1945 年，抗战胜利之

---

① 见湖南省人民政府台湾事务办公室、株洲市人民政府台湾事务办公室编的《海峡两岸共祭炎帝神农》（岳麓书社 2015 年 5 月第 1 版）第 100 页。

后，台湾回归祖国，台湾的炎帝神农氏信仰重新兴起。这样的信仰持续到现在，依然兴而不衰，台湾的炎帝神农氏庙宇建设也因此而呈现增长势头。

2007 年，台湾"中华神农大帝协进会"编印了一本《通讯录》。《通讯录》对台湾地区以炎帝神农氏为主神的宫、庙、殿、堂、坛作了统计，总计156 座。余光弘在《台湾地区民间宗教的发展》一书中统计说，台湾以炎帝神农氏为主神的庙宇，1918 年有 60 座，1930 年有 66 座，1960 年有 80 座，1981 年为 112 座。彭绍周在《台湾道教——奉祀神农大帝庙宇的过去与现在概况之简说》援引台湾当局统计的资料显示，除金门、马祖两地之外，台湾地区以炎帝神农氏为主神的道教宫庙有 254 座，在分布上可以说是遍及台湾各地：台北市 5 座，台北县 25 座，新竹县、市 38 座，苗栗县 25 座，台中县、市 13 座，彰化县 5 座，南投县 5 座，云林县 4 座，嘉义县、市 19 座，台南县、市 28 座，高雄县、市 28 座，澎湖县 6 座，屏东县 28 座，台东县 3 座，花莲县 4 座，宜兰县 17 座，基隆县 1 座。

台湾信众对炎帝神农氏的定位与大陆人的定位不尽相同。在他们的意识里，炎帝神农氏是农业之神、医药之神，也是土地之神、海洋之神。与此相关，供奉在宫庙中的炎帝神农氏神像形象也与大陆的不尽相同。

台湾供奉的炎帝神农氏塑像形象可以分为两大类型。一种是代表教民耕织、遍尝百草、创世济民的先祖形象。代表这类形象的炎帝神农氏塑像面目狰狞或梳有双髻，"他"浓眉大眼，袒胸露臂跣足，腰上围着树叶，身体呈半裸状态，手里拿着稻穗或者草药。另一种是代表民族始祖与爱民护民的帝王、仁者形象。代表这类形象的炎帝神农氏塑像头戴王冠，身穿帝王礼服，玉面长髯，给人一种温和慈祥之感。这两种类型的炎帝神农氏塑像有红、绿、黑三种面部颜色。其中，红色表示炎帝神农氏拥有火德，或者是彰显炎帝神农氏在没有误尝毒草之前的形象，又或者是彰显他教民焚林垦荒，被烟火熏燎、烈日暴晒的中年形象。黑色面容的炎帝神农氏神像只限于苗栗以北地区的宫庙，代表炎帝神农氏尝百草而中毒、全身泛黑的形象，也有可能是神像长时间被烟火渲染之后，人们习以为常的结果。至于绿色面容，是根据《说文》对"苍"字的解释而来的。在《说文》的解释里，"苍"的意思是"草色"，也就是绿色。在《纬书集成》之《春秋编·春秋命历序》的记载里，炎帝神农氏的形象是"苍色大眉头，戴玉理"。

台湾民间及宫庙祭祀炎帝神农氏的仪式也与大陆的不尽相同。概括地说，现今流行于台湾地区的祭祀炎帝神农氏的仪式可以归结为两种样式：一是吸收古代官方，主要是清代官方颁布的适合于府、州、县三级地方官府祭祀炎帝神农氏的礼仪制度来祭祀；二是将炎帝神农氏纳入道教神灵范畴，用带有道家祭祀仪式色彩的方式来祭祀。前者盛行于以祀奉炎帝神农氏为主的庙宇宫殿。现在，与炎帝神农氏有关的祭祀活动主要在农历四月二十六日举行，在民间传说中，这一天是炎帝神农氏的生日。届时，祭祀方会按道教的科仪撰写祝文颂祷炎帝神农氏，严格地按照迎神、进馔、上香、初献礼、读祝文、亚献礼、上香、终献礼、饮福受馔、望燎、送神的仪程进行。在献礼时，有的地区要行三献礼甚至九献礼，表演六佾舞或者八佾舞。后者流行于民间。民间祭祀炎帝神农氏在自家门口或者相应的宫庙里举行，一般要预先选择一个吉利的日期。祭祀时，要使用果品、菜碗、三小杯清茶、五小杯酒、红龟果、扎有红纸的面线、红圆、尺金三张、宝衣三张、寿金三张、元宝发财灯一对等供品，按照上供、点烛及神前献茶、献酒、献食，然后焚香迎神、祈求神灵保佑的程序进行。当香焚烧到三分之一长度时，祭祀的人双手捧持尺金三张、宝衣三张、寿金三张、元宝发财灯一对供奉神灵。这是通行于民间的一种祭祀方式。除此之外，每逢农历四月二十六日炎帝神农氏诞辰时，民间往往要举行大型祭祀庆典活动。

在台湾，民间还有在炎帝神农氏宫庙扶乩、扶鸾以预卜吉凶、求医问药、解除疑惑的活动。

台湾的炎帝神农氏信仰来自大陆，海峡两岸之间围绕炎帝神农氏信仰而产生的交流合作从来就没有间断过。关于这方面的内容，本书将在后面的章节中作简单的介绍。

下编　炎帝神农氏留下的足迹

　　炎帝神农氏和他的部族代表了我国远古时期的一个历史阶段，即炎帝神农氏时期。在这个历史时期，炎帝神农氏和他的部众经历了由氏族到部落，再到部落联盟，乃至于后氏族、部落及部落联盟时期的部族时代。从氏族公社时期到部族时代，炎帝神农氏部落前后传承了十几代乃至数十代，时间跨度达千百年之久。在这样一段漫长的历史时间里，炎帝神农氏部落产生了炎帝魁、炎帝承、炎帝临、炎帝明、炎帝直、炎帝来、炎帝哀、炎帝榆罔等杰出的首领，这些首领和他们的部众创造了教民耕种、宣药疗疾等伟大的历史功绩，人类因此而从蒙昧时代步入文明时代。在这样一段漫长的历史时间里，炎帝神农氏的部众和后裔发展成为我国历史上的姜戎、狄、鲜卑等少数民族，并一度与黄帝轩辕氏部落联合形成炎黄部落联盟，炎帝神农氏部落由此而与黄帝轩辕氏部落融合，成为华夏族主体的一部分，演化成今天的汉族，炎帝神农氏与黄帝轩辕氏因此被尊奉为中华民族伟大的人文始祖。在这样一段漫长的历史时间里，炎帝神农氏率领他的氏族、部落、部落联盟以及后来的部族，活跃于中华大地，他们的足迹遍及大江南北。从古籍记载来看，至少在今陕西省宝鸡市，今山西省高平市，今河北省涿鹿县，今山东省曲阜市，今河南省周口市淮阳区、商丘市柘城县，今湖北省随州市随县，今湖南省茶陵县、炎陵县及会同县，还有今安徽省亳州市，甚至还有越南社会主义共和国等地，都有炎帝神农氏及其氏族或部落的活动遗迹，由此形成了几大炎帝神农氏故里，这就是陕西宝鸡、山西高平、河南商丘、湖北随州、湖南株洲茶陵、湖南株洲炎陵、湖南怀化会同。

古籍中对炎帝神农氏及其部族在这些地区的活动情况作了记载。在这些地区至今还留存有相关的活动遗址，这些记载和活动遗址承载了炎帝神农氏及其部族在这些地区的活动信息。除此之外，在这些地区还有碑刻、庙宇及其他相关的祭祀场所、祭祀活动、民间传说、民俗活动，它们的保存与流传、承袭也反映了炎帝神农氏及其部族在这些地区的活动信息。

在这一篇里，我们拟以南北地域为线索，结合古籍记载和炎帝神农氏及其部族留存在各个地域的活动遗迹，以及其他相关信息，简要地介绍一下炎帝神农氏及其部族在我国大江南北各个相关地区的活动情况，还有这些地区的人缅怀、纪念炎帝神农氏的概况。

第七章　炎帝神农氏在北方地区留下的足迹

在古籍记载中，今陕西省宝鸡市、今山西省上党地区（包括高平市在内）、今河北省涿鹿县、今山东省曲阜市、今河南省周口市淮阳区是炎帝神农氏及其部族在我国北方地区的主要活动区域。

古籍记载了炎帝神农氏及其部族在这些地区的哪些活动情况？炎帝神农氏及其部族在这些地区留下了哪些活动遗迹？在这些地区，有过哪些缅怀、纪念炎帝神农氏及其部族的活动形式呢？除此之外，还有哪些与炎帝神农氏及其部族相关的信息呢？在这一章里，我们将以陕西省宝鸡市、山西省上党地区为重点，围绕上述内容作一个简要的介绍。

炎帝神农氏和陕西宝鸡

要说炎帝神农氏和陕西的关系，先要重复引述来源于《国语》卷十《晋语四》之《重耳婚媾怀嬴》中的一段记载："昔少典娶于有蟜氏，生黄帝、炎帝。黄帝以姬水成，炎帝以姜水成。成而异德，故黄帝为姬，炎帝为姜，二帝用师以相济也，异德之故也。"

姜水流域：一代炎帝神农氏在宝鸡市的主要活动地带

前面引述的记载是司空季子与晋公子重耳对话中的一部分。司空季子的这一段话告诉读者：姜水流域是炎帝神农氏的生长地，也是炎帝神农氏及其部落成长、发展壮大的地方。

北魏地理学家郦道元在《水经注》卷十八"渭水"条目下对姜水作了注解："岐水又东迳姜氏城南，为姜水。《帝王世纪》曰：炎帝，神农氏，姜姓，母女登游华阳，感神而生炎帝，长于姜水，是其地也。"

岐水一路东流，途经姜氏城城南。岐水途经姜氏城城南的这一段就是前人所说的姜水。这条姜水即《帝王世纪》所记载的炎帝神农氏成长之地姜水。《帝王世纪》记载，炎帝神农氏的母亲女登游华阳，有感于神灵而怀孕，生下炎帝神农氏，之后，炎帝神农氏在姜水流域长大。

按照郦道元的解释，姜水在今宝鸡市岐山县东面的姜氏城之南，也就是现在的岐山县周原一带，是渭河的一段。这是迄今为止，古人对于姜水所作的最早的注释，也是古人对于姜水所作的权威注解之一。

在郦道元之后，《明一统志》《清一统志》等古籍也对姜水作了记载。

《明一统志》卷三十四《凤翔府·古迹》"姜氏城"条目下记载的姜水位于宝鸡县南面七里的姜氏城之南。这个姜氏城现在叫作"姜城堡"。按照这个记载，这里的"姜水"，就是现在人们所说的清姜河。这与郦道元注解的并不一致。《明一统志》卷三十四的记载是这样的：

"姜氏城，在宝鸡县南七里。城南有姜水。《帝王世纪》：炎帝神农氏母有蟜氏女登，为少典妃，游华阳，感神而生炎帝，长于姜水。即此。"

古籍记载中的姜水，一说在岐山县东面的姜氏城之南，是渭河的一段，一说在宝鸡县南面七里的姜氏城之南，指的是清姜河，这两种说法有一个共同点，就是都肯定姜水在今陕西省宝鸡市境内。据此，有不少研究者认为，现在的宝鸡市境内的渭河、清姜河交汇地带可能是炎帝神农氏及其氏族部落早期活动区域的中心地带，后来，炎帝神农氏及其氏族部落在这个区域的周边地区及山西、河南等省份均有分布，这是炎帝神农氏及其氏族部落以这个地带为中心向周边地区和省份扩展的结果。

与上述推测相应，在宝鸡市境内的渭河、清姜河交汇地带，考古工作者发现了多件刘家文化（也就是姜炎文化）比较典型的器物——高领袋足鬲；在岐山、扶风等周边地带，考古工作者也发现了同样的器物。在宝鸡市境内，考古工作者发现了关桃园遗址、北首岭遗址、姜城堡遗址等四十多处古文化遗址。

有关炎帝神农氏的民间传说及活动遗迹

陕西宝鸡是炎帝神农氏的出生地与成长地。从《史记》卷二十八《封禅书第六》的记载来看，至少是从秦灵公三年（前 422 年）开始，就有秦灵公等在吴阳作下畤祭祀炎帝。考古发掘资料显示，秦灵公作下畤祭祀炎帝的"吴阳"很可能是现在的陕西省宝鸡市陈仓区新街庙镇吴山东路。

在宝鸡市，至今还留存有不少与炎帝神农氏有关的民间传说与活动遗迹。据说，炎帝神农氏生于蒙峪沟，长于清姜河，在九龙泉沐浴，在天台山逝世，最后安葬在常羊山。蒙峪沟、清姜河、九龙泉、天台山、常羊山均在今渭滨区神农镇境内。

蒙峪沟，位于宝鸡市渭滨区神农镇天台山入口处。蒙峪沟口附近有常羊山，传说这里是炎帝神农氏安栖之地。从蒙峪沟往北到峪泉村，有一座新修复的神农祠，这座神农祠始建于唐代。如今，这座祠堂前面修建了一处广场，这是当地村民的健身场所之一。在神农祠附近紧贴高速公路路基处有一眼泉，这就是九龙泉。九龙泉周围，至今还有几方石碑。民间传说中，炎帝神农氏刚出生时，长相十分丑陋，头上长着犄角，身上满是脓疮；后来，炎帝神农氏在九龙泉沐浴净身，经过一番洗浴之后，脱胎换骨，出落得英俊潇洒。每年农历正月十一日，宝鸡市民间都会在九龙泉举行集会，庆贺炎帝神农氏寿诞。每年清明节及农历七月初七，宝鸡民众则聚集在天台山祭奠炎帝神农氏。

宝鸡炎帝陵

21世纪以来，有越来越多的海内外同胞前来姜城堡、蒙峪沟、九龙泉、天台山寻根祭祖，祭拜炎帝神农氏。有感于此，当地政府在峪泉村九龙泉及常羊山等地修复神农祠、炎帝陵等与炎帝神农氏有关的古迹，作为海内外同胞祭拜炎帝神农氏的场所。

修复后的炎帝陵细分为陵前区、祭祀区、墓冢区三个部分，涵盖了从姜城堡清姜河、九龙泉、蒙峪沟到常羊山在内的广大区域。

陵前区包括姜城堡、峪泉村九龙泉、天台山入口处的蒙峪沟这三个与炎帝神农氏出生、成长有关的地方。姜城堡有一座古典式重檐牌坊，牌坊正中题额为"炎帝故里"。从姜城堡出发，往东走不远就来到了峪泉村九龙泉。九龙泉，全称"沐浴圣九龙泉"。九龙泉边有一座沐浴殿、一座九龙亭。沿清姜路北段往祭祀区方向前行，在清姜路北段十字路口有一座石质华表牌坊，牌坊正中题额为"神农之乡"；在清姜路中段十字路口还有一座古典石牌坊，牌坊正中题额为"人杰地灵"。再往前走，来到天台山入口处的蒙峪沟，这是宝鸡桥梁厂门前，这里有一座坐东面西的石牌坊横跨在路口，牌坊正中题额为"神农门"。经过神农门，进入桥梁厂家属区，往南走即常羊山，这里有盘山公路直达常羊山炎帝陵，还有直通炎帝陵的登山石阶。

　　进入常羊山大门，也就来到了炎帝陵祭祀区。这里有一道百米长的台阶，沿着石阶而上，可以到达炎帝陵陵台。炎帝陵陵台入口处为大门，大门外竖了一块石碑，石碑上刻有"常羊山"三个大字，这是著名的书法家吴三多的手迹。登上常羊山山顶，便到了仰首亭，亭内和亭旁各有一块清代石碑，上面镌刻的题字分别是"常羊育炎""山海镇"。

　　常羊山山顶的炎帝庙大殿前面是祭祀广场，可容纳千人前来参加祭祀典礼，广场左右两侧分别建有鼓亭和钟亭。炎帝庙正殿面积为四百平方米，高十二米，为庑殿顶仿古建筑，面阔五间；左右两边大红柱子上镌刻有书法家茹桂所书楹联"创始定有人千载岐黄崇炎帝；流传安无据八方稼穑念神农"；正面门额上悬挂有题额为"炎帝大殿"的匾额。步入炎帝庙大殿，只见殿堂正中为高达四点五米的炎帝神农氏坐像，左右两侧墙壁上分别绘有"常羊育炎、浴圣九龙、农业之神、太阳之神、医药之神、炎帝结盟"等有关炎帝神农氏的大型壁画。左厢房展出的是炎帝的生平及传说故事，右厢房的墙壁上悬挂着各界人士的题词。大殿东西两侧还设有中国农业展览馆和中医中药史展览馆。

　　除此而外，祭祀区还修建了姜炎圣母宫和神农阁。至于常羊山西山腰的百草堂、药王洞等建筑，则既是研究中医中药的场所，又是群众看病疗疾的地方。

穿过炎帝庙殿堂，一路往南，走过一条笔直的小道，前面是九百九十九级台阶，这是通往炎帝陵的通道，通道两边安设有尧、舜、禹、夏启等十六位古代著名帝王的塑像。沿着这条陵道拾级而上直达常羊山中峰顶，便来到了墓冢区。这是一座圆形青石大陵墓，它与湖南省炎陵县的鹿原陂炎帝陵并称我国两大炎帝陵。这里的炎帝陵墓碑上镌刻有启功所书的"炎帝陵"题字。陵墓整体依山取势，三面凌空，古建筑成群，给人以雄伟、神圣、肃穆、古雅、幽静的感觉。站在炎帝陵前，放眼四望，只见陵墓后面是碑林，大小形制不一的石碑上镌刻有颂扬炎帝功德的诗词、楹联和绘画作品。陵墓四周松柏葱郁。它的东面与天台山风景名胜区连为一体，南面松柏绵延，直接秦岭大散关，西面山脚下清姜河波光粼粼，北流汇入渭河，北面则隔着蒙峪沟与诸葛山相望。

炎帝陵是海峡两岸和港澳同胞、海外侨胞祭祖谒陵，缅怀炎帝神农氏的丰功伟绩、寄托崇敬追思之情的场所。在这里，我们可以看到我国多位国家领导人和社会贤达的题字、题词，以及社会其他各界人士的墨宝。

关于炎帝神农氏和陕西宝鸡市，这里还要补充叙述一个方面的内容。在注解"而崇炎帝之祀于陈"这句话时，罗苹引述了皇甫谧对《元和姓纂》中相关内容的注解。皇甫谧在注解时说"陈"指的是"宛丘"，也就是现在的河南省周口市淮阳区。对此，罗苹持有异议。《路史》卷十三《后纪四·禅通纪》"炎帝纪下"条目记载了这段史事，罗苹注解为"黄帝所崇宜在陈苍，故秦灵公于吴阳作下畤祠炎帝，上畤祠黄帝"。罗苹以秦灵公作上畤祭祀黄帝轩辕氏、作下畤祭祀炎帝神农氏的史事为依据，认为"陈"指的是"陈苍"，即陈仓，也就是现在的陕西省宝鸡市。

炎帝神农氏和山西上党地区

历史上的上党地区，位于山西省东南部，在现在的长治市、晋城市辖区内。其中，长治市的潞州区、上党区、潞城区、屯留区、长子县、沁源县、沁县、武乡县、襄垣县、黎城县、平顺县、壶关县，以及晋城市的高平市、陵川县是山西省境内炎帝神农氏遗迹分布比较多的地方。

上述地方至今还留存有与炎帝神农氏有关的活动遗迹、碑刻、民俗。刘毓庆先生在查阅古籍与实地考察的基础上，在《上党神农氏传说与华夏文明起源》一书第五章、第六章中对留存于上述地方与炎帝神农氏有关的活动遗迹、碑刻、民俗等方面的内容作了详细记载。现在，我们用综合刘毓庆先生的相关记载与摘录其中的要点相结合的方式，简单地介绍一下上党地区与炎帝神农氏有关的内容。

羊头山及羊头山上的炎帝神农氏活动遗迹

谈到炎帝神农氏和山西上党地区这个话题时，先要从羊头山说起。羊头山位于山西省长子县、高平市、上党区三地交界处，它的主峰在高平市境内。

关于羊头山，《太平寰宇记》《明一统志》《（顺治）潞安府志》《（乾隆）高平县志》等古籍均有记载。《（乾隆）高平县志》卷五是这样记载的："羊头山，县东北四十里，接长子县。旧志云：上有石状如羊头。田氏曰：羊头山在太行山炎北百五十里，山最高，俯视太行，犹在下也。……相传为炎帝陵，石礣尚存。按山麓绕十村，围三大邑，东北长治，西北长子，正南高平。"从这段记载中，我们知道：羊头山因山上有一块像羊头一样的石头而得名，这是太行山炎北一百五十里群山中最高的一座山。古时候，山上有一座瓮葬墓，在传说中，这是炎帝神农氏的墓葬。

在《元和郡县志》《太平寰宇记》《泽州府志》《（雍正）山西通志》等古籍记载中，羊头山有不少与炎帝神农氏有关的活动遗迹：

一是神农城。《元和郡县志》卷十五"长子县"条目下记载："神农城，《后魏风土记》曰：神农城在羊头山上，山下有神农泉，即神农得嘉谷之所。"羊头山山上有神农城，山下有神农泉，神农泉是炎帝神农氏发现庄稼种子的地方。

二是神农井。《太平寰宇记》卷四十五"长子县"条目下记载："神农井在县南五十里，出羊头山小谷中。《上党记》云：神农庙西五十步，有石泉二所，一清一白，甘美，呼为神农井。"神农井位于长子县县长之南五十里羊头山山谷中，这是一清一浊两组山泉群，水质甘美，它们的东侧有一座神农庙。《明一统志》卷二十一在介绍神农井时，援引了《后魏风土记》的记载，"神农井在羊头山，即神农得佳谷处"。神农井也是炎帝神农氏发现庄稼种子的地方。

三是五谷畦。明代人朱载堉在他的《羊头山新记》中说（五谷畦）"地名井子坪，有田可种，相传神农得嘉谷于此，始教播种，谓之五谷畦焉"。五谷畦位于一个叫井子坪的地方，这里有不少田地，相传这里既是炎帝神农氏发现庄稼种子的地方，又是炎帝神农氏教人耕种的地方。

四是谷关。《（雍正）山西通志》卷十九记载："《地形志》：羊头山下神农泉北，有谷关，即神农得嘉谷处，山下有谷泉。"谷关也是炎帝神农氏发现庄稼种子的地方，它与山下的谷泉构成了一组炎帝神农氏活动遗址群。

五是炎帝陵。《（雍正）山西通志》卷一百七十三记载："（高平县）上古炎帝陵，相传在县北四十里换马镇。帝尝五谷于此，后人思之，乃作陵，陵后有庙。"高平县（今高平市）的炎帝陵在换马镇（今神农镇），这是炎帝神农氏品尝五谷的地方。后人为纪念炎帝神农氏，就在这里修建了炎帝陵，又在炎帝陵后面修建了炎帝庙。关于这座炎帝陵，我们将在后面再作介绍。

上述炎帝神农氏活动遗迹均在羊头山，除此之外，在上党地区，长治市区东北五千米处的百谷山（又名老顶山）、潞城区辛安村的凤凰山、黎城县凤凰山、长子县发鸠山等地均有炎帝神农氏活动遗址。

与炎帝神农氏有关的庙宇及碑刻

除众多的炎帝神农氏活动遗址之外，在山西上党地区还有数量众多的炎帝神农氏庙宇建筑，以及与炎帝神农氏有关的碑刻。基于刘毓庆先生的统计，现在简单地介绍一下这里的炎帝神农氏庙宇及碑刻。

先说高平市境内与炎帝神农氏有关的庙宇建筑。据《高平金石志》统计，该市境内有炎帝神农氏庙宇四十余处，因有炎帝神农氏活动而得名的地名二十多处；现存炎帝神农氏庙宇二十四处，即羊头山炎帝高庙、下台村炎帝中庙、东关炎帝下庙、故关村炎帝行宫、庄里村神农殿、庄里炎帝陵、申头村炎帝庙、邢村炎帝庙、神头岭炎帝庙、徘北炎帝庙、四坪山炎帝庙、三甲炎帝庙、掘山炎帝庙、贾村炎帝庙、桥北炎帝庙、焦河炎帝庙、箭头炎帝庙、常家沟炎帝庙、高良炎帝庙、赤祥炎帝庙、中村炎帝庙、杜寨炎帝庙、后沟炎帝庙及乔里炎帝庙。

再说陵川县境内与炎帝神农氏有关的庙宇建筑。这里与炎帝神农氏有关的庙宇建筑有两处：大义井神农馆、附城神农殿。

再说留存于长治城区、郊区的与炎帝神农氏有关的庙宇建筑。这里与炎帝神农氏有关的庙宇建筑有百谷山炎帝庙、柏后炎帝庙、关村炎帝庙、李村神农庙、北和村炎帝庙。

再说壶关县境内与炎帝神农氏有关的庙宇建筑。这里与炎帝神农氏有关的庙宇建筑有四处：安化里神农庙、晋庄集炎帝庙、东长井神农庙及小北庄神农庙。

再说潞城区境内与炎帝神农氏有关的庙宇建筑青羊里神农庙。《（乾隆）潞安府志》卷七记载："神农庙，在青羊里。今废。梅之尹有诗。"《（雍正）山西通志》卷一百六十五则认为庙在平顺县。

上党地区有众多与炎帝神农氏有关的庙宇建筑，因此也有不少与炎帝神农氏有关的碑刻。据刘毓庆先生统计，这些碑刻约有九十块。在《上党神农氏传说与华夏文明起源》一书第五章《上党地区炎帝遗迹建筑及方志碑刻记载》中，刘毓庆先生介绍了羊头山五佛碑、黎城宝泰寺碑、高平市羊头山清化寺碑等六十一块碑刻，其中，分布在高平市境内的有四十多处。

与炎帝神农氏相关的民间传说祭祀活动及民俗

在上党地区相关市县的方志中，还有不少文人墨客的著作中，留存有不少与上党地区炎帝神农氏传说相关的诗文作品。比方说，身为明代皇室贵族的朱载堉考察留存于羊头山的与炎帝神农氏相关的活动遗迹之后，写作有《羊头山新记》，对这里的炎帝神农氏活动遗迹作了详细的记载；清代胡天游写有《羊头山神农井铭》。

上党地区还留存有不少有关炎帝神农氏的传说。在《上党神农氏传说与华夏文明起源》一书第六章《上党地区关于炎帝的传说及其相关的民俗》中，刘毓庆先生对相关传说作了简要的记载，如游履洞、艺谷圃、庄里、换马、北营、五谷山等地名故事，神蚁、毒药蛋、松圪枝等风物故事，还有神蚁从石窝里衔出种子、娘娘发明去壳技术等以事件为中心的故事。

　　上党地区也留存有不少祭拜炎帝神农氏的活动及与炎帝神农氏有关的民俗。在上编第六章，我们用举例的方式介绍民间祭祀炎帝神农氏时，谈到了长子县色头镇色头村炎帝庙民间祭祀炎帝神农氏的遗俗，现在再以壶关县东长井炎帝庙为例，来简要介绍上党地区民间祭祀炎帝神农氏的活动情况：

　　东长井炎帝庙以炎帝神农氏为主神，每年农历三月十八日，人们在这里举行庙会，祭祀炎帝神农氏。庙会期间，附近十里八乡的百姓都来赶庙会。除孕妇及结婚不到三年的女子之外，大家都可以带着馒头、馓子及酒菜等供品前来庙中祭祀炎帝神农氏。除庙会之外，每逢天旱无雨时，附近村民还会带上一头活羊，前来炎帝庙向炎帝神农氏求雨：把炎帝神农氏塑像上下首的三峻神、二仙奶奶两尊神像从神座上搬下来，在享受这头活羊祭祀之后，再将神像抬出去晒太阳，直到下雨为止。

　　在上党地区，很多地名与羊有关系，民间求雨用活羊作供品，其他祭祀活动也以羊为最主要的供品，羊成了上党地区民间最为重视甚至是崇拜的对象，这与炎帝神农氏主要活动于羊头山有一定的关系。现在，民间仍然保留有以羊为供品的祭祀习惯，不同的是如今用作供品的羊改成了面塑羊。上党地区民间至今还保留有"蒸羊"——做面塑羊、蒸面塑羊的习俗。这种习俗贯穿到了祭祀、婚育及岁时节俗等活动中。其中非常引人瞩目的是孩子满月、满十五岁用面塑羊。孩子满月时，外婆家除送被褥之外，还必须送一份面塑羊。面塑羊一共有五只，五只面塑羊大小不一，分为大羊、二羊、三羊、四羊、五羊。其中，大羊头下戴一把锁，羊脖子上用红线串上三枚古铜钱。除五只面塑羊之外，还要捏一块拴羊石。此举有把羊拴牢就是拴牢孩子之意。等孩子长到十五岁的时候，又要举行"圆十五"仪式，这是上党地区的民间成人礼。这个仪式的中心环节是开锁。届时，外婆家也要送面塑羊，一共是十五只。这时，十五只面塑羊不戴锁，也不用捏拴羊石。开锁仪式完成之后，孩子拿其中一只面塑羊跑开，然后用这只面塑羊到邻居家换一把盐。此举意味着孩子成人了，从此以后可以独自闯荡江湖。至此，"圆十五"仪式宣告结束。

高平炎帝陵及炎帝行宫

介绍完留存于上党地区的炎帝神农氏活动遗迹及与炎帝神农氏相关的碑刻、民俗之后，现在来简单介绍一下上党地区的炎帝陵与炎帝行宫，我们以高平市的炎帝陵及炎帝行宫为例。

山西省高平市炎帝陵位于高平市神农镇庄里村。民间传说庄里原名"装殓"。据说，当年炎帝神农氏中毒身亡之后，人们在这里将其装殓后安葬。因此，民间把这里取名为"装殓"。后来，民间认为这个地名不吉利，于是取用谐音字，把地名改为"庄里"。庄里村的炎帝陵俗称"皇坟"。皇坟后面有五谷庙，是元代的建筑物。在当地，五谷庙又被人视为神农殿。五谷庙坐北朝南，今存正殿五间、东西厢房十几间。在东厢房内，留存有"炎帝陵"石碑一块，这块石碑是明万历三十九年（1611年）农历三月（孟夏）生员申道统所立。据说，炎帝陵石碑后面有一条甬道可以直通墓穴，墓穴内有一盏万年灯，灯火常年不灭。旧时，县府每年祭祀炎帝神农氏时，要给灯添油一次。现在，这条甬道已经被封住了。

五谷庙在明代一度进行过规模较大的维修。现在，在屋顶正中脊刹背面，我们仍然可以看到"大明嘉靖六年"的镌刻题记。五谷庙正殿殿内的神台高约一米，上面刻有龙、麒麟、鹿、花卉等浮雕图案，是宋金时期的遗物。殿内神台上原有暖阁，塑有炎帝及夫人后妃像，现在塑像不存。东西两边的山墙上绘有精美的壁画，这些壁画也没有保存下来。

每逢农历四月初八、六月初一，庄里村就要和附近的换马、岭东、长畛坡、故关、口则、西坡上等村庄联合举办为期三天的庙会。庙会十分热闹，当地民间有"走扬州，下汉口，不如五谷庙里当社首"的民谣，这首民谣除描述担当庙会社首的尊荣之外，也从侧面显示了庙会的盛况。

炎帝行宫在高平市神农镇故关村，始建年代不详。从现存的重修炎帝行宫碑碑文来看，至少在明代就有了这座行宫。这座行宫坐北朝南，现在保存有正殿、午台、圣贤殿等建筑。正殿三间，院子里保存有明、清时期的碑刻四座。其中，重修炎帝行宫碑碑文落款为"明成化十一年"（1475年）。该碑碑文中有这样的话："神农炎帝行宫磐基在故关里村前，肇基太古，无文考验，祠在换马村东南，现存坟冢，木栏绕护，然祠与宫相去几百余步也。"在故关村附近的换马村，古时候还有一座炎帝祠，炎帝祠附近有一座炎帝神农氏坟茔。炎帝祠也是纪念、祭祀炎帝神农氏的古建筑，它与故关炎帝行宫一样，始建时间不详。遗憾的是，早在明代成化年间，炎帝祠就废而不存了。

炎帝神农氏和河北

对于大多数读者朋友来说，"炎帝神农氏和河北"是一个比较陌生的话题。但是，对于曲辰先生来说，这是他一直以来十分感兴趣并投入了极大的研究兴趣和热情的课题。在查阅和研究相关古籍记载及实地考察的基础上，曲辰先生给出了自己的答案：《山海经》等古籍记载有轩辕之丘，《史记》等古籍记载了炎帝神农氏和黄帝轩辕氏争霸战过程中，曾先后发生过阪泉之战、涿鹿之战；轩辕之丘及阪泉之战、涿鹿之战的发生地均在河北省境内。现在，我们根据曲辰先生的《轩辕黄帝史迹之谜》[①]中的相关叙述来简要介绍一下相关内容。

《史记》卷一《五帝本纪第一》记载"（黄帝轩辕氏）与炎帝战于阪泉

① 曲辰先生的相关论述见《轩辕黄帝史迹之谜》（中国社会科学出版社1992年7月第1版）第148-191页。

之野"。对于这个记载中的"阪泉之野",裴骃、张守义分别在《史记集解》《史记正义》中作了注解。裴骃的注解是"服虔曰'阪泉,地名',皇甫谧曰'在上谷'"。裴骃引述服虔、皇甫谧两人的记载,说阪泉是一个地名,位于上谷郡境内。相对于裴骃,张守义的注解要详细一点,他用反切法给"阪"注音之后,接下来引述《括地志》《太康地理志》等古籍中的相关记载注解:"《括地志》云'阪泉,今名。黄帝泉在妫州怀戎县东五十六里,出五里至涿鹿,东北与涿水合。又有涿鹿故城,在妫州东南五十里,本黄帝所都也'。晋《太康地理志》云'涿鹿城东一里,有阪泉,上有黄帝祠'。按阪泉之野,则平野之地也。"按照张守义的注解,我们知道:涿鹿故城及阪泉在历史上的妫州境内;涿鹿故城也就是历史上的黄帝轩辕氏的都城,与之相关的黄帝泉、黄帝祠也在妫州境内。

《史记》卷一《五帝本纪第一》还记载"(黄帝轩辕氏)与蚩尤战于涿鹿之野"。裴骃、司马贞分别在《史记集解》《史记索隐》中对"涿鹿之野"作了注解。裴骃注解:"服虔曰'涿鹿,山名,在涿郡',张晏曰'涿鹿在上谷'。"司马贞的注解是这样的:"(涿鹿)或作'浊鹿',古今字异耳。按《地理志》,上谷有涿鹿县,然则服虔云在涿郡者,误也。"按照他们的解释,黄帝轩辕氏和蚩尤的交战之地涿鹿在历史上的上谷郡或者涿郡。

曲辰先生考证说,历史上的上谷郡始于战国时期的燕国,秦代、汉代沿用上谷郡之名,所辖的县由最初辖的三十六个合并、改置为十五个,它所辖的地域大体相当于现在河北省张家口市以南,怀安县、阳原县、小五台山以东,赤城县、北京市延庆区以及昌平区以西,保定市涞源县以北的地域。

在古籍中,涿鹿曾有"竹鹿""浊鹿""独鹿""蜀禄""独滩"等不同的写法,到战国后期才逐渐统一,写作"涿鹿"。作为一个地名,涿鹿含有四个方面的意义:古县名,古城名,古战场名,山名。曲辰先生介绍,涿鹿古县始建于西汉，唐贞观八年（634年）改称矾山县，元至顺四年（1333年）被废除。古涿鹿县所辖地域大体相当于现在的河北省涿鹿县桑干河以南，南山区河东镇以北，黑山寺乡、卧佛寺镇以东，怀来县桑园镇、官厅镇以西的地域，这个区域大小约为现在的涿鹿县面积的四分之一多一点。作为一座古城，古涿鹿城遗址在今涿鹿县城东南三十多千米的矾山镇三堡村北。这里最初是黄帝轩辕氏所居之地，在古籍中称"轩辕之丘""轩辕之台"。该城呈正方形，南北、东西城墙之间相隔约五百米，残存城墙高五至十米，城墙底部厚约十米，顶部宽二至三米，在城墙东南、西北、西南及东北角开设有城门，城区留存有大量石器、陶器，还有不少青铜器及古墓葬。作为一个古战场，在古籍中，这个"涿鹿"的全称是"涿鹿之野"。它的地域范围大致相当于现在的河北省涿鹿县矾山镇三堡村、五堡村以东之地，现在，人们称之为"矾山川"。而作为一座山，涿鹿山指的是现在的河北省涿鹿县矾山镇、黑山寺乡以南，太平堡村、卧佛寺村以北的一座山。

综合上述考证，曲辰先生认为《史记》中记载的黄帝轩辕氏与蚩尤交战之地涿鹿之野在河北省涿鹿县矾山镇三堡村及其附近一带。

曲辰先生在考证涿鹿之野的同时，还指出现在的河北省涿鹿县矾山镇三堡村、上七旗村以西，涿鹿山以北的丘陵地带是历史上的阪泉之野，炎帝神农氏和黄帝轩辕氏之间爆发的阪泉之战就发生在这里。根据史籍记载，唐贞观八年，涿鹿县改称矾山县。这一年，朝廷设置了妫州和怀戎县，当时，妫州州治与怀戎县县治都在汉代的潘县县城。潘县县城即现在的河北省张家口市涿鹿县保岱镇保岱村。据此，曲辰先生认为，作为古战场，历史上的阪泉指的是今河北省张家口市涿鹿县矾山镇上七旗村。上七旗村古称阪泉村，阪泉发源于该村东口。

上七旗村旧时有黄帝庙，专门用来供奉黄帝轩辕氏。黄帝庙被毁坏以后，人们一度在村中的龙王庙安设"轩辕黄帝万岁万万岁"红漆牌位一块，将此处作为敬奉黄帝轩辕氏的地方。1949 年以后，龙王庙改做了村小学，"文革"期间"轩辕黄帝万岁万万岁"红漆牌位被毁。在古涿鹿城遗址东南三千米的地方是龙王堂村，这是历史上的蚩尤城所在地，村中有蚩尤泉。蚩尤泉旁边曾经有古槐树、古松树、古榆树各一棵，今仅剩古榆树、古松树。

炎帝神农氏和山东

在古籍记载中，山东曲阜是炎帝神农氏继"陈"之后的另一个建都之地。《通鉴地理通释》卷四《历代都邑考·神农都》有这方面的记载，它的原文及注释是这样的："《世纪》：神农氏亦都陈，又营曲阜（曲阜在鲁，城中委曲，长七八里），故《春秋》称鲁大庭氏之库，今兖州（袭庆府）仙源县（大庭氏古国在城内，鲁于其处作库）。"意思是说，皇甫谧的《帝王世纪》记载炎帝神农氏先后在陈及鲁国的曲阜两个地方营建了都城，所以，古籍《春秋》把鲁国曲阜称为"大庭氏之库"。古迹大庭氏之库在宋代兖州仙源县境内，因春秋时期鲁国曾经在这里建造了库房而得名，曲阜则由于街道曲折悠长而得名。

《竹书统笺》卷首下《前编》对炎帝神农氏"迁曲阜"之"曲阜"作了注释："曲阜，鲁地，今兖州府曲阜县，炎帝迁此又号大庭氏。"在曲阜营建都城的这一代炎帝神农氏叫大庭氏，因此，山东曲阜又被人视为"大庭之墟"。

关于"《春秋》称鲁大庭氏之库"一事，《左传·昭公十八年》中有记载：昭公十八年夏历五月，"火始昏见。丙子，风。梓慎曰：'是谓融风，火之始也。七日，其火作乎！'戊寅，风甚。壬午，大甚。宋、卫、陈、郑皆火。梓慎登大庭氏之库以望之，曰：'宋、卫、陈、郑也。'数日，皆来告火"。这段记载用现在的话来说是这样的：大火星开始在黄昏出现。初七日，天空刮起了大风。梓慎说："这风叫作融风，是即将发生火灾的开始，七天以后，恐怕要发生火灾啦！"初九日，风刮得大了。十四日，风刮得更大了。宋国、卫国、陈国、郑国都发生了火灾。当时，梓慎登上大庭氏的库房向远处张望，说："发生火灾的地方是在宋国、卫国、陈国、郑国呢。"几天之后，这四个诸侯国都派人来报告说不久前国内发生了火灾。

杜预对文中的"大庭氏之库"作的注解与《通鉴地理通释》卷四《历代都邑考·神农都》的注解是一致的："大庭氏，古国名，在鲁城内，鲁于其处作库。"唐代的孔颖达对此作注释时说："先儒旧说皆云炎帝号神农氏，一曰大庭氏。"炎帝神农氏，也就是大庭氏，曾经在曲阜营建国都，到西周时期，鲁国一度在这个国都旧址上建造仓库。罗泌在他的《路史》中也记载了"大庭氏之库"，他的儿子罗苹注释，"（大庭氏之）库在鲁城中曲阜之高处。今在仙源县内东隅，高二丈"。仙源县是宋代至明代改曲阜县之名而设立的县。按照罗苹的说法，炎帝神农氏在山东曲阜留下的活动遗迹大庭氏之库在现在的山东省济宁市曲阜市书院街道办事处旧县村境内。如今，这是山东曲阜境内的一处文物保护单位。

炎帝神农氏和河南

古籍记载，炎帝神农氏曾经在"陈"这个地方营建了都城。《竹书统笺》卷首下《前编》援引杜预的话对文中"元年即位，居陈"之"陈"所作的注解说："杜注：今陈州，神农氏代伏羲有天下，始都于此。"根据杜预的这一考证，我们知道"陈"是现在的河南省周口市淮阳区等在历史上曾经隶属于宛丘的地方，或者笼统地说，在现在的河南省境内。

在距周口市淮阳区东北约五千米的周商公路东侧，至今还保存有五谷台，五谷台附近有神农井。五谷台和神农井是炎帝神农氏教民耕种过程中留下来的活动遗迹。炎帝神农氏时代，人口逐渐增多，原有的狩猎、采集活动不能满足日益增加的人口食用需求，炎帝神农氏便尝试着在狩猎、采集之外开垦田地，播种五谷，以便增加人们的食物来源。民间传说，在炎帝神农氏教人耕种过程中，有一只全身长着红羽毛的鸟，衔来一株九穗谷飞过天空，谷粒坠落在地，炎帝捡起来，把谷粒种在五谷台边的土地里，后来，谷粒长出禾苗，禾苗最后结出了高大肥硕的谷子。谷粒煮熟之后，味美可口，大家都非常喜欢食用。炎帝神农氏把收获的谷粒分为五种，分别起名为稻、黍、稷、麦、菽。由此，炎帝神农氏找到了五谷种子，并开始教人播种五谷。后来，人们为了纪念炎帝神农氏找到五谷种子、教人播种五谷的历史功绩，就在炎帝神农氏生前捡拾五谷种子的地方修建了一座庙宇，这就是五谷台。

现今留存下来的五谷台上建有九间庙舍，庙宇内塑有炎帝神农氏像。这座庙宇是 20 世纪 80 年代当地群众自发捐资，在五谷台废墟上营造起来的。

在河南省商丘市柘城县大仵乡朱贡寺村（又名朱堌寺村）还留存有炎帝朱襄氏陵及朱襄王庙遗址，这是河南省境内另外两处与炎帝神农氏有关的古迹。关于炎帝朱襄氏，《吕氏春秋》卷五《仲夏纪·古乐》有记载："昔古朱襄氏之治天下也，多风而阳气蓄积，万物散解，果实不成。故士达作为五弦瑟，以来阴气，以定群生。"这是一个颇具神话色彩的故事，用现在的话来讲，这个故事是这样的：炎帝朱襄氏当政的时候，天空时常刮着一股怪风。这股怪风刮得太久了，致使天地之间阳气过盛而阴气不足，各种农作物无法正常生长，人们无法获得收成。在这样的情境下，炎帝朱襄氏命令大臣士达制作了一把五弦瑟。五弦瑟弹奏起来了，招来了足够的阴风，阴、阳二气重新达到了平衡。从此以后，万物生长有序，百姓平安无事。关于这个故事的主角朱襄氏，高诱注解说："朱襄氏，古天子炎帝之别号。"也就是说，朱襄氏是一代炎帝神农氏。

朱襄王庙遗址在柘城老城原县农业局后院附近，在历史上曾经是附近民众祭祀炎帝朱襄氏及向炎帝朱襄氏求雨的地方。现在，朱襄王庙遗址已被批准为全国重点文物保护单位。

炎帝朱襄氏陵位于柘城县大仵乡朱贡寺村。历史上，该陵一直保存着一座土丘，土丘前面有一块石碑，上面刻有"朱襄氏之墓"字样。陵前还有一座寺院，即朱堌寺。新中国成立初期，由于保护不善，人们开始在这里挖土积肥，陵墓逐步缩小；墓前寺院也被拆除，拆除后的砖瓦木料被用作修建小学的材料。现存的三间大殿原为小学的校舍。小学搬迁后，朱襄氏陵只剩下一座高约一米的土丘、三间大殿和院内一棵皂角树。2001年，柘城县人民政府拨款将陵墓加高，四周修上了青石质圆形围墙和青石台阶；陵前立有"炎帝朱襄陵"石碑一块、香池一个、碑楼四座。2003年，商丘市人民政府批准该遗址为市级文物保护单位后，又拨款为寺院建上围墙，树立了保护标志，划定了保护范围。2008年，热心人士资助，在陵前建设朱襄氏大殿三间、左右厢房及山门等，同时在大殿内立了炎帝朱襄氏及飞龙、士达等臣子塑像。如今，朱襄氏陵已经成为柘城县一处风景。

民间传说，明成化年间（1465—1487年）人们在树下乘凉时，发现一头猪在朱襄氏墓前拱食，拱出了一块黑乎乎的东西。众人拾起细看，原来是一尊观音菩萨雕像。此事传到官府，县官就在朱襄氏墓前修了一座寺院，叫观音寺。因寺在朱襄氏陵前，后称朱堌寺。

在朱堌寺里，炎帝陵前，有一棵皂角树，据传为明惠帝朱允炆逃难于此，拜祭其朱姓先祖朱襄氏时所栽。此树历经六百余年，至今枝叶茂密，浓荫如盖。

在柘城县，有"朱、仳"一家之说。柘城县《仳氏家谱》记载，靖难之役之后，明惠帝朱允炆率亲族及焦、余、孟、黄、玉、李等异姓结义兄弟十三人昼夜南逃，乘船渡黄河后，涉水来到仳家集，也就是现在的大仳乡。在这里，朱允炆与异姓结义兄弟商定，用藏头移尾的方式，改朱姓为"仳"姓。从此以后，朱允炆正式隐居在仳家集。在仳家集生活期间，朱允炆经常到朱襄氏陵前祭祖行礼，并亲手栽下这棵皂角树。

炎帝神农氏和安徽

《史记》卷四《周本纪第四》记载："武王追思先圣王，乃褒封神农之后于焦……"西周初年，周武王姬发把炎帝神农氏的后裔分封在焦这个地方，让他们在这里建立了一个叫焦的诸侯国。据考证，这里所说的"焦"是现在的安徽省亳州市。换一种说法，早在西周初年，炎帝神农氏的后裔就被周武王分封在当时的焦、现在的安徽省亳州市并建立了诸侯国，这个诸侯国叫"焦"。炎帝神农氏姓姜，因此，人们把这个诸侯国称为姜姓焦国。

《左传·僖公二十三年》记载："秋，楚成得臣帅师伐陈，讨其贰于宋也。遂取焦、夷，城顿而还。"鲁僖公二十三年（前637年），楚国的成得臣率领部队攻打陈国，原因是陈国背叛鲁国而倾向于与宋国交好。成得臣此行攻占了焦、夷这两个小国，还在顿这个地方修建了一座城。对于这段记载中的"焦""夷"，杜预作了注解："焦，谯县也；夷，一曰城父，皆陈邑。"谯县，晋代属于谯郡，唐时属于亳州，也就是现在的安徽省亳州市。按照杜预的注解，在春秋时期，姜姓焦国、夷国这两个诸侯国都被陈国吞并了。

第八章　炎帝神农氏在南方地区
留下的足迹（一）

在古籍记载中，今湖北省随州市随县厉山镇，今湖南省株洲市茶陵县、炎陵县及怀化市会同县是炎帝神农氏及其部族在我国南方地区的主要活动地带。

湖北省随州市随县厉山镇是炎帝神农氏烈山氏（或历山氏、列山氏）和炎帝柱（或者炎帝农）活动的地带，也是炎帝神农氏早期活动的地带之一。湖南省株洲市茶陵县洣水以露岭为中心的地带是炎帝神农氏的始封地，在开宝九年至淳熙十三年长达211年的时间里，位于今茶陵县城区创信小区的炎帝庙（后称"一化坛神农殿"）是宋代朝廷举行诣陵致祭的场所。而炎陵县鹿原陂的炎帝陵则享有"中华第一陵"的盛誉，自宋乾德五年起，历经元、明、清代（除开宝九年至淳熙十三年的211年之外），在长达700多年的时间里，这里一直是朝廷举行诣陵致祭大典的地方。湖南怀化市会同县炎帝故里之说则是 21 世纪初提出的一种新学说，在众多的炎帝故里之说中，这种说法提出的时间最晚，但受到越来越多人的关注。

像第七章一样，在这里，我们也拟从古籍记载、碑文石刻记录、活动遗址留存、纪念炎帝神农氏的庙宇建筑及民间传说、民间祭祀炎帝神农氏的相关活动情况等方面来简要介绍一下炎帝神农氏在我国南方地区，主要是在湖北随州及湖南会同、茶陵、炎陵等几个市县留下的遗迹。

在这一章里，我们简单地叙述一下炎帝神农氏与湖北省随州市随县厉山镇及湖南省怀化市会同县相关的内容。

炎帝神农氏和湖北随州

炎帝神农氏和湖北随州的关系，是读者朋友感兴趣的话题之一。这里从四个方面对相关内容作一下简要的叙述。

炎帝神农氏在随县留下的活动遗迹

《太平寰宇记》卷一百四十四《山南东道三·随州·随县》记载了炎帝神农氏在湖北随州随县厉山镇的活动遗迹：

"九井，《荆州记》云：历乡西有堑两重，内有地，俗谓之神农宅，中有九井，汲一井八井震动，民多不敢触，在县西北一百里。"

在当时的随县西北一百里的历乡西面有一个叫神农宅的古迹。盛弘之的《荆州记》记载，神农宅外围有两重壕沟，壕沟内有一块地，有十一亩地大小，这就是神农宅。神农宅里面有九口水井，俗称"神农井"。只要有人在其中任何一口水井里汲水，其他八口水井里面的水就会受影响而晃动。对于这种现象，大家深感惊奇而又无法解释，所以，当地人不敢接触神农井。

除神农宅、神农井之外，厉山镇还有神农洞、神农庙两处与炎帝神农氏有关的活动遗迹。对此，《太平寰宇记》卷一百四十四《山南东道三·随州·随县》是这样记载的：

"历山，在县北一百里，高一里。《荆州记》云：随地有厉乡村，有一穴，是神农所生穴也。穴口方一步，容数人，至今穴口石上有神农庙在。"

历山在随县北面一百里远的厉乡村，此山有一里之高。厉乡村的历山上有一个石洞，这个石洞洞口周长六尺（或八尺），洞并不大，只能容纳几个人。《荆州记》记载，这个石洞是炎帝神农氏出生的地方，即神农洞。神农洞洞口的大石上有一座庙宇，这就是神农庙。

历山，在古籍中又写作"烈山"。关于烈山，郦道元在《水经注》卷三十二中作了记载："溠水北出大义山，南至厉乡西，赐水入焉，水源东出大紫山，分为二水，一水西径厉乡南，水南有重山，即烈山也。山下有一穴，父老相传云是神农所生处也，故《礼》谓之烈山氏。水北有九井，子书所谓神农既诞九井自穿，谓斯水也，又言汲一井则众水动。井今堙塞，遗迹仿佛存焉，亦云赖乡，故赖国也，有神农社。赐水西南流入于溠，即厉水也。"

郦道元的这段注解性文字把上面介绍的有关炎帝神农氏留在今厉山镇及附近的殷店镇的活动遗迹统合起来了。按照郦道元的注解，我们知道烈山在赐水流经今殷店镇南面，烈山在赐水流经今殷店镇南面河段之南，前面介绍的神农洞就在烈山。而神农井、神农庙（即郦道元所说的神农社）则在赐水流经今殷店镇南面河段的北面；神农井在北魏时期就已经堙塞了，只留下一片遗迹。

神农洞、神农宅、神农井遗址至今尚存。现在，在烈山山下，我们还可以看到神农洞。洞旁从前有一座神农观，用来祀奉炎帝。而神农宅、神农井则在附近。至于神农洞洞口的神农庙，《（同治）随州志》卷八《坛庙》"神农庙"条目记载了它的去向：嘉靖十年（1531 年）明知州范钦主持修缮了神农庙。万历年间知州王纳言重修神农庙。今随县厉山镇有白色花岗石石质碑一块，碑身呈长方形，通高 2.08 米，宽 0.96 米，厚 0.23 米，上面镌刻有阴刻楷书"炎帝神农氏遗址"碑文，还有题款"蜀长寿阳存愚敬立，大明万历丁丑年谷旦月"。

厉山镇：随州民间及官方祭祀炎帝神农氏的地方

在古籍记载中，有一代炎帝神农氏叫"烈山氏"。《国语》卷四《鲁语上》之《展禽论祭爰居非政之宜》有关于烈山氏的介绍："昔烈山氏之有天下也，其子曰柱，能殖百谷百蔬……"烈山氏的儿子炎帝柱因长于农耕技术而在夏代之前被祀奉为稷神。烈山氏又写作"历山氏"。《礼记·祭法第二十三》有云："是故历山氏之有天下也，其子曰农，能殖百谷……"除"历山氏""农"这两个名字之外，这段记载的内容与前面《国语》卷四《鲁语上》之《展禽论祭爰居非政之宜》的叙述是一致的。

《国语》《礼记》《水经注》《太平寰宇记》的上述记载，给了读者这样一些信息：炎帝神农氏烈山氏（或历山氏）出生于烈山的神农洞，故而，人们把神农洞所在的山叫作"烈山"；烈山氏和他的儿子炎帝柱或者炎帝农是上编相关章节介绍的十四代炎帝神农氏中排名靠前的两代炎帝神农氏。也就是说，现在的湖北省随州市随县厉山镇是炎帝神农氏早期活动的地带之一。

一代炎帝神农氏出生于殷店镇烈山神农洞，他和他的儿子炎帝柱（或者炎帝农）在厉山镇一代活动，在厉山镇一带留下了神农宅、神农井、神农庙等众多活动遗迹，因此，人们把厉山镇称为炎帝神农氏故里。

厉山镇民间有祭祀炎帝神农氏的习俗。厉山镇民间传说，农历四月二十六日是炎帝神农氏的生日。每逢这个日子，厉山镇的父老乡亲都会赶往神农洞烧香祭拜炎帝神农氏，以此为炎帝神农氏庆祝生日。除此之外，随州民间还有专门的炎帝神农氏祭祀活动。自清同治八年（1869年）开始，随州商人胡兴普开始主持民间祭祀炎帝神农氏的活动，并形成了一套完整的祭祀仪程。这套祭祀仪程通过师徒口授传袭的方式，一直流传到了今天，成为现在随州祭祀炎帝神农氏大典仪程的基础。2009年，随州举办首届世界华人炎帝故里寻根节，初步推出了随州祭拜炎帝神农氏九项仪程，即大典致辞、大典开幕、恭启圣门、点燃圣火、敬献花篮、敬献高香、恭读颂祖文、盛世祈福、唱诵始祖。2011年，炎帝祭典（随州神农祭典）入选了国家级非物质文化遗产扩展名录。

至少在清代，厉山镇还有官方举行的祭祀炎帝神农氏的活动。《（同治）随州志》卷十九《帝纪》中收录有三篇清代皇帝祭祀炎帝神农氏的祭文，一篇作于康熙五十二年（1713年），一篇作于康熙五十八年（1719年），一篇作于雍正二年（1724年）。从内容上来看，这三篇祭文的内容与当时清朝政府祭祀黄帝轩辕氏的祭文相同。也许，清代在祭祀历代帝王时，是将炎帝神农氏与黄帝轩辕氏同时祭祀的；至少在康熙、雍正时期，清朝政府在随州举行了规格比较高的炎帝神农氏祭祀仪式。

与炎帝神农氏相关的随县民间传说

随县厉山镇、殷店镇及神农架等地流传着不少有关炎帝神农氏的民间传说。这里简单地讲述两个：

其一，炎帝神农氏的出生。

相传，炎帝神农氏的母亲安登，每天都要到烈山来采摘野果。有一天，安登累了，她来到一个山洞休息。不知不觉之中，她靠着洞壁睡着了。

在梦中，安登来到了姜水边。只见五彩霞光突然笼罩了整个烈山大地，一条龙浮现在霞光中。眨眼之间，巨龙化作一个英俊少年来到安登身边。安登一见，十分高兴，不由自主伸出双手向英俊少年走过去，与英俊少年拥抱在一起……就这样，安登怀孕了。怀胎十月期满，安登住进山洞里面，并于农历四月二十六生下一个胖小子，安登叫他"石年"。这个石年，就是炎帝神农氏，这个洞被后人称为神农洞。那么，石年姓什么呢？据说，安登从前是一个牧羊女。安登便根据这个身份来给石年确定姓氏：她把"羊"字和"女"字合在一起，组成一个"姜"字，于是，石年便姓姜了。

就在石年出生这天，洞前九口水井溢满了水。这九口井也很奇怪，只要有人在其中任何一口井里打水，其他八口井的水也会动荡起来。原来，这九口井的底部在石年出生的时候就已经彼此相通了。

石年慢慢长大了。有一天，安登外出采野果时，把石年带到山中，让他在一块石头上睡觉。石年醒来不见母亲，饥饿难忍，便哇哇大哭起来。这时，一只母鹿跑来给他喂奶，一只神鹰飞过来为他遮阴，直到安登找食物回来，它们才离去。这样的经历不止一次，对此，安登也感到奇怪。由于吃了仙鹿的奶水，得到神鹰的照看，石年长得额宽膀圆、腰粗体壮。也因为这样，石年就有了三个母亲，安登是他的生母，仙鹿是他的奶娘，神鹰是他的养母。如此一来，后来民间在供奉炎帝神农氏神像时，常把鹰和鹿的石像分别安放在炎帝神农氏神像两边。

随州被今人公认为炎帝神农氏的故里。古代文献记载，炎帝传八代或十三代、十五代。说随州是炎帝神农氏的故里，这与前面叙述的炎帝神农氏出生于陕西宝鸡市并不矛盾，因为炎帝神农氏不止一个，也不止一代。

其二，"神农架"的来历。

上古时期，五谷和杂草长在一起，药物和百花开在一起，人们还无法区分五谷和杂草，也无法区分药物和普通的花草树木。有一天，炎帝神农氏率领大家从厉山出发，向大西北走去，走了整整四十九天，最后来到了一座大山脚下。在这座大山中，炎帝神农氏尝草采药，教人区分药物和杂草树木；教人架木为梯，以便让大家攀到高处，采摘树上或者山岩上的果实、药物；还教人架木为屋作为临时住所，以便遮风避雨、躲避野兽。后来，人们把这里叫作"神农架"。

随州炎帝故里风景名胜区

现在，人们在神农洞等古迹的基础上，新添了神农尝百草塑像、炎帝神农纪念馆等建筑，在炎帝神农氏故里湖北随州随县营建了炎帝故里风景名胜区。在这里，我们可以观赏到神农牌坊、炎帝神农纪念馆、神农碑、神农尝百草塑像、神农泉、神农洞、功德殿、烈山湖等二十余处人文和自然景观。

炎帝神农氏和湖南会同

关于炎帝神农氏和湖南省怀化市会同县的关系，这是 21 世纪初才开始考察研究并得出结论的问题。

事情始于 2003 年。这一年，连山中学的杨明军、毛成舟两位老师通过田野调查和研究，发现会同县连山盆地的地形地貌与八卦图所呈现的情景十分吻合。阳国胜在杨明军、毛成舟两人发现的基础上作了进一步的研究。经过研究之后，阳国胜提出了"炎帝故里在会同"的新说及支持这一新说的八大证据。他于 2005 年将自己的研究成果发表在《边城晚报》上。阳国胜的研究工作获得了中共会同县委、县政府的大力支持，研究工作也因此上了新的台阶，有关"炎帝故里在会同"的研究成果纷纷在媒体上发表。对此，不少历史学家、考古专家、易学专家及民俗专家表现出了浓郁的兴趣和极大的热情，并因此而形成了关注和评议"炎帝故里在会同"说的社会热潮。2009 年，"全国首届会同炎帝故里文化研讨会新闻发布会""全国首届会同炎帝故里文化研讨会"分别在北京人民大会堂和会同县召开。次年，人民日报社深入会同，开展了"会同炎帝故里调研活动"。调研人员充分肯定了"炎帝故里在会同"这一新的说法及其八大证据。

阳国胜提出的"炎帝故里在会同"说的八大证据，一是《世本》《帝王世纪》等古代文献中的地名证据，二是炎帝神农氏在会同连山创制《连山易》的证据，三是《列子·汤问第五》等其他史料记载的炎帝神农氏与南方关系方面的证据，四是连山盆地的地质、地貌方面的证据，五是神农本草等物候方面的证据，六是"会同炎帝"在考古方面的证据，七是留存于会同当地的古迹与民俗方面的证据，八是环洞庭湖地区在我国文明起源中的地位方面的证据。

这八大证据中，极为核心的证据是炎帝神农氏在会同连山创制《连山易》，还有连山盆地的地质、地貌方面的证据：《连山易》所附的连山八卦图与会同连山乡的连山八庙所在的地名及其山水地貌特征相吻合；水书《连山易》书名中"连山易"三个字的写法与连山盆地的地貌特征彼此吻合。

第九章 炎帝神农氏在南方地区
留下的足迹（二）

在上一章里，我们叙述了炎帝神农氏与湖北省随州市随县厉山镇、湖南省怀化市会同县的相关内容，现在，我们再来叙述一下炎帝神农氏与湖南省株洲市茶陵县、炎陵县的相关内容。

炎帝神农氏和湖南株洲茶陵

在讲这个话题之前，先要重复叙述两个内容：

第一，茶陵县与炎陵县的关系。炎陵县旧称"酃县"，是嘉定四年从历史上的茶陵县析分三个乡、一个镇设置而成的。对此，明清两代的《茶陵州志》及《（同治）酃县志》均作了明确记载：

《(嘉靖)茶陵州志》卷之一《郡谱》记载，嘉定四年，"析康乐、霞阳、常平三乡置酃县，遂罢军为县"。

《(同治)酃县志》卷之十一《事纪》记载："嘉定中，郴州黑风洞寇罗世传及其党李元砺作乱，率众数万，连破诸县，衡郡郴桂一带多盗数。李新复起为乱，荆湖安抚使曹彦约督诸军讨平之。四年，以诸洞辽远，难于控制，请析茶陵之康乐、霞阳、常平三乡为酃，隶于衡。"

用现代汉语来说，《(同治)酃县志》的上述记载是这样的：

嘉定元年（1208年）到嘉定四年，罗世传、李元砺领导黑风洞一带（今桂东县、炎陵县及资兴市交界处）的瑶族人民发起了声势浩大的起义，衡州府属下的郴州、桂阳等地民众纷纷响应瑶民起义，最后被荆湖安抚使曹彦约平定了。曹彦约平定这场起义之后，认为当时的茶陵军所辖地域过大，不利于当政者有效控制。为此，他上书朝廷，请求把茶陵军析分为两个县。南宋朝廷批准了曹彦约的这个意见，在嘉定四年，把原属茶陵军的康乐乡、常平乡、霞阳乡及霞阳镇析分出来，设置为酃县。新设立的酃县在行政上隶属于衡州府。鹿原陂炎帝陵在康乐乡。

1994年，经有关部门批准，酃县更名为"炎陵县"。

第二，茶陵县一化坛神农殿一度是宋代举行祭祀炎帝神农氏的场所。开宝九年，北宋朝廷应大臣之请，下旨将鹿原陂炎帝陵旁的炎帝庙北移到当时的茶陵县县城之南五里的西昌山（现在的茶陵县县城创信小区）。到淳熙十三年，南宋朝廷恢复在鹿原陂炎帝庙祭祀炎帝神农氏，同时修缮炎帝陵旁的炎帝庙。绍定四年至五年（1231—1232年），茶陵知县刘子迈奉命修建新县城（也就是现在人们所说的茶陵南宋古城）之后，西昌山的这座炎帝庙改称为神农殿。在茶陵民间，这座炎帝庙俗称"一化坛神农殿"。从开宝九年到淳熙十三年，朝廷一直在一化坛神农殿举行祭祀炎帝神农氏的大典。

露岭是炎帝神农氏的始封之地

叙述完这段史事之后，现在话入正题，从罗泌远赴茶陵考察炎帝神农氏史迹说起。罗泌在他的《路史》卷三十九《余论二》中叙述，淳熙十四年（丁未年，也就是 1187 年），他曾经来到当时的茶陵军考察有关炎帝神农氏的史迹。在《路史》中，罗泌对考察结果作了具体记载：

"参卢之封茶陵露水乡，有露水山，予访炎陵，稽其始封，字亦作露。盖商周间，衍于河东北尔。"（见《路史》卷二十四《国名纪·炎帝后姜姓国》"露"条目）

炎帝参卢（也就是榆罔，或者榆罔氏）的封地在荆湖南路茶陵县露水乡。露水乡有一座山叫露水山，以这座山为中心的地带是炎帝参卢最初的封地。这是"我"（即罗泌）远赴茶陵考察炎帝神农氏史迹过程中考证的结果。在《元和姓纂》等古籍记载中，炎帝参卢最初的封地名写作"路。""路"和"露"都含有"大"这个词义，在表示"大"这个义项时，两字相通，"路"字又可以写作"露"。炎帝榆罔氏的这一支在商周时期又北迁到潞城一带繁衍生息。

"自庆甲徕，具兆茶陵（今陵山尚存二百余坟，盖妃后亲宗子属在焉）。"

"（黄帝轩辕氏）乃封参卢于路（亦作露。路，今茶陵军露水乡，有露水山，高与衡山等，初封盖在此。《元和姓纂》云黄帝封榆罔支子于路）。"（均见《路史》卷十三《后纪四·禅通纪》"炎帝纪下"条目。括号中的文字为罗苹的注解）

除重复叙述黄帝轩辕氏把炎帝榆罔氏分封在茶陵县露水乡以露水山为中心的地带之外，罗泌还说，自炎帝庆甲以来，炎帝神农氏的家族成员都安葬在茶陵境内。罗泌的儿子罗苹在注解时则强调：炎帝神农氏留存在茶陵境内的家族墓地中有两百多座坟墓，安葬的都是炎帝神农氏家族成员；到宋代，茶陵露水乡境内的露水山还受到了露水乡当地人的崇拜，他们把露水山视为与南岳衡山一样重要的山。

《（光绪）湖南通志》卷九十《封建志一》也记载了露水山："黄帝封故炎帝榆罔于露，则茶乡之露水山也。是为湖南众建诸侯之始。"这一记载与罗泌的记载是一致的。

罗泌、罗苹父子所说的茶陵露水乡是现在的株洲市茶陵县原潞水镇。2015 年，茶陵县调整行政区划，潞水镇被撤销，其中潞水方言片并入腰潞镇，清水方言片并入思聪街道。原潞水镇潞水方言片是传统意义上的潞水。为了便于叙述，我们在后面的叙述中直接称之为"潞水"。

罗泌父子所说的"露水山"，在现在的茶陵县腰潞镇潞水，是茶陵县与攸县的界岭之一，在潞水方言中叫"露岭坳""露岭坳上"，在明清两代的《茶陵州志》及民间族谱中记载为"露岭"。

颜秋桦在《炎陵故地传奇》中引述《（光绪）湖南通志》的记载，认为炎帝神农氏被黄帝轩辕氏封在潞水露岭一带之后，炎帝神农氏和他的部众定居在露岭山麓一个叫"神堂湾"的地方。[1] 在潞水方言中，"湾"指的是人集中居住的场所，相当于"村庄"。从留存于潞水境内的炎帝神农氏活动遗迹来看，这里所说的"神堂湾"，相当于现在潞水人所说的双泉村公彦龙及潞水村神塘、神背、大陇、冷水井一带。

留存在露岭的炎帝神农氏活动遗迹

在露岭山麓，人们至今还能看到与炎帝神农氏当年在潞水境内活动有关的遗迹。这里主要介绍两处：

---

① 见颜秋桦的《炎陵故地传奇》（湖南文艺出版社 1996 年 9 月第 1 版）第 143 页。

其一，神塘。

神塘在今腰潞镇潞水村神塘组境内。此处原本有一大一小、一上一下两口水塘，即上塘、下塘，当地人统称之为神塘。现在保存下来的只有上塘，下塘则壅塞在上塘附近的稻田中。民间传说，当年炎帝神农氏在这里洗药材，瘟疫流行时期，炎帝神农氏还特地熬制药汤倒进塘中，以便让人喝水而能治病。民间还传说，春耕育种时期，炎帝神农氏先在下塘浸稻种，结果稻种发芽率低，育成的秧苗长成之后，结的稻谷不多；改在上塘浸种以后，稻种发芽率高，秧苗长成之后，结的稻谷多。因此，后来神塘人一直在上塘浸稻种。

其二，天子山上的天子坟。

露岭附近有一座山叫天堂山，民间俗称天子山。天子山上有一个古坑，这就是天子坟，潞水民间俗称天子坑。潞水民间至今还流传有与天子坟有关的民间传说。《（乾隆）酃县志》卷之十二《胜迹》对天子坟作了记载："茶陵睦乡有潞水兆，相传帝先卜葬于此，弗吉，乃归栖鹿原。今潞水尚有古坑，土人犹呼为天子冢云。"关于这段记载，也就是天子坟的来历，我们将在后面叙述留存于潞水的相关民间传说时再作介绍。

在潞水村，至今还有不少老人能找到传说中的天子坑（坑，在潞水方言中读音如"丞"而读去声）。一部分老人介绍，天子坑在天堂山小台寺遗址附近的一块石壁之下，这里柴草丛生，但是，石坑的形状十分清晰完整。另一部分老人介绍，天子坑在冷水井附近的万窿里（或者龙形里），还有一部分老人说，天子坑在茶园里附近的蚂蚁坑，或者就是在周武形。总之，是在天堂山中。

除此之外，露岭山麓及其附近的米筛潭、狮子岩、三木台、冷水井万窿里（或者龙形里）潞溪支流中的一块大石头，也是炎帝神农氏留存下来的活动遗迹。其中，冷水井万窿里（或者龙形里）潞溪支流中的大石头是炎帝神农氏误食"王药"中毒死亡的地方。再扩大范围,在露岭周边地带还留存有其他与炎帝神农氏有关的活动遗迹。其中,广为人知的有原潞水镇清水片龙溪村药塘境内的药塘,这是炎帝神农氏洗药材的地方;原虎踞镇茶陵涧兔子冲的太子坟,这是埋葬炎帝神农氏的一个儿子的地方,还有接舆桥,这是炎帝榆罔氏采药路过的地方;原腰陂镇布庄村坛子坑组的坛子坑,这是埋葬炎帝神农氏的另一个儿子的地方。

现在简单介绍一下与这些活动遗迹有关的民间传说。

炎帝神农氏定居神堂湾之后,在传授农耕技术的同时,也教会了他的部众使用自己发明的粮食加工工具米筛。炎帝神农氏逝世之后,大家不忘炎帝神农氏的功绩,便在石壁上雕刻了一个大大的米筛。这面石壁下面有一口水潭,人们就把这口水潭叫作"米筛潭"。这就是潞水村李家里坝上潞溪溪谷中的米筛潭。

腰潞镇双泉村、潞水村交界的地方有一座小山,山上溶洞密布。这座山很像一头蹲在地上的狮子,人们就叫它狮子岩,相传这是炎帝神农氏的狮毛狗晚年休养的地方。传说,很久很久以前,人间没有水稻,只有天上才有水稻种子,而天上的神仙不肯把水稻种子送给凡人。炎帝神农氏很想从天上弄来水稻种子,以便让大家种水稻,吃饭有保障。他想了一个办法:带着自己的狮毛狗到天上去玩,故意让狮毛狗在稻谷堆里打滚。狮毛狗这么一滚就把稻谷粘在身上,从头到脚粘得满满的。然后,炎帝神农氏带着狮毛狗返回人间。但是,这个秘密被神仙识破了,他们追赶炎帝神农氏的狮毛狗,想把狮毛狗身上的稻谷取下来。炎帝神农氏又想出了一个办法:让狮毛狗从天河里游过去。这样一来,狮毛狗身上的稻谷就被天河里的水冲得干干净净。但是,这只狮毛狗很聪明,早就翘起了尾巴,尾巴上的稻谷就保留下来,最后被带到了人间,人世间也就开始种水稻了。据说,水稻种子就是这样来的。也就是因为这一点，水稻只能在稻穗上结谷，水稻成熟之后，稻穗总是要弯起来。

　　狮毛狗老了之后，蹲在狮子岩这个地方休养，最后死在这里，尸身化为一座山，这就是狮子岩。

　　三木台，或者杉木台，是潞水村大龙李氏家族的坟地。它处于天堂山的群山环抱之中，位置偏僻，交通闭塞。在李氏族人的传说中，这一小小的山冲埋葬了炎帝的一个儿子，至今尚存的一个土包就是他的坟茔。据说，这座坟茔是由蚂蚁衔土堆积而成的。因此，李氏家族的人视其为风水宝地，非德高望重或者有相当身份地位的族人不能埋葬于此。

　　与腰潞镇潞水一山之隔的思聪街道龙溪村有一个地方叫药塘。这里有一口水塘，相传炎帝神农氏经常在附近的山头岭垴采草药，然后在这口水塘里洗草药，后来人们就把这口水塘叫作"药塘"，意思就是炎帝洗草药的水塘。再后来，人们就把药塘所在的地方也叫作"药塘"。但是，到了明清时期，人们认为这样的地名不吉利，应该改一改。这样，清代初年，当地有一个读书人用"郁"代替"药"字，把药塘改名为"郁塘"。但是，在清水和潞水方言中，"郁"和"药"的读音相同，即使"药塘"改成了"郁塘"，说起来却仍然是"药塘"。

　　太子坟在露岭西南一侧的虎踞镇茶陵涧境内。茶陵涧有一个地方叫兔子冲，这里有一个土堆，民间把它叫作"太子坟"，或者"蚂蚁坟""天子坟"。相传，炎帝的儿子炎居在露岭打猎，用箭矢射中了一只野兔，这只野兔却并没有死去，相反，它还带着箭飞快地往前跑。这只野兔跑一阵，跑不动了，就停下来飞快地叼一口野草。野草一落肚，这只野兔又恢复了元气，一个劲往前跑。炎居想，野兔吃的草一定是一味能起死回生的好药，于是，他耐着性子跟着野兔跑，希望能通过野兔找到这种药。这样一路追着，不知不觉来到了虎踞镇茶陵涧兔子冲。这时，奇怪的事情发生了：这只兔子跑进洞口之后再也不见出来。炎居想：我就在洞口等着，你总要出来吧！我就不信等不到你出来。等啊，等啊，不知等了多久，野兔总不见出来。炎居又冷又饿，最后竟然就死在了兔子洞口的草丛里。当时，谁也不知道炎居到哪里去了，也就没有人来安葬炎居。炎居的尸体暴露在野外，最后，一群蚂蚁衔来泥土，在他的尸体周围堆积成了一座土坟。人们知道炎居死在这里，最后又被安葬在这里之后，就把这里叫作"太子坟"，又叫"蚂蚁坟""天子坟"，把这个山冲叫作"兔子冲"。

茶陵涧还有一座天然石桥。传说，炎帝榆罔氏曾从桥上经过。因此，人们把这座石桥叫作"接舆桥"。

坛子坑位于药塘东边的腰陂镇（2015 年被撤销，部分划归洣江街道管辖，部分被合并至新设立的腰潞镇）布庄村坛子坑组，原来叫太子坑，用潞水、腰陂两地的方言来读就成了"坛子坑"。相传，这里安葬了炎帝神农氏的一个儿子。民间称炎帝神农氏为"神农皇帝""神农天子"，因此，民间就把炎帝神农氏的儿子叫作"太子"，这安葬"太子"的地方自然就叫作"太子坑"了。

坛子坑是一个山区小村庄，位置偏僻，山岭重重，交通很不方便，来去一趟实在不容易，因此，这里的人与外界交往得很少，从外地嫁到这里的女儿很少回娘家。因为这一点，潞水民间至今还有"坛子坑姑娘"这个典故，用来揶揄某个人整天待在家里不出来或者是缺乏见识。

移葬炎帝神农氏的茶陵民间传说

潞水及茶陵民间至今还留存有与炎帝神农氏有关的民间传说。现在我们来讲述其中的四个：

其一，炎帝神农氏拟葬天堂山。

本书上编第三章"炎帝神农氏的功绩"已讲过炎帝神农氏在露岭山中吃藤叶中毒死亡的故事，此处不再详述。

现在的潞水村冷水井万窿里（或者龙形里）潞溪支流中有一块十分平整的大石头。据说，炎帝神农氏就是在这块大石头上死去的。

炎帝神农氏生前曾经说过，自己死后要安葬在露岭。人们遵照他的遗言在露岭山系中的天堂山挖了一个墓穴。露岭属于喀斯特地貌地带，地下溶洞特别多，炎帝神农氏的墓穴恰好就挖在一个溶洞上，并且与溶洞打通了。大家认为，这样一来，墓穴就破了气，藏不住龙脉，把炎帝神农氏安葬在这样的墓穴里肯定不吉利，大家应该为炎帝神农氏另外寻找墓穴。

天堂山上有炎帝神农氏废弃的墓坑，因为这一点，潞水人把天堂山叫作"天子山"，意思是埋葬神农天子的山。而原来打算安葬炎帝神农氏的墓穴，就叫作"天子坟"。

人们把炎帝神农氏的尸骸从山上抬下来。赶到露岭山下潞水河畔之后，大家面临一个新问题：把炎帝神农氏安葬到哪里才合适呢？大家七嘴八舌，发表着自己的意见，最后意见一致了，还是让炎帝神农氏自己来选择吧。

大家祷告一番之后，把炎帝神农氏的尸体放在竹排上，让潞水河河水载着竹排顺流而下。最后，竹排进入洣水，逆流而上，停靠在鹿原陂岸边不动。

送葬的人一看，竹排停在这里不动，那么这里就是炎帝神农氏自己选中的葬身之地了。于是，大家就把炎帝神农氏安葬在鹿原陂，这就是现在的炎陵县炎帝陵所在地。

在茶陵县和炎陵县，民间还有一系列反映移葬炎帝神农氏的传说，可以作为上述故事的"尾声"。也因为这一点，茶陵境内留下了砍脑山、铁甲山等地名及相应的传说。

其二，砍脑山的来历。

在安葬炎帝神农氏过程中，茶陵的山神给茶陵境内的山发了一道法旨：凡是炎帝神农氏灵柩经过的地方，所有的山都要为炎帝神农氏戴孝致哀。法旨下达之后，炎帝神农氏灵柩经过的地方，大大小小的山一夜之间在其统辖范围内盛开了一种花，这种花花色纯白，花朵低垂，像一颗颗默哀的头。这就是现在茶陵人所说的报泪花。可是，现在舲舫乡大岳村境内的一座小山例外，它拒不执行山神的法旨。山神一看，勃然大怒，扬起赶山鞭就打。只听见"哗啦"一声，这座小山山头被削下来了。山神怒犹未尽，它把这座小山的山头提起来，丢在原浣溪镇集市旁边的十字路口示众。就这样，这座集市旁边凭空多了一座崩塌了的小山。人们获悉这座山头的来历之后，就叫它"砍脑山"，砍脑山附近的集市就叫"砍脑圩"。后来，茶陵人把砍脑山雅化为"浣脑山"，把砍脑圩雅化为"浣脑圩"，就是现在的浣溪圩。

其三，篥田、茨田的来历。

移葬炎帝神农氏这一年的抢收抢种庄稼时期，人们发现，有些稻田产量比往年要高出不少。这是怎么回事呢？人们反反复复回忆着，最后怀疑到炎帝神农氏护丧队伍踩踏稻田这件事情上来了。大家想，总不会是"踩踏"的缘故吧？嘿，不管怎么样，先试一试再说吧。于是，人们便模仿护丧队伍"踩踏"的样子，一手扶着棍子，双脚交替，在晚稻禾苗中间来来回回地划动着。这么试了一番之后，到晚稻收割的时候一看，果然，所有经过"踩踏"的稻田都增产了。就这样，作为一种农耕技术，这种"踩踏"的方式就被日渐推广起来，潞水人把它叫作"篥田"。再后来，人们觉得用脚划不如用手抓快，于是，慢慢地把篥田改变成了用双手抓田，这就是潞水人所说的"茨田"。

其四，坛官"随遇而安"。

在潞水人信奉的神灵中，有一种神灵名叫"坛官"，潞水民间把这类神灵叫作"石公老爷"。坛官是怎么来的呢？这有个传说：

　　据说，安葬好了炎帝神农氏之后，天老爷决定封赏所有为炎帝神农氏办丧事的人，让他们去各个地方当神仙。不知怎么回事，单单没有封赏坛官。坛官是干什么的呢？就是负责给法坛点香添灯油之类的打杂人员。坛官们不得其解，便一起去问天老爷。天老爷拍拍脑袋一想：哎哟，真是忙糊涂了，怎么就没有封赏坛官呢？给他们补一个封赏吧？不行！一下子封了这么多人当神仙，天上、地下，所有该安置神仙的地方现在都已经安置好了，到哪里给这一班坛官找位子呢？算了，还是让他们自己找个地方安身吧。天老爷便笑了笑，说："哦，你们呐，哈哈哈，好说，随遇而安吧。"

　　也活该坛官们倒霉，他们闹哄哄的，根本就没有听清楚天老爷所说的话。有人把天老爷的话听成了"到安仁去安身"，哦，到安仁去呀，好呢，于是就去了安仁。有人把天老爷的话听成了"到有树的地方去安身"，哦，到有树的地方去呀，好呢，于是就去了有树的地方。所以，现在，在安仁、茶陵的山间地头，大凡有树的地方，人们都能看到大大小小的坛官庙。

与炎帝神农氏部落崇火相关的茶陵民俗及庙宇

　　茶陵民间至今还留存有与炎帝神农氏有关的民俗。对此，在上编第六章介绍民间祭祀炎帝神农氏时，我们以举例的方式，讲述了炎陵县、茶陵县民间祭祀炎帝神农氏的主要方式，这些祭祀方式曾经以民俗的形式保存在炎陵、茶陵两县民间，即春节朝拜炎帝神农氏、民间尝新第一口饭喂给狗吃、做预禳祭拜炎帝神农氏、药农礼敬祖师爷炎帝神农氏、抬狗求雨与敲瓦片求雨。至今还保留在茶陵民间的民俗活动则有民间做喜事以红色为吉利、在葬礼中以羊为供品祭祀死去的亲人、祭祀灶神、开秧门、敬红婆老爷、打湿脚、元宵节用鸡婆饺祭祖迎神等。在巫傩色彩比较明显的地方，则有用稻米或者火做法器压邪、用朱砂压邪等做法。

在这些民俗中，下面要介绍的几种民俗均与火有直接关系：

其一，送火把。

一是送火把定耕。立春这一天，天还没有亮的时候，茶陵人家家户户点燃一支火把，然后，由当家男人送到自己家里耕种的稻田边，把火把插在田埂上，以此宣示这是有主家的稻田。从前，如果有两户或者多户人家同时要租种别人家某一处稻田，要租种这处稻田的佃户便用送火把的方式来决定最后由谁来租种这处稻田：看立春这一天，谁最先把火把插在田埂上。这种习俗一直保留到了民国年间。

二是大年三十送火把。用稻草杂柴扎一个火把，傍晚时分，由当家男人把火把送到祖先坟头，点燃后再回家去。此举的目的是向人宣示这是有主之坟，墓主子孙发达，后继有人。这种习俗保留到了 20 世纪七八十年代。

其二，舞火龙。

一是元宵节舞火龙驱邪。入夜之后，在锣鼓声中，舞龙队伍用稻草扎成的龙到各家各户去舞龙灯，以此为主人家驱赶邪气。每到一户人家，主人都会点燃一炷香，再把这炷香插在龙身上。香火越插越多，最后，稻草扎成的龙遍身香火，成了名副其实的火龙。在原八团乡（2015 年与火田镇合并，成立新的火田镇）、七地乡（2007 年被并入腰陂镇，腰陂镇 2015 年被撤销，行政区划调整见前文）等山区的村庄中，这种习俗至今还保留着。

二是舞龙灯灭害虫。每逢村庄里庄稼（主要是水稻）遭遇虫灾的时候，大家便以村庄为单位，组织舞龙队，用稻草扎制龙灯。在锣鼓声中，舞龙队舞着遍身插满香火的龙灯，在各家各户的稻田边穿行一遍，然后，把龙灯送到江河边焚烧。这种习俗一直保留到了 20 世纪 50 年代。

其三，中秋之夜玩与火有关的游戏。

一是舞游仙，或者舞流星。入夜之后，幼童人手两个火把，用绳子把火把拴在一起，使其像流星锤一样。大家点燃火把后，双手抓住绳子，将火把舞动起来。就这样，幼童成群结队，在村庄中呼喊嬉戏。

二是烧塔。先用碎砖瓦垒成一两座"宝塔"，再在"宝塔"中放置秕谷等易燃的材料。入夜之后，村中幼童点燃秕谷，将"宝塔"烧得通红。或者，在"宝塔"上放置油锅，待油锅烧热之后，再往油中加冷水。一时间，热油四溅，燃起一点一点的火花。

三是玩桂花灯。在西瓜皮上刻上文字或者花纹图案，再用这样的西瓜皮加油灯做成灯笼。或者在几个串在一起的柚子、油桐上插上香火，再加上一个长短合适的木质手柄，做成一盏特殊的灯笼。这两种灯笼统称桂花灯。幼童成群结队，提着桂花灯在大街小巷穿行呼喊，或者去拜访已结婚而尚未生育的人家。民间认为，中秋节之夜有玩桂花灯的小孩上门，这是祝愿他人早生贵子的一种方式。舞游仙、烧塔、玩桂花灯一度流行于云阳街道、下东街道、洣江街道、思聪街道及秩堂镇等地。

四是打铁花。用木板把已经熔化的铁水抛洒到空中，茶陵民间俗称这种游戏为"打铁花"。民间认为，打铁花可以起到驱邪的作用。

其四，元宵节游灯打铁花祈丰收。

关于打铁花，前面已经介绍过，这里不再重复。元宵节打铁花，在潞水也十分流行。在20世纪80年代之前，潞水有住上新房子的人家，第一年必定会请人来打铁花。

元宵之夜，人手一盏灯火亮堂的灯笼，在村中头面人物组织下聚集成一支庞大的灯笼队伍，沿着一定的路线在村庄中绕行一遍，在村中土地庙前举行一个简单的祭拜仪式之后，大家自行解散。这样的活动，茶陵民间称为"游灯"。据老辈人回忆，1950年元宵之后，茶陵民间再也没有举行过游灯活动。

元宵之夜，夜深人静的时候，当家主妇在家中大灶上的铁锅里点一盏灯。当家主妇根据灯火旺盛与否、灯火持续的时间长短、油灯结成的灯花形状来预卜当年的收成情况。

在茶陵，先后有过五座以纪念炎帝神农氏为主题的庙宇，即炎帝庙或者神农殿。在上编第六章，我们介绍过一化坛神农殿，这是开宝九年至淳熙十三年朝廷诣陵致祭祭祀炎帝神农氏的法定场所。除此之外，茶陵境内还有几座炎帝庙或者神农殿：

其一，泰和仙炎帝庙。

原八团乡卧龙村泰和仙有一座炎帝庙。对此，《（同治）茶陵州志》卷之十一《祀典》是这样记载的："（八团泰和仙炎帝庙）旧志不详其处。《（湖南）通志》：在州北太和山，前后两殿，前祀神农、后祀赤松子，以汉张良祔。今久废。"太和山，又叫泰和仙，是茶陵和攸县两县的分界岭，主峰在茶陵县原八团乡卧龙村和攸县鸾山镇上坪村境内。清代学者王先谦在他的《湖南全省掌故备考》卷十四《祠庙》中对这座炎帝庙也作了记载："炎帝庙，茶陵州北太和山，前殿祀神农，后殿祀赤松子，以汉张良祔，不知创自何代，以赤松子家于云阳山之下也。"

以赤松子、张良配享炎帝神农氏的格局是从宋朝开始的。由此，我们可以大致推定泰和仙上的炎帝庙很有可能是宋代修建的。

其二，平水神农殿。

原平水镇（2015 年与原虎踞镇成建制合并，设立新虎踞镇）水源村三益坪有一座神农殿。相传，炎帝神农氏曾经夜宿三益坪，三益坪的人便在明代万历年间建造了这座神农殿。据当地人回忆，这座神农殿五厢四进，建筑面积约为 250 平方米。1927 年，三益坪农会曾设在这里，次年，神农殿被烧毁。

其三，星高神农殿。

星高神农殿位于高陇镇星高村境内，建于明代，为茶陵、攸县、莲花、永新信众朝拜炎帝神农氏的地方，香火一度十分兴旺。清代末年，该神农殿因年久失修而倒塌。民国二十九年（1940年），雷科华、肖宗良主持集资修复该神农殿。民国三十三年（1944年），该神农殿被日军焚毁，至今尚未恢复。

其四，潞水神背神农殿。

这座神农殿位于露岭山麓的潞水村神背组，始建于光绪八年（1882年），是茶陵县境内唯一保存至今的民间祭祀炎帝神农氏的古代建筑物。

潞水神背神农殿是一座硬山顶独幢两进砖木结构仿民居建筑，不设隔火墙，不带挑檐。这座神农殿有两个比较特殊之处：一是它面对天堂山。天堂山即潞水民间所说的"天子山"，传说是炎帝神农氏自选的墓地所在地，山上有废弃的炎帝神农氏墓坑。这样选址，面对山上废弃的炎帝神农氏墓穴而祭祀的含义十分明显。二是它的耳房设置位置特殊。与一般的民居及祠堂或者庙宇不同，它将耳房设置在正前方，在庭院两侧对称分布。耳房比屋檐略低，正面硬山顶山墙呈弧形，两端各带向上翘起的圆角，看上去像两扇展开的大翅膀，颇有点喧宾夺主、博人眼球的味道。神农殿的内部极为简陋：殿堂内没有厅柱，也没有梁枋天井，左右各开一门与里屋相通，与一般民房内部的堂屋无异，只有一座由木材悬空构架而成的"殿"提示大家，这是安放炎帝神农氏塑像的地方，这里是神农殿。

据当地老人回忆，这里的炎帝神农氏塑像为樟木材质，约 1.5 米高，形象与我们现在在炎陵县炎帝陵大殿看到的一模一样。老人介绍，这座神农殿虽然以炎帝为主神，但实际上人们把它当作一座小型佛教寺院来对待，所以，除炎帝神农氏塑像之外，还有不少佛教神像。这里主掌日常法事的是几个和尚，最后一任主事和尚叫"由意和尚"。新中国成立以后，神农殿收归公有，作民房使用，这里的和尚自行还俗。"文革"期间，炎帝神农氏塑像和其他佛像悉数被焚毁，至今还没有恢复。

茶陵茶及中华茶祖印象主题公园

茶陵是目前全国唯一以茶命名的县。陆羽在他的《茶经·七之事》中援引了《茶陵图经》中的一段话，"茶陵者，所谓陵谷生茶茗焉"，茶陵就是山陵、山谷之间生长有野生茶的地方。陆羽援引的《茶陵图经》指的是编纂于唐德宗建中年间（780—783年）的《茶陵图经》，是已知茶陵编纂的第一部方志。也就是说，"茶陵者，所谓陵谷生茶茗焉"是唐代建中年间人对茶陵县得名原因的解释。嘉靖四年（1525年），茶陵人张治主持编纂了一部《茶陵州志》。《（嘉靖）茶陵州志》也对茶陵得名原因作了解释。张治在《（嘉靖）茶陵州志》卷之一《郡谱》中是这样解释的："以地居茶山之阴，故曰'茶'。《尔雅》曰：'大阜曰陵。'"茶山位于茶陵县东面，是茶陵、永新两县之间的界岭。《（同治）茶陵州志》卷之五《山川·山》"景阳山"条目解释，茶山"以陵谷间多生茶茗，故名"，茶山是因为山上、山谷间生长有很多野生茶而得名。张治解释，茶陵的主体部分在茶山西面，这是"茶陵"之名中"茶"的含义；《尔雅》解释，高山大岭叫作"陵"，茶陵境内多高山大岭，这是"茶陵"之名中"陵"的含义。关于"茶陵"之名中"陵"的含义，罗泌的解释与此不同，他在《路史》卷十二《后纪三·禅通纪》"炎帝"条目下解释为"崩葬长沙茶乡之尾，是曰茶陵"，炎帝神农氏安葬在茶陵边远地带，"茶陵"之名中的"陵"指的是炎帝陵，也就是陵墓。

上述三种解释有一点是相同的，就是强调茶陵出产茶，这是茶陵有别于其他地方的一个显著特征，是茶陵县得名的一个主要原因。

在历史上，茶陵一度是出产名茶的地方。陆羽在《茶经·八之出》中记载："……以峡州上（峡州生远安、宜都、夷陵三县山谷），襄州、荆州次（襄州生南鄣县山谷，荆州生江陵县山谷），衡州下（生衡山、茶陵二县山谷），金州、梁州又下（金州生西城、安康二县山谷，梁州生褒城、金牛二县山谷）……"

唐代，茶陵隶属于衡州。陆羽的上述记载是说山南地区的茶以峡州产的为最好，襄州、荆州产的次之，衡州产的差些，金州、梁州的又差一些；衡州境内有名的产茶地是衡山县、茶陵县，这两个县出产的茶也是当时闻名遐迩的茶，但是，它相对于前面几个地方所产的茶要差一些。

在这里，陆羽把茶陵县与衡山县所产的茶评为第三等名茶。尽管如此，但从《茶经》的叙述中不难看出，在当时，陆羽给予"衡州下"这样的评判并没有否定茶陵茶作为名茶的地位。

与陆羽不同，唐代人裴汶在茶学专著《茶述》中，把衡山茶列为全国第二等名茶。由此看来，与衡山茶同属衡州茶且齐名的茶陵茶实际等级可能要比陆羽评定的高一些。

明代，茶陵依然出产名茶。药物学家李时珍在《本草纲目》卷三十二《果之四·茗》中叙述："楚之茶，则有荆州之仙人掌，湖南之白露，长沙之铁色，蕲州蕲门之团面，寿州霍山之黄芽，庐州之六安英山，武昌之樊山，岳州之巴陵，辰州之溆浦，湖南之宝庆、茶陵。"

楚国故地出产的名茶，主要有荆州的仙人掌茶，湖广省湖南道的白露茶、宝庆茶、茶陵茶及长沙的铁色茶，蕲州蕲门的团面茶，寿州霍山的黄芽茶，庐州的六安英山茶，武昌的樊山茶，岳州的巴陵茶，辰州的溆浦茶。

与此相应的是，此时的茶陵州有人依托发达的水路做起了长途贩卖茶叶的生意。这在李东阳的《茶陵竹枝歌》中有所体现。《茶陵竹枝歌》共十首，其中第六首、第九首是这样写的：

依饷蒸藜郎插田，劝郎休上贩茶船。郎在田中暮相见，郎乘船去是何年。

渚兰汀芷不胜春，极浦遥山岂解颦。谁在长安褪花柳，山中闲煞采芳人。

《茶陵竹枝歌》中的这两个女子，一个因担心而劝阻丈夫不要去贩茶，一个因丈夫贩茶致富滞留外地不归而泣诉，她们的经历说明李时珍的记载真实不虚：在明代，茶陵茶依然是鼎鼎有名的。否则，就不会有上面两个女子的故事，也不会有李时珍的这番记载。

民国时期，茶陵人种茶的热情衰减，茶陵茶叶生产开始衰落。民国二十三年（1934年），湖南省主办的《省建月刊》发表文章，对茶陵县当时的茶叶生产情况作了具体描述：

"茶陵所产茶叶极少，居民饮茶多由外县运来，附城之云阳山有野生茶少许，如紫云峰、真武殿、观音庵等处有之，未加人工管理，树矮叶小而薄。各乡亦有种植，但为数甚微，合计面积60亩上下。"

新中国成立以后，茶陵的种茶规模及茶叶产量，还有茶叶的品质均有明显的提升。据湖南省茶陵县地方志编纂委员会于1993年编纂的《茶陵县志》第五篇《农业》之第一章《农作物》第二节介绍，从1964年起，湖南省属洣江茶场、县属虎踞茶场（1980年下放归虎踞公社）、长岭茶场和部分公社、大队茶场相继兴办，逐步形成了以红碎茶为主、绿茶为辅的产品结构。1974年，茶陵县被有关部门确定为湖南省红碎茶生产基地县。到1978年，茶陵县全县茶园面积为13237亩，茶叶总产量达677吨，茶陵县被农牧渔业部定为全国100个年产5万担茶叶的茶叶生产基地县之一。20世纪80年代前期体制改革后，受茶园管理未跟上、制茶技术止步不前等因素影响，茶陵县茶叶生产总量有所下滑，1986年后才有所回升。1989年，全县茶园面积达9130亩，茶叶总产量为777吨（其中有600多吨为红碎茶）。

　　茶陵是迄今为止全国唯一以茶命名的县，也是茶祖炎帝神农氏的封地所在地，更是茶文化的发源地之一。炎帝神农氏在露岭及与之毗邻的云阳山兴农耕、尝百草，在这个过程中，炎帝神农氏发现了茶，由此开启了人类栽种茶、加工制作茶、饮用茶的历史。在茶陵发展茶产业，是赓续茶陵独特的地方产业传统与充分利用茶陵得天独厚的自然条件相结合的最佳选择。

　　在历史上，产于云阳山的神农云雾茶和产于茶陵州城（今称"茶陵南宋古城"）西郊的六通庵茶都曾闻名遐迩。新中国成立以后，产于茶陵的洣江红碎茶再次为茶陵赢得了良好的声誉，先后四次被评为省、部优质产品。1984年，洣江三套红碎茶二号被农牧渔业部评为优质产品。除此之外，湖南茶陵洣江茶业有限公司出产的"炎陵牌"洣江翠芽、"洣江春"茶、洣江云峰茶、茶陵银针、茶陵茉莉花茶均品质上乘，先后在省、部乃至国家级名茶评比中获奖，也为茶陵赢得了极大的声誉。

　　继湖南茶陵洣江茶业有限公司之后，茶陵县茶祖印象茶业有限公司成立，并隆重推出中华茶祖印象主题公园建设项目，为茶陵在茶业界添了一张响亮的名片。

　　中华茶祖印象主题公园由景观园区、茶文化博物馆、茶祖印象会所三大部分组成，集寻根博览、文化展示、旅游休闲等多种功能于一体，以茶祖炎帝神农氏雕像等主题雕塑与专题文字图像相结合的方式，集中展示了炎帝神农氏作为中华茶祖的伟大历史功绩，以及中华茶文化的发展历史，显示了茶陵作为中华茶文化发源地的特殊地位。

神农故地祭炎帝

　　茶陵潞水露岭是最后一代炎帝神农氏榆罔氏（也就是参卢）的首封之地。在黄帝轩辕氏把榆罔氏分封在露岭一带之前，炎帝神农氏的家族及其所属的部落就生活在茶陵。罗泌和他的儿子罗苹考察炎帝陵史迹之后说："自庆甲徕，具兆茶陵"，"今陵山尚存二百余坟，盖妃后亲宗子属在焉"。从炎帝庆甲开始，有数代炎帝神农氏生活在茶陵，最后安葬在茶陵。也因为这一点，在茶陵潞水冷水井、杉木台等地，至今还能找到传说中的"神农皇帝"坟墓；在露岭周边地带的茶陵涧兔子冲、布庄的坛子坑，至今还能找到太子坟、太子坑等与炎帝神农氏家族有关的坟茔。文献中有相应的记载，山村田野有相应的活动遗迹，所以茶陵被人称为"神农故地"，这是由来已久的事情。

在相当长的一段时间里，茶陵人在遭遇自然灾害时会求助于炎帝神农氏，这是茶陵人世代相传的习惯做法。有不少老人向我们讲述了这样两个故事：

民国三十二年（1943 年）早稻抽穗时期，潞水下坊片（当时叫"下坊六团"）遭遇了严重的虫灾。按当时的说法，虫灾严重到了人力不可控制的地步，大家认为这是"妖魔鬼怪"作祟的结果，应对的方式之一是礼请道士来立坛施法，用专门的法事仪式来降妖驱怪，这叫"做预禳"。这一次做预禳，按照主坛道士的安排，法场上扎制了一台潞水人俗称"神农皇帝织米谷"的宫衣（象征神灵的纸扎物），作为法场上祭祀的主神。

1949 年冬天，茶陵靠近县城一带的乡村出现了一件怪事：家里的稻谷、蚕豆、豌豆等粮食明明是晒干了之后收上楼的，怎么就突然生了虫子呢？大家讨论之后觉得这是"妖怪"作祟的结果，只有求神农皇帝才能救灾。于是，大家以村庄为单位，组织专门的祭祀队伍，准备鞭炮香烛，还有猪、牛、羊等供品，舞着龙灯，打着锣鼓，步行到当时的酃县炎帝陵朝拜炎帝神农氏。

遭遇灾害时祭拜炎帝神农氏以救灾抗灾，这是旧时茶陵人祭祀炎帝神农氏的一种特殊形式。

进入 21 世纪之后，茶陵县政府在上级政府和炎陵县政府的支持、配合下，曾经组织过两次大规模的炎帝神农氏祭祀活动。

第一次是在 2009 年 6 月下旬，湖南省第二届道文化节暨海内外道教界公祭炎帝大典活动期间。这次活动以"弘道祭祖、祈福和谐"为主题，包含道文化节开幕式、道文化讲座及公祭炎帝三大主题活动。由湖南省委统战部、湖南省宗教事务局全程指导，由湖南省道教协会和株洲市人民政府共同主办，茶陵县人民政府、炎陵县人民政府具体组织承办。来自德国、法国、美国、新加坡等国家的 10 多个道教组织和我国 20 多个省（区、市）的道教协会代表，以及有关部门领导和嘉宾参加了该届道文化节，其中，道教界人士有 2000 多人。6 月 25 日下午，开幕式在茶陵县云阳山古南岳宫景区蓬莱阁广场隆重举行。当天晚上，在道文化讲座活动中，中央电视台《百家讲坛》栏目主讲人之一纪连海作了主题讲座。次日，来自海内外的两千多名道教界人士奔赴炎陵县，与其他各界人士在鹿原陂炎帝陵举行了公祭炎帝的大典。

第二次是在 2018 年 11 月 18 日至 20 日第十五届国际茶文化研讨会暨首届茶祖文化节期间。这次活动由中国国际茶文化研究会、株洲市人民政府主办，茶陵县人民政府、株洲市农业委员会、茶祖印象茶业有限公司具体承办。整个活动包括开幕式、茶人寻根活动、"茶祖流芳，茶惠天下——茶让生活更美好"高峰论坛、"湖南红茶"品牌推介会及茶产业项目签约仪式、中国国际茶文化研究会理事会议、茶陵文旅融合考察、参观名茶汇等七大主题活动。来自国内政界的嘉宾及美国、英国、德国、日本、新加坡、俄罗斯、澳大利亚等 18 个国家和地区的 35 位茶业界嘉宾，400 多名国内茶行业组织负责人，700 多名茶文化专家和知名茶企业家参加了这次活动。活动中有两次祭拜炎帝神农氏仪式。第一次是 19 日上午在中华茶祖印象主题公园谒祖广场举行的拜谒茶祖炎帝神农氏大典。在庄严肃穆的气氛中，拜谒茶祖炎帝神农氏大典按照击鼓九通鸣金九响、进献供品、奉献茶舞、进献高香、进献花篮、行三鞠躬礼、主祭人诵读祭文、主祭人焚帛书及礼成奏乐鸣炮等礼仪程序有序进行。第二次是 20

日上午在炎陵县炎帝陵举行的谒陵祭祖大典。

日本学者茶陵寻根溯源

1992 年 8 月上旬，日中古历史文化交流协会主宰野村孝彦在旅行社两名翻译的陪同下来茶陵进行炎帝神农氏文化学术考察。野村孝彦介绍：从民族和文化的起源来看，日本的大和民族与中国的汉族有着共同的人文祖先，这个人文祖先就是炎帝神农氏，所以，日本的大和民族与中国的汉族在族源与文化上是同祖同源的。这是日本史学界的一种观点，也是日本史学界研究的课题之一，他本人就是带着这个课题来中国进行学术考察的。在来茶陵之前，他已经在陕西、山西、河北、湖北等古籍记载与炎帝神农氏及其部落有关的地方做过学术考察。野村孝彦特别介绍，古籍记载，茶陵是炎帝神农氏的始封地与安息之地，罗泌甚至还说过炎帝神农氏"崩葬长沙茶乡之尾，是曰茶陵"，茶陵因炎帝神农氏安葬于境内而得名，与其他与炎帝神农氏及其部落有关的地方相比，更有其特殊意义，所以，现在，他专程来到茶陵考察了。

茶陵县人民政府安排副县长罗文兵，政府办副主任贺吉发，政府办外事、宗教组长肖东苟，地方文史专家刘振祥等人接待了野村孝彦。第一天的座谈交流是野村孝彦此行的重头戏之一。在座谈会上，宾主就炎帝神农氏与茶陵关系的文献记载、炎帝神农氏及其部落的迁徙史、炎帝神农氏及其部落在茶陵留下的活动遗迹、与炎帝神农氏相关的茶陵民间传说等问题进行了交流。

第二天，在接待人员的陪同下，野村孝彦专程赴炎陵县炎帝陵祭拜炎帝神农氏。一同前往陪同客人的刘振祥先生在《日本学者茶陵"寻根"记》一文中回忆说："在肃穆的陵庙大殿，野村先生虔诚地烧香焚纸帛、毕恭毕敬地对炎帝塑像顶礼膜拜，毫无做作。我为之心头一热，不由也点燃香、纸，祭拜我们这位伟大的先祖。"

炎帝神农氏和湖南株洲炎陵

关于炎帝神农氏和湖南炎陵县的关系这个话题，上编第六章中的《宋、元、明、清时期，鹿原陂炎帝陵祭祀炎帝神农氏》《民间祭祀炎帝神农氏》《抗战期间酃县县长代表湖南省政府祭祀炎帝陵》已经对其中一部分内容作了叙述，现在再对其他十一个方面的相关内容作一下补充叙述。

罗泌记载中的鹿原陂炎帝陵

罗泌在《路史》卷十二《后纪三·禅通纪》"炎帝"条目下记载了他所了解的鹿原陂炎帝陵：

"（炎帝神农氏）崩葬长沙茶乡之尾，是曰茶陵，所谓天子墓者，有唐尝奉祠焉。"炎帝神农氏去世后，安葬在原汉代长沙国所属的茶陵县边远地带。境内有天子炎帝神农氏的陵墓，所以，茶陵县得名为"茶陵"。史籍记载，唐代曾经派遣使者在这里祭祀炎帝神农氏。

在这段文字的注释性文字中，还有这样的记载：

"炎陵，今在麻陂，林木茂密，数里不可入，石麟石土，两杉苍然，逾四十围，两杉而上陵也，前正两紫金岭。丁未春，予至焉。寓人云年常有气出之，今数载无矣。所葬，代云衣冠。赤眉时，人虑发掘，夷之。陵下龙潭，传石上古有铜碑陷入焉。"

在文中，炎帝陵所在地叫"麻陂"，这与其他文献记载有所不同。这里方圆数里之内山林茂密，树木葱郁，如果没有修筑山路的话，人要进入山林之中就有点困难了。沿着山路进入陵墓区，只见有一对石麟蹲踞在一座土堆

213

旁，这就是炎帝神农氏陵墓了。陵墓边有两棵千年古杉树，这两棵树郁郁苍苍，高耸入云，把这座陵墓笼罩在树荫之下。陵墓正前方正对着紫金岭，紫金岭的两座山峰左右相对，形如笔架。丁未年（淳熙十四年，1187 年）春天，罗泌来到鹿原陂炎帝陵祭拜炎帝神农氏。当时，附近的人告诉他，炎帝神农氏陵墓上长年飘浮着一股气，近几年没有出现这样的景象了。老辈人世代相传，这座陵墓里埋葬的是炎帝神农氏的衣物，并不是炎帝神农氏的真身。西汉末年，赤眉军起义时，当地人担心起义军会破坏这座陵墓。出于保护陵墓的考虑，大家在赤眉军来到之前，先把陵墓推平了。在炎帝神农氏陵墓之前的洣水河畔有一个深水龙潭，据老辈人介绍，从前，这个龙潭边有一块上古时期留下来的铜碑，不知什么时候，河岸崩塌，这块铜碑掉入龙潭，至今都无法找回来。

在炎陵县，至今还有一个叫"苍龙发笑迎神灵"的民间故事。这个故事是这样的：送葬的人听从胡真官的意见，决定把炎帝神农氏安葬到资兴去。载着炎帝神农氏灵柩的竹排经过龙潭时，水中的金角苍龙突然跃出水面。这金角苍龙为什么要这个时候跃出水面呢？原来，它曾经得到炎帝神农氏的帮助，它现在要跃出水面来迎接炎帝神农氏的灵柩，在灵柩前好好地祭拜一下。金角苍龙跃出水面，一时间，洣水河上波涛汹涌，掀起数丈高的波浪。波浪涌起，把竹排和炎帝神农氏的灵柩掀翻了，炎帝神农氏的灵柩落入龙潭中，再也找不到了。见此情景，胡真官决定在龙潭岸边为炎帝神农氏做一座衣冠冢来安葬炎帝神农氏。当然，金角苍龙为此付出了代价：玉皇大帝决定罚它蹲守在龙潭边为炎帝神农氏守陵。只见玉皇大帝发一个掌心雷，金角苍龙眨眼之间就变成了一块石头，这就是我们现在在龙潭边看到的龙脑石。

《（道光）炎陵志》辑录了南宋淳熙十四年罗泌拜访炎帝陵时所题的炎陵碑碑文："神农有天下，传七十世，在古最为长世者，葬于茶陵，见于《郡国志》《帝王世纪》，予作《路史》，纪之详也。后十有五年，始获拜陵下，摩挲古杉，俯叹石麟，追忆曩昔，恍尔隔世。淳熙十四年正月乙卯，炎陵外臣庐陵罗泌书款。"

载入《酃县志》的民间传说及古迹

《（同治）酃县志》记载了与炎帝神农氏相关的几则民间传说，还记载了与炎帝神农氏有关的古迹。

《（乾隆）酃县志》卷之十二《胜迹》记载了潞水天子坟的传说，《（同治）酃县志》卷之四《炎陵·杂说》也辑录了这个传说，这里不再重复。除此之外，《（同治）酃县志》卷之三《山川·山》《山川·关隘》还记载了下列民间传说及古迹：

"桥梁岭，即桥头岭，在县西三十里。……《图经注》云：'帝卜葬南方，遇桥即止是也。'旧志云：'相传岭上，帝铸有尝药鼎在焉。三足有盖，盖端有蝌蚪文数十字，不可识。五代时，一浮图见之，弗知为神物。移时觅之不可得，但闻虎啸云。'"

位于炎陵县西面三十里的桥梁岭又叫桥头岭，是炎陵县与茶陵县的界岭。《衡州图经注》记载：炎帝神农氏临死前告诉胡真官，他死后要安葬到本县（这里指茶陵县）南面去。他自己看中的墓地在县南面一个地名中含有"桥"的地方，一旦到了这里就不要再往前走了。炎帝神农氏所说的地名中含有"桥"的地方，指的就是桥梁岭。到了桥梁岭，离鹿原陂炎帝陵就不远了。旧县志还记载，炎帝神农氏在桥梁岭山头铸造了一只三脚鼎。三脚鼎带有盖子，是炎帝神农氏的尝药鼎，它的盖子上铸有几十个蝌蚪文文字。文字古老，一般人认不出来。五代十国时期，有一个僧人见过这只神鼎。僧人并不知道这是一只神鼎，来不及细看，转眼之间，神鼎就消失了。只听见山头一阵又一阵的老虎吼叫声。

"崖阴山，县西十五里。相传炎帝诞生于此。上有祠，祀圣像焉。……"

崖阴山在炎陵县西面十五里远的地方。民间传说，炎帝神农氏就诞生在崖阴山。崖阴山山上有祠庙，用来祀奉炎帝神农氏的圣像。

"霭仙，县西三十里，上有祠，祀帝母有蟜氏。"

霭仙在炎陵县西面三十里的地方，山上有一座祠庙，即霭仙。霭仙用来祀奉炎帝神农氏的母亲有蟜氏。

"胭脂石，县南七都女子庙前。女子不知何神，或云炎帝之妃，从葬于此。庙前溪流中一石，天然若池，水经旱不涸。昔乡人早渔于溪，遥见水影中一女子，盛服靓饰，理发石上。至今呼为胭脂石。"

胭脂石在炎陵县南面的七都女子庙前面的山溪中。这块石头表面自然凹陷，像一个浅浅的水池，里面的水一年四季不干涸。民间传说，从前，有人早起在这条山溪中打鱼，他们远远地看见一个盛装的女子在石头上梳头发。因此，大家把这块石头叫作"胭脂石"。人们在山溪附近建了一座庙宇，庙宇里面祀奉的神灵是一个女子。这个女性神灵是谁呢？谁也说不清楚。有人说，这个女性神灵是炎帝神农氏的妃子，她死后被人们安葬在这里。

御祭古道及御祭官员欧阳林启的墓园

罗泌的记载显示，至少在西汉时期，鹿原陂就有炎帝陵，而由当地官府或者朝廷派员来鹿原陂祭祀炎帝神农氏则至少是从唐代开始的，乾德五年之后，朝廷派遣官员远赴鹿原陂炎帝陵祭祀炎帝神农氏则成了一项国家礼仪制度。

那么，这些由朝廷派遣前往鹿原陂炎帝陵祭祀炎帝神农氏的官员行走路线如何呢？《舆地纪胜》卷六十三《荆湖南路·茶陵军》和《路史》卷十二

《后纪三·禅通纪》"炎帝"条目都记载了开宝九年或者太平兴国年间龙景韶一行人在桥梁岭遇险之事。当时，主祭官员的行走路线是从茶陵县官府所在地出发，乘船沿洣水逆流而上，到现在的茶陵县湖口镇与炎陵县霞阳镇的界岭桥梁岭（现在称"桥头岭"）之后上岸，沿陆路到达鹿原陂炎帝陵。

在 2009 年第三次全国文物普查过程中，普查人员在苍山林海之中发现了一条长达 15.5 千米的炎帝陵御祭古道。这条古道从三河镇（2015 年与霞阳镇合并，设立新的霞阳镇）桥梁岭开始，越过斜濑水，再经潘家村、霍家村、塘旺村（后划归鹿原镇）等地直达鹿原陂炎帝陵。这条御祭古道的桥梁岭路段保存得最为完整，可以大致反映古道的概貌：路面宽约 1.9 米，以鹅卵石铺砌，路面横切面呈弧形，俗称"子石路"，斜坡处则垒砌石阶。在御祭古道的北侧官垄口一处石壁上，留存有一处摩崖石刻，上面有阴刻楷书题字"邑有圣陵"，每一个字为 30 厘米×30 厘米大小。题字前后附有题款"黄岳牧恭书""乾隆十六年辛未（其余的字无法识别）"，这样的题款显示这是乾隆十六年（1751 年）衡州知府黄岳牧题写的。考古工作者认为，这样的题字有如路标，起到给御祭官员指示路线的作用。

沿着这条御祭古道走下去，在坪形村第一村民小组，人们还能看到保存在斜濑渡渡口遗迹和供御祭官下榻食宿的行馆遗址。当地村民介绍，行馆为前后两进的砖木结构建筑，以正房为中轴线，左右两边为厢房，行馆大门上首悬挂有"圣旨恩荣"浮雕贴金匾额，天井正厅则悬挂有"天朝就位"等浮雕贴金匾额。整座行馆在 20 世纪 60 年代后期被毁。另外，在普查过程中发现，在坪形村第二村民小组潘小壹家，保存有一张雕花凉床，据说这张床是供御祭官夜宿行馆时使用的。

在霞阳镇潘家村紫金山，至今还保存有五代十国后晋礼部尚书欧阳林启的坟墓。该墓墓碑为青石质地，上面用阴刻楷书镌刻有"大晋尚书春官二世显祖欧公讳幼郎务将军大人之墓"等文字。据《欧阳氏族谱》记载，墓主欧阳林启是江西庐陵（今江西吉安）人，后晋时期（936—947年）一度奉旨来鹿原陂祭祀炎帝神农氏，因喜爱这里"山川形胜，茂林幽雅"的优美环境，于是辞官归里，然后举家迁到现在的炎陵县霞阳镇。他的后裔又有一部分迁居到水口、策源等地。

《（同治）酃县志》卷之三《山川·关隘》"紫荆园"条目记载了欧阳林启的故居和墓园。具体文字是这样的："县西二十里，晋尚书欧幼郎故居，至今有墓岿然。"

霍家村的古圩场是这条御祭古道的必经之地。这一段路长约200米，宽2.2米，也是"子石路"，在当地人的口述中，这一路段叫"皇道"。现在，在霍家村古圩场主街道上，人们还能看到两旁左右相对修建的两层砖木结构店铺。从建筑风格来看，这些店铺均为清代建筑。

南宋嘉定四年，茶陵军析出三乡一镇设置酃县。此后，酃县在元代隶属于衡州路，在明、清两个历史时期隶属于衡州府。这期间，主祭官员行走的路线与宋代主祭官员的行走路线不尽相同。

明清时期，朝廷派出使节诣陵致祭的活动比较频繁。明代翰林院修撰曾鹤龄撰写了《炎陵记》一文，记述了他在宣德元年（1426年）奉旨诣陵致祭之事。他在文中叙述："自衡舍舟陆行，越峻阪，涉深堑，五宿始至之。"他从衡州府出发，跋山涉水，经过五天五夜之后才到达目的地。

清康熙三十六年（1697年），衡州府通判谢允文陪詹事府少詹事巢可托诣陵致祭。事后，谢允文撰写了《陪祀炎陵记略》叙述炎帝陵之行。谢允文的叙述比曾鹤龄的上述记载要具体得多。"九月二十五日"，"漏未尽十刻"，也就是21时左右，他们一行人从衡州府启程，"出朝阳门，东渡湘河"，"行四十五里，达愁思岭"，当天晚上"宿接官亭"。第二天早晨"度九岗岭"，一路前行，夜宿安仁县城接待处。第三天"鸡鸣促行"，公鸡刚刚打鸣就匆匆上路，"逾大石岭"，翻越大石岭之后，"纡回出谷。由张家坪行数十里"，沿着山路穿行于山谷之间，向张家坪方向行走了几十里路程。第四天的行程是这样的："登程四日，由穿山徐步大风岭"，翻越大风岭之后，"历嶔崟，坐磐石，峰回径仄，潆旋而度峤头岭。下行十许里，涉洣江"。沿着狭窄、高低不平、迂回曲折的山路，穿行于崇山峻岭之间，到达桥头岭之后，依山而下，步行十里山路到达洣水河畔，乘船渡过洣水。"日入三商"，"抵康乐乡"，"是日到陵"，"日既入，息公馆"，黄昏时分，到达炎帝陵所在的康乐乡，太阳下山后，在现在的霞阳镇坪形村供御祭官员食宿的行馆休息。第五天呢，"诘旦瞻陵习仪"，清晨就赶赴鹿原陂瞻仰炎帝陵，观看祭祀仪式彩排。同时，告诉酃县地方官员"明朔昧爽行事"，明天，也就是第六天黎明时正式在炎帝陵举行祭祀炎帝大典。第六天的中心任务是举行祭祀炎帝大典。祭祀大典完成之后，一行人于第七天按照"舟行三十里，登崖陆行"的模式，先乘船沿洣水顺流而下，水路行三十里之后，再上岸以陆行的方式返回衡阳。"是役也，计程五百，计日一旬"，总计用时十天，行程五百里。

曾鹤龄、谢允文的上述记载反映的主要是明清时期京官诣陵致祭的行程情况。

鹿原陂炎帝陵的建置沿革

关于这方面的内容，曾雨农、曹敬庄、唐理佳三位老师在《关于炎帝陵的史籍记载》一文中作了详细的介绍，这里用摘录原文的方式来重复叙述一下。

"炎帝陵位于湖南省株洲市炎陵县鹿原陂。这里洣水环流，山峦叠翠，古树参天，景色秀丽。因此，自古以来，这里的老百姓称鹿原陂为'炎陵山'，又叫'天子坟''皇山'。

"有关炎帝神农氏崩葬鹿原陂的历史，《酃县志》记载，西汉已有陵。西汉末年，绿林赤眉军兴，邑人担心陵墓被盗，遂将陵墓夷为平地。唐代，佛教传入，陵前建有佛寺，名曰'唐兴寺'，至五代荒落。以至晋代皇甫谧作《帝王世纪》和唐代司马贞作《史记补·三皇本纪》①，都只知炎帝葬长沙，而不知其确切位置。所以西汉之后宋代以前，鹿原陂炎帝陵既无陵庙，更无修葺活动。

"宋王朝建立后，宋太祖赵匡胤奉炎帝为感生帝，遂遣使遍访天下古陵，于乾德五年（公元967年）在茶陵县南一百里之康乐乡（今塘田乡②）鹿原陂觅得炎帝陵墓，'爰即立庙陵前，肖像而祀'。同时，诏禁樵采，置守陵五户，专司管理陵庙职事。据罗泌《路史》记载，宋代时，炎帝陵附近尚存古墓二百余坟，均为炎帝神农氏后妃亲宗子属之墓葬。可见当时的炎陵山已经成为炎帝"神灵栖托之幽宫"。令人遗憾的是，这些古墓，除炎帝神农氏之墓现在还保留完好之外，其余二百余坟已荡然无存了。

"炎帝陵自宋太祖乾德五年建庙之后，迄今已有千余年历史，随着历代王朝的兴衰更替，炎帝庙也历尽沧桑，屡建屡毁，屡毁屡建。

"宋太宗太平兴国年间（公元976—984年③），朝廷将事官虑炎帝陵地僻路险，舟车不便，奏请将炎帝庙迁至茶陵县城南，宋太宗诏许，即移鹿原陂炎帝庙于茶陵县城南五里处。此后凡二百余年，朝廷官府祭祀炎帝神农氏的活动，均在茶陵县城南炎帝祠庙进行，鹿原陂炎帝庙几近湮没。宋孝宗淳熙十三年（公元1186年），衡州守臣刘清之鉴于炎帝陵不建炎帝庙，反而保留唐代的佛寺，有点不伦不类，于是奏请朝廷，移庙陵侧，废陵前唐兴寺而重

---

① 即《史记索引·三皇本纪》。
② 今属鹿原镇。
③ 原文标示太平兴国年号持续时间为公元976—983年，有误，应为公元976—984年。

建炎帝庙。孝宗诏许。从此，炎帝庙又在鹿原陂恢复了本来面貌。淳熙十四年（公元 1187 年），天下大旱，宋孝宗诏衡州府修葺炎帝陵庙，祈雨禳灾。

宋宁宗嘉定四年（公元 1211 年），析茶陵军之康乐、霞阳、常平三乡置酃县。此后，炎帝陵所在地鹿原陂即属酃县境地，隶衡州府管辖。至淳祐八年（公元 1248 年），湖南安抚使知潭州陈鞾为炎帝陵禁樵牧，设守陵户事，再次奏请修葺炎帝陵庙。宋理宗诏许，即对炎帝祠庙进行了一次大的修葺。

"宋代以后，蒙古族入主中原，建立元朝。在元代近百年间，朝廷只有祭祀炎帝陵的活动，而未有诏修炎帝陵庙的记载。

"到了明代，有关炎帝陵庙的修葺，史书记载颇详。较大规模的修葺有三次：第一次是洪武三年（公元 1370 年），明太祖朱元璋即位后，诏命遍修历代帝王陵寝，'发者掩之，蔽者葺之'，由此炎帝陵庙也得到了一次全面修葺。翌年修葺竣工，旋遣国史院编修雷燧来炎帝陵告即位致祭。第二次是嘉靖三年（公元 1524 年），由酃县知县易宗周主持。这次重修是在原庙旧址上拓宽兴建。新庙的建筑格局为：主殿名'圣容殿'，殿内塑炎帝神农氏祀像，殿外建一高阁，宽敞如殿。阁下为陛道，中为丹墀，纵横数丈。东西庑各三间，前列三门，四周建有垣墙。墙内有大道绕阁，沿墙行可以直达殿后陵寝。整个殿宇陵寝连成一体，基本上改变了旧庙原貌。第三次是万历四十八年（1620 年）。此次修葺距前已有百余年历史，炎帝陵庙久经风雨剥蚀，日渐颓坏。酃县县令目睹庙宇日非，恻然伤感，于是派人于路旁募款，发起整修。新庙规模因循旧庙，但庙貌大为改观。东阁学士吴道南撰有《重修炎帝陵庙碑》，记载了这次修葺盛举。

"清代对炎帝陵庙的修葺，据《酃县志》和《炎陵志》记载，比较重大的有 4 次。

"清世祖顺治四年（公元 1647 年），南明将领盖遇时部进驻炎陵，屯兵庙侧，蹂躏无忌。士兵拆陵殿木板搭盖营房，肆意砍伐陵殿周围树木，炎帝陵庙惨遭破坏。之后，官民士绅及时进行了补葺，但由于战乱频仍，资金缺乏，修葺未能完善。'乱后井墟无古木，春来俎豆有神鸦'（清初高珩诗），形象地反映了炎帝陵庙当时劫后余生的景象。康熙三十五年（公元 1696 年），清圣祖玄烨遣太仆寺少卿王绅前来炎帝陵告灾致祭。王见陵庙栋宇损坏严重，入告于朝，奏请修葺，康熙准奏。由酃县知县龚佳蔚督工，整修一新，但是未能恢复前代旧貌。

"雍正十一年（公元 1733 年），知县张浚奉文动用国帑，按清王朝公布颁行的古帝王陵殿统一格式重建，陵庙也统称陵殿而正其名。这次修建奠定了炎帝陵殿的基本形制，形成了'前三门—行礼亭—正殿—陵寝'的四进格局。前三门平列，中为午门，左右戟门，门内有丹墀。左右两廊叠树历代告祭文碑，墀上有台，中为御道，两旁三陛，上为行礼亭。亭上有小丹墀，丹墀上为正殿，中为御道，左右三陛，祭官升降由之。亭左右各有门，行礼后，礼官引祭官焚祝帛于陵，出左门，入右门。自正殿至午门各九陛，总长二十余丈，阔五丈，殿高三丈三尺。四周垣墙高一丈许，一律以白灰粉刷涂上红色。垣墙右有一总门出进。整座陵殿皆仿皇宫建筑，不但陵殿面貌焕然一新，而且建筑布局也较以前气势恢宏，体现了我国古代建筑的传统特色。

"清乾隆至嘉庆近百年间，炎帝陵殿未作大的修葺。乾隆二年（公元 1737 年），诏置守陵户 4 名，发给食银 14 两，加强了对炎帝陵殿的管理。尔后酃县知县周仕魁、林愈蕃、麦连等相继进行过局部维修，建筑结构未作改变，基本上保持了雍正年间的原貌。

清道光七年（公元 1827 年），知县沈道宽深感上任五年，邑内连年丰收，政成物阜，民气和畅，遂谋重修炎帝陵殿之举。这次重修，除对陵殿进行修葺外，还修复了前代所建的飞香亭、味草亭等附属建筑，并在陵南龙爪石上新建咏丰台一座，在陵寝四周修筑了炎陵墓道。沈道宽亲笔题写了'飞香旧迹''味草遗踪''咏丰台''炎帝神农氏之墓道'等碑名，泐碑亭内，装饰一新。道光八年（公元 1828 年），由沈道宽主持、王开琢编纂的《炎陵志》刻本刊行，记述了这次重修炎帝陵的事迹。

"清朝最大的一次修复是在道光十七年（公元 1837 年），由知县俞昌会主持、当地士绅百姓募资捐款所进行的一次重建。重建工程自是年孟夏开始，年底竣工，费时 8 个月有余，炎帝陵殿和附属建筑全部修复一新。重建后的炎帝陵殿建制布局与雍正年间重建的基本相同，只是规模有所扩大。具体情况如下：

"正殿：原宽四丈二尺，深三丈八尺，顶高三丈三尺。重建后宽五丈四尺，深四丈四尺，顶高三丈九尺。

"行礼亭：原宽三丈六尺七寸，深一丈六尺，重建后宽五丈四尺，深一丈八尺。

"午门戟门：原共宽六丈五尺，重建后宽七丈二尺五寸。午门原高一丈九尺，重建后高二丈二尺。左右戟门原高一丈五尺，重建后高一丈七尺四寸。

"寝门：原宽八尺二寸，高七尺二寸，重建后宽一丈，高九尺。

"围墙：原长十六丈三尺，高五尺五寸，重建后长十七丈八尺，高六尺。

"左右夹道：各宽七尺，并于左右小门处各新建一亭，连接殿栏，以蔽风雨。

"左右朝房：各三间，原宽三丈一尺，深九尺四寸，高一丈八尺，重建后深一丈四尺八寸，高一丈九尺。

"左右碑亭，原建甚为狭小，重建后改与朝房并列。御道两旁台阶改砌条石，中间三陛，白石镌龙，并沿阶添设石栏。所有建筑物均改覆琉璃瓦。

"这次重修后的炎帝陵殿，高大宽敞，金碧辉煌，庄严肃穆，蔚为壮观。

各附属建筑，依山傍水，错落有致，与主殿相辉映，形成了一个统一的整体，也为炎陵山增添了无限秀色。与此同时，知县俞昌会延揽儒学之士，在道光八年《炎陵志》的基础上，调整卷目，重加类编，删除重复，增补新目，编纂了《（重修道光）炎陵志》，以记其事。

"此后，咸丰、同治、光绪、宣统各朝，均未见史书有修葺的记载，但同治十二年版《酃县志》所载炎帝陵殿形制图，又与道光年间所建之陵殿有异，其间很有可能作过修葺而未入志。

"民国年间，炎帝陵殿的修葺活动，据有关文字记载有 4 次：第一次是民国四年（公元 1915 年），酃县知事瞿燮捐资百元，连同炎帝陵修葺费 14 元，交人筹措修复，土木将兴，旋因湘军屯驻陵侧，以致无法施工而作罢。第二次是民国十二年（公元 1923 年），因连年兵祸，陵庙倾圮在即，酃县政府再次呈文请修，湖南省政府拨款 500 元，令县长欧阳枚鸠工修葺。第三次是1936 年，酃县县长夏礼鉴于'炎陵殿宇年久失修，多已损坏'，于是年初组建了修复炎陵筹备委员会，元月 31 日春祭时，详细考察了炎陵殿宇的情况，以作修复计划。后来不知何故，修复计划未能实施。第四次是 1940 年，国民党第九战区司令长官兼湖南省政府主席薛岳主持的一次大修。当时正值抗日战争处于相持阶段。日军 1938 年犯湘，1939 年秋，湖南省军民展开长沙会战，阻住日军攻势。1940 年日军犯西南，一时湘省无战事。为防患于未然，薛岳拟将省政府迁酃县炎陵山。是年春，拨专款于炎陵山修建省政府机关办公用房和员工宿舍，修筑了茶陵至酃县炎陵山的简易公路。同时对炎陵殿宇进行了全面修葺。工程竣工后，薛岳派省政府秘书长李扬敬代为致祭，祭文碑今存炎帝陵碑坊。

"在道光十七年（公元 1837 年）建起来的炎帝陵殿，由于在 1954 年除夕，祭祀炎帝陵时，不慎失火，致使炎帝陵殿的正殿和行礼亭被焚毁。经中华人民共和国文化部和湖南省人民政府批准，株洲市人民政府于 1986 年开始，按照清道光十七年的炎帝陵的基本形式和风格进行修复，于 1988 年竣工，修复后的炎帝陵殿分四进，一进午门，二进行礼亭，三进主殿，四进墓碑亭，之后是陵墓。1993 年 9 月 4 日，国家主席江泽民为炎帝陵题写了'炎帝陵'陵款。"

炎帝陵大祭祭祀仪程

关于炎帝陵大祭，我们在上编第六章中以《诣陵致祭：宋、元、明、清时期官方在鹿原陂祭祀炎帝神农氏》为题，作了简单的介绍，题目中的"诣陵致祭"就是我们在这里要介绍的大祭。现在，我们来简单介绍一下炎帝陵大祭的祭祀仪程。

曾雨农、曹敬庄、唐理佳三位老师在《关于炎帝陵的史籍记载》一文中详细介绍了炎帝陵的建置沿革，也详细介绍了炎帝陵大祭的祭祀仪程。《宋史》《明史》《（康熙）炎陵志》《（乾隆）酃县志》《（道光）炎陵志》等文献资料对此也作了记载和介绍。这里综合上述文献资料，简单介绍一下宋代至清代的大祭的有关礼仪规定及祭祀仪程。

宋乾德五年，朝廷下令在鹿原陂修建炎帝庙祭祀炎帝。从此以后，"三岁一举，率以为常"，朝廷规定每三年在鹿原陂炎帝庙举行一次祭祀炎帝的仪式。这样的规定成了一项定例，贯穿整个宋代。当然，这里要特别补充的一点是：开宝九年至淳熙十三年，朝廷祭祀炎帝神农氏是在现在的茶陵县一化坛神农殿举行的。至于元代官方是否也遵循了"三岁一举，率以为常"定例来举行炎帝陵祭祀，或者说，元代举行炎帝陵祭祀的情况如何，受资料不足的影响，我们不得而知。

《明史》卷五十《志第二十六·礼四·历代帝王陵庙》简要记载了明代

祭祀炎帝陵的相关礼仪规定：

明洪武三年，朝廷派人寻访前代帝王的陵墓，在已知的七十九座前代帝王陵墓中选取伏羲、神农、黄帝等三十六座前代帝王陵墓作为朝廷祭祀的对象。明代朝廷下令"各制衮冕函香币，遣秘书监丞陶谊等往修祀礼，亲制祝文遣之。每陵以白金二十五两具祭物。陵寝发者掩之，坏者完之；庙敝者葺之，无庙者设坛以祭。仍令有司禁樵采，岁时祭祀，牲用太牢"。确定好三十六个祭祀对象之后，明代朝廷下令绘制这些祭祀对象的画像，规定了各陵墓祭祀的具体时间、祭祀用的香烛币帛等祭祀礼品、祭祀时用的供品、每一座前代帝王陵墓的祭祀费用等。同时，还委派秘书监丞陶谊等人到这些帝王陵墓处，制定相应的祭祀仪程。作为明代开国帝王，明太祖朱元璋还亲自撰写祭文。现存的明代大祭祭祀炎帝神农氏的祭文中，最早的一篇就是明太祖朱元璋撰写的，时间为洪武四年。除此之外，朝廷还下令对这些陵墓及陵墓所属的庙宇进行了全面的修缮，禁止陵墓附近居民在陵墓一带砍柴打猎。

明洪武四年，朝廷再将祭祀的三十六位前代帝王减少为三十五位，炎帝神农氏为这三十五位祭祀对象之一。同时，又规定"岁祭用仲春、仲秋朔。于是遣使诣各陵致祭，陵置一碑，刊祭期及牲帛之数，俾所在有司守之。已而命有司岁时修葺，设陵户二人守视，又每三年出祝文香帛，传制遣太常寺乐舞生赍往所在，命有司致祭"。每隔三年祭祀一次，祭祀的时间是每年农历二月、八月初一。与此前不同的是，这一次，朝廷还作出了这样的规定：在祭祀的前代帝王陵墓附近立一块石碑，碑上刊刻祭祀的具体时间、祭祀用的香帛等祭祀礼品数量，以便于祭祀主办方按规定具体操作；陵墓所在地的官府要按时修缮这些帝王的陵墓庙宇，并且为这些陵墓各设置专门的守陵人，也就是守陵户两人；祭祀时，由太常寺派出专门的乐舞人员前往协助祭祀。

清代的炎帝神农氏大祭比较频繁。与此相应，清朝朝廷对于祭祀礼仪礼节作出了详细、严格的规定。《（康熙）炎陵志》、《（乾隆）酃县志》卷之十二《炎陵志·大祭》、《（道光）炎陵志》卷四《祀典·大祀》、《（同治）酃县志》卷之四《炎陵·大祀》，还有《钦定大清会典则例》对于大祭的礼仪程式记载得十分详细。具体来说，这个礼仪程式是这样的：

先由礼部开列诣陵告祭官员名单，奏请皇帝钦定。这些官员都是四品以上的堂官。皇帝钦遣的官员如遇特殊事故不能担负诣陵致祭任务，则再奏请皇帝，敕令省督抚于副都统总兵内拟派，就近致祭，祭毕报礼部备案。

确定告祭官员的同时，由翰林院撰写祭文，太常寺预备祭帛。其他常用御祭物品，如紫降香、沉速香、黄绫寿币、龙亭、香亭、御仗等则由户部、工部置办，礼部行文咨取。同时，由钦天监择定钦命告祭官的启程日期。临行前一日，告祭官行斋戒。到了启程的这一天，钦命告祭官先按预定的时间赶往礼部，礼部堂官把祭文、致祭用的香帛交给钦命告祭官。这时，礼部、太常寺往往会在笔贴式内酌情选派一名官员陪同钦命告祭官前往致祭。领到祭文、致祭用的香帛之后，钦命告祭官要举行一个启程仪式，按照一定的礼仪程式，虔诚地向炎帝神农氏预告此行的目的。然后，启程南行。祭文、香帛如奉旨由皇帝亲阅，则礼仪更隆重一些：先由皇帝散斋一日，然后在中和殿举行"亲阅"仪式，告祭官跪受祭文、香帛，遵旨南行。

告祭官员到达州县后，州县地方官员朝服出郭跪迎，恭奉御祭祭文、香帛置龙亭内，迎至公所中堂，各官行三跪九叩首礼，然后由告祭官会同地方官员择定致祭具体日期。祭前斋戒三日，再由地方官员预备鼓乐仪仗，行一跪三叩首礼，迎祭文、香帛龙亭至祭所炎陵"天使馆"内。祭期前一日，由告祭官亲省祭祀馔醴供品。

据《钦定大清会典则例》及《炎陵志》所载，炎帝陵御祭馔醴供品陈设分为"荤祭""斋祭"两套。荤祭为牛一、羊一、豕一、鹿醢、脾析、豚拍、兔醢、鱼醢、醓醢、太羹、和羹、鹿脯等。斋祭为黍、稷、稻、梁、枣、栗、榛、菱、芡、芹菹、笋菹、白饼、黑饼、菁菹、韭菹等。具体陈设位置也有严格的规定。《（康熙）炎陵志》及清代《酃县志》均附载有御祭图式，即《陈设行礼之图》。

祭祀这一天黎明四鼓时分，参与祭祀的官员都要穿礼服集体行礼，然后退入朝房序坐。地方官则到宰牲亭监督宰牲，礼生和执事人员陈设祭器、祭品、牲俎，乐工陈设乐器。一切准备就绪后，五鼓，告祭官、陪祭官均朝服至庙内进行演礼。通常情况下，演礼配备礼生 25 名（有时多达 39 名），多由酃县、常宁、安仁、耒阳等县教官担任。其中通赞 2 人，引赞 4 人，司盥洗 2 人，瘗毛血 5 人，司香 2 人，司樽 1 人，司爵 3 人，读祭文 1 人，歌乐章 2 人，捧神帛 1 人，跪献 2 人。演礼按礼部规定，分"迎神""初献""亚献""终献""受胙""彻馔""辞神"七道程序，每道程序均设有一段颂词，是为"乐章"或者"祭词"。

《（康熙）炎陵志》附载了这些乐章，即：

迎神："天生人兮养未及，猗大帝兮立人极。分草食兮丞民粒，世永赖兮祀无斁。皇有命兮报神功，猗大帝兮驾青龙，降坛壝兮鉴微衷。"

初献："涓吉日兮辰良，浴菲躬兮兰汤。佩玉鸣兮币帛将，祭如在兮心皇皇。"

亚献："夜登坛兮未央，奠桂酒兮椒浆。肴蒸薄兮荐芬芳，神昭昭兮来洋洋。"

终献："纷扬枹兮拊鼓，疏缓节兮安歌。贰用缶兮心靡他，拟陈词兮续猗那。"

受胙："君德昭彰兮禋祀古皇，上溯五帝兮下逮哲王。钦承厥命兮代天荐扬，佩玉鸣珂兮执帛奉璋。颙若有孚兮黺黼辉煌，公辅介祉兮禄寿靡疆。"

彻馔："具粢盛兮惟虔，设果蔌兮惟涓。报大帝兮功如天，福我民兮成丰年。"

辞神："维元元兮生不息，安饱暖兮谁之力。圣德深兮孰能测，人思功兮孰能绝。历万岁兮荐蒸尝，灵皇皇兮降中央。拥红云兮驭丹凰，焱回翔兮天茫茫。"

礼毕，御祭即宣告结束。

酃县更名为炎陵县

罗泌在炎陵碑碑文中留下了"炎陵外臣庐陵罗泌书款"的题款。这个题款中的"炎陵"有指称地名的作用，意思是"炎帝陵所在的地方"，指的是当时的茶陵上乡，也就是现在的炎陵县所辖之地，它相当于一个表示地名的名词。

用"炎陵"表示地名，至少在清代的族谱中可以找到相同的例子。比方说，《茶陵尧水段氏四修族谱》卷一"家族源流"部分在介绍家族部分外迁成员的信息时，明确记载某某"迁炎陵"，此类外迁成员的记载最早可以追溯到康熙年间。在这样的记载中，"炎陵"指的是酃县，表地名的用意更为明显。罗泌及《茶陵尧水段氏四修族谱》的编纂者为什么要用"炎陵"这个词语来表示茶陵上三乡与酃县呢？原因很简单：在宋代的茶陵上三乡及后来的酃县、现在的炎陵县境内有炎帝陵，这里用一个地方有代表性的事物来指代这个地方。

从宋代的罗泌到清代的《茶陵尧水段氏四修族谱》编纂者，数百年之间，用"炎陵"来指代炎帝陵所在的地方，这是一种约定俗成因而为人接受的做法。受这种做法的影响，早在民国二十六年（1937年），酃县政府就设置了炎陵乡，还一度提出了将酃县更名为炎陵县的提案。民国三十年（1941

年）9月28日的《酃县民报》报道：这一年的9月19日，湖南省政府举行"第241次常会"，会议讨论并通过了"酃县政府呈请将该县更名'炎陵县'一案"。遗憾的是，相关决议仅仅是形成了一份定案，当时外患未除、战情紧急、民不安生的时局根本就不允许这个决议付诸实施。时隔五十三年，到1994年4月，经中华人民共和国国务院批准之后，酃县才正式更名为炎陵县。据此，《中国古今地名大词典》之"炎陵县"部分在记载这件事时说"1994年以境内有名胜炎帝陵更名炎陵县"①。

至少自西汉以来，炎陵县鹿原陂就有了炎帝陵；进入北宋以后，鹿原陂炎帝陵被宋代及宋代之后的元、明、清数个朝代确定为国家及地方官府举行祭祀炎帝神农氏大典的场所；民国年间乃至中华人民共和国成立至今，鹿原陂炎帝陵又成了省、市、县三级政府及海外华侨华人寻根祭祖的场所。将酃县更名为炎陵县，彰显了炎帝神农氏陵墓在炎陵县境内及作为国家和地方政府祭祀炎帝神农氏场所的事实，顺应了希望进一步有效推介鹿原陂炎帝陵并由此而提升鹿原陂炎帝陵地位的主流民意，突出了鹿原陂炎帝陵在其他炎帝神农氏及其部落活动区域的特殊地位。

新中国成立后鹿原陂炎帝陵的修复建设情况

1954年除夕，鹿原陂炎帝陵大殿的正殿和行礼亭因香客不慎引起火灾而遭毁坏。1983年6月，第六届全国人民代表大会第一次会议期间，湖南省代表团23位全国人大代表联合提出议案，倡议修复鹿原陂炎帝陵。后来，这个议案审议通过之后，修复工程进入准备阶段。1986年6月28日，鹿原陂炎帝陵修复工程正式启动，到1988年10月修复竣工。

修复后的鹿原陂炎帝陵主体建筑占地面积达3836平方米，由午门、行礼

---

① 见《中国古今地名大词典》（上海辞书出版社2005年7月第1版）第1906页。

亭、主殿、墓碑亭、墓冢五部分组成。在炎帝陵殿之外，还修复了咏丰台、天使馆、鹿原亭等附属建筑。

此后多年，炎陵县人民政府采用政府拨款与社会捐资相结合的方式，筹集资金新建了圣火台、谒陵牌坊、神农大桥、神农功绩壁画、御碑园、九龙印等建筑。炎帝陵殿建筑规模较之以前有显著的扩大。

从 2000 年开始，在炎帝陵基金会主持下，炎陵县人民政府在鹿原陂炎帝陵陵殿东南方向进行了鹿原陂炎帝陵公祭区建设。鹿原陂炎帝陵公祭区建设一期工程于 2010 年完成。建成的鹿原陂炎帝陵公祭区由阙门、五谷柱、鹰鹿广场、朝觐广场、龙珠桥、九鼎九簋、祭祀广场、神农大殿及东、西配殿等建筑组成，面积约为 8 万平方米。这些建筑以长 432 米、宽 30 米的祭祀大道为中轴线，大抵呈南北方向排列，给人以整齐有序而又庄严肃穆之感。在这期间，主办方还完成了咏丰台、圣火台的改建、扩建工程。

从 2013 年开始，鹿原陂炎帝陵又进行了炎帝陵神农园的建设。炎帝陵神农园位于炎帝陵陵庙区及洣水以南、公祭区祭祀大道之西、衡炎高速连接线以东区域，在约 130 亩（现代的 1 亩约为 666.67 平方米）的区域内，塑起了神农教耕雕像及炎帝神农氏传说故事主题塑像群，增设了反映"橘子洲头、巴陵胜状、桃源仙境、武陵风光、崀山丹霞、天下南岳、九嶷翠微、邑有圣陵"潇湘八景主题的盆景。

现代社会公祭炎帝陵

中华人民共和国成立以后，由湖南省人民政府及民间团体主持的鹿原陂炎帝陵公祭炎帝神农氏仪式始于 20 世纪 90 年代。在这里，笔者以已掌握的资料为依据，就 1993—2019 年湖南省、株洲市及炎陵县、茶陵县等各级人民政府、企事业单位及民间团体，港、澳、台同胞，还有世界华侨华人等举行的炎帝陵公祭大典情况作一个简单介绍：

1993 年 8 月 15 日，湖南省人民政府举行公祭炎帝陵典礼仪式暨"炎黄杯"世界华侨华人龙舟赛取圣火仪式。

1994 年 10 月 13 日，湖南省各界公祭炎帝陵典礼在炎帝陵举行，同时还举行了江泽民主席题写的炎帝陵汉白玉石碑揭彩仪式。

1995 年 10 月 2 日，株洲市各界举行公祭炎帝陵典礼。

1996 年 10 月 20 日，株洲市各界举行公祭炎帝陵典礼。

1997 年 7 月 1 日，炎陵县各界在炎帝陵御碑园举行庆祝香港回归祭告仪式，立香港回归纪念碑。

1997 年 10 月 8 日，湖南省各界公祭炎帝陵典礼隆重举行。中共中央政治局委员、国务委员李铁映代表国务院发来贺信。

1998 年 3 月，台湾台中县大里市神农开元殿祭祖团祭拜炎帝陵。

1998 年 4 月 5 日清明，炎陵县各界祭祀炎帝陵典礼在炎帝陵举行。

1998 年 4 月 15 日，长沙市各界在炎帝陵举行祭祀炎帝陵典礼。

1998 年 5 月 10 日，台湾高雄市大树乡九曲村神农宫组团诣陵进香。

1998 年 10 月 22 日，中国株洲炎帝节在炎帝陵举行。中西部地区对外经济技术合作洽谈的代表及株洲市各界举行公祭炎帝陵典礼。

1998 年 11 月 6 日，台湾嘉义市大天宫、嘉义县民雄乡清埔升虚宫祭祖团祭拜炎帝神农氏。

1998 年 11 月 21 日，台湾彰化县伸港乡兴和宫进香团祭拜炎帝陵。

1999 年 4 月 5 日清明，炎陵县民间祭祀团 5000 余人以古典礼仪祭祀炎帝陵，同时在杨钱洲农田举行"农耕节开犁仪式"。

1999 年 5 月 29 日，台湾高雄市大树乡九曲村神农宫进香团来炎帝陵谒陵祭祖。

1999 年 10 月 16 日，湖南省各界公祭炎帝陵典礼在炎帝陵隆重举行。

1999 年 10 月 17 日，中华炎黄子孙爱国促进会在炎帝陵举行"中华五千五百年祭祀炎帝陵典礼"，海内外 12 个分会的代表参加典礼。

1999 年 12 月 20 日，株洲市人民政府在炎帝陵举行澳门回归祭告仪式及"澳门回归纪念碑""期盼祖国完全统一碑"揭碑仪式。株洲市各界 4000 余人参加。

2000 年 4 月 4 日清明，炎陵县社会各界公祭炎帝陵。

2000 年 5 月 27 日，株洲市人民政府在炎帝陵举行炎帝陵一期工程奠基仪式。

2000 年 7 月 29 日，湘台学子友好夏令营参拜炎帝陵。

2000 年 8 月 18 日，台湾澎湖鼎湾开帝殿进香团来炎帝陵进香祭祖。

2000 年 8 月 24 日，株洲市各界公祭炎帝陵典礼暨"中华炎黄圣火"采集传递仪式在炎帝陵隆重举行。由袁隆平和卢光琇点燃主火炬。"中华炎黄圣火"采集传递活动由国家体育总局、公安部、交通部、中国侨联、国家旅游局等五部委组织，从炎帝陵采集的"炎帝圣火"与从黄帝陵采集的"黄帝圣火"汇合后达北京居庸关长城永久燃烧。

2000 年 10 月 4 日至 6 日，神农氏（炎帝）药学学术研讨会暨第十届全国药学史本草学术研讨会在炎陵县举行。会议期间，70 余名中医药学专家、学者在炎帝陵举行祭告中华医药始祖炎帝神农氏仪式。

2001 年 4 月 5 日清明，炎陵县社会各界公祭炎帝陵。

2001 年 7 月 1 日，庆祝株洲市建市 50 周年告祭始祖大典在炎帝陵举行。

2001 年 10 月 25 日，全球华人新千年炎帝陵寻根祭祖大典在炎帝陵隆重举行，世界华人代表及社会其他各界人士 1000 余人参加仪式。

2001 年 11 月 23 日，株洲市天元区高新区各界在炎帝陵举行祭祀典礼。

2002 年 4 月 9 日，株洲市石峰区各界在炎帝陵举行祭祀典礼。

2002 年 8 月 7 日，海峡两岸学子友好夏令营祭祀炎帝陵典礼在炎帝陵举行。

2002 年 10 月 14 日，湖南省人民政府在神农大殿举行壬午重阳公祭炎帝陵典礼。

2003 年 10 月 10 日，癸未年祭祀炎帝陵典礼在炎帝陵举行。

2003 年 11 月 15 日，湖南省政协港澳委员会祭祀炎帝陵。

2003 年 11 月 16 日，台湾龙影忠和村朝安宫进香团至炎帝陵进香祭祖。

2003 年 11 月 28 日，全国政协学习文史委考察团参谒炎帝陵。

2003 年 12 月 28 日，攸县各界在炎帝陵举行祭祀典礼。

2004 年 4 月 5 日清明，炎陵县各界在炎帝陵举行祭祀炎帝神农氏大典。

2004 年 10 月 8 日，茶陵县各界在炎帝陵举行祭祀典礼。

2004 年 10 月 22 日，湖南省人民政府举行甲申重阳炎帝陵祭祖大典。

2004 年 11 月 17 日，香港、澳门、台湾、广东等地客属企业家谒陵祭祖。

2004 年 11 月 18 日，醴陵市各界在炎帝陵举行祭祀典礼。

2005 年 1 月 2 日，"广州本田'5×5'自驾车湘粤之旅"炎帝陵祭祖大典在神农大殿隆重举行。共 283 辆自驾车、800 多人参加了祭祀仪式。

2005 年 5 月 11 日，台湾南投县碧云宫进香团在炎帝陵举行祭祀仪式。

2005 年 9 月 12 日，中国湖南旅游节开幕式暨炎帝陵百龙祭始祖大典在炎帝陵隆重举行。随后，中国"炎帝杯"大学生舞龙舞狮锦标赛在炎帝陵举行，来自全国 17 所大学的代表队 500 余人参加了为期 5 天的比赛。

2005 年 10 月 11 日，海内外中药业界首次共祭始祖炎帝神农氏典礼在炎帝陵隆重举行。是日，"炎陵神农中药文化纪念馆"奠基仪式在炎帝陵侧举行。

2005 年 11 月 13 日，湘粤两地佛教界人士首次祭祀炎帝陵祈福大典在神农大殿举行。

2005 年 12 月 29 日，湖南省涉农部门行政主管诣陵致祭。

2006 年 4 月 5 日，丙戌清明炎陵县各界祭祀炎帝陵典礼隆重举行。

2006 年 10 月 30 日，丙戌年重阳世界华侨华人炎帝陵祭祖大典在炎帝陵隆重举行。

2007 年 3 月 27 日，台湾"中华神农大帝协进会"、苗栗县五谷宫进香团祭拜炎帝陵。

2007 年 6 月 17 日，台湾台南县开隆宫进香团来炎帝陵进香祭祖。

2007 年 9 月 11 日，丁亥年炎帝陵基金会理事会祭祀典礼在神农大殿举行。

2007 年 9 月 16 日，海内外佛教界公祭炎帝祈福世界和谐大典在神农大殿举行，5000 余名僧尼、信徒参加了祭祀大典。

2007 年 9 月 22 日，株洲市芦淞区各界在炎帝陵举行祭祀典礼。

2007 年 11 月 8 日，由湖南省人民政府主办、株洲市人民政府承办的丁亥年炎帝陵祭祖大典在炎帝陵隆重举行。来自省内外的各界嘉宾 5000 余人会聚于此，共祭中华民族始祖炎帝神农氏。

2008 年 4 月 4 日，炎陵县各界在炎帝陵举行清明祭祖大典。

2008 年 5 月 4 日，台湾台北县土城市五谷先帝庙管理委员会进香团祭祀炎帝陵。

2008 年 5 月 19 日，数万游客和当地群众来到始祖陵寝炎帝陵祭祀广场，沉重悼念四川汶川大地震遇难同胞，并为灾区重建捐款。

2008 年 10 月 17 日，株洲市戊子年公祭炎帝陵典礼在祭祀广场举行。此次公祭活动首次招募 500 余名志愿者参与服务工作。

2008 年 11 月 14 日，第五届海峡两岸记者来湘联合采访团祭祀炎帝陵。

2009 年 4 月 2 日，己丑清明湖南有色集团祭祀炎帝陵典礼在炎帝陵隆重举行。湖南有色集团及炎陵县社会各界近万人参加了祭祀活动。

2009 年 4 月 10 日，来自国内外茶业界的知名专家、教授，省市领导和其他各界人士聚集在茶祖炎帝神农氏安寝地炎帝陵，隆重举行"中华茶祖节暨祭炎帝神农茶祖大典"。这是五千多年来中华茶人、世界茶人举办的首次祭奠茶祖活动。同时举行了"中华茶祖神农文化论坛"，围绕茶叶始祖炎帝的贡献、茶祖文化的核心等方面发布权威论述，形成并通过《茶祖神农炎陵共识》。

2009 年 5 月 26 日，以"祈福五岳·平安中国"为主题的"平安大典"，在中华民族始祖神农氏安寝之地炎陵县举行。

2009 年 6 月 22 日，株洲市清水塘循环经济工业区各界代表在炎帝陵举行祭祀典礼。

2009 年 6 月 26 日，由湖南省道教协会和株洲市人民政府共同主办的以"弘道祭祖、祈福和谐"为主题的海内外道教界公祭炎帝大典在炎陵县隆重举行。

2009 年 10 月 26 日，己丑年重阳公祭炎帝陵典礼在炎帝陵隆重举行。

2010 年 4 月 4 日，庚寅年清明社会各界祭祀炎帝陵大典在湖南省炎陵县举行，来自湖南、广东、江西、台湾等地区的近万名社会各界人士参加了此次盛事。

2010 年 8 月 12 日，庚寅年海峡两岸首届炎帝神农氏祭祀典礼在炎帝陵举行。

2010 年 11 月 5 日，海峡两岸非物质文化遗产保护研讨会开幕式暨祭祀炎帝陵典礼在炎帝陵举行。

2011 年 4 月 3 日，辛卯年清明海峡两岸共祭炎帝神农氏典礼在炎帝陵举行，近两百名湘籍台湾人士及其后裔、社会其他各界近万人参加了祭祀典礼。

2011 年 9 月 28 日，湖南省辛卯年炎帝陵祭祖大典在炎陵县鹿原陂隆重举行。

2011 年 10 月 14 日，辛卯年海峡两岸神农文化祭祀活动在炎帝陵举行。

2011 年 10 月 21 日，世界谭姓宗亲总会举行祭祀炎帝陵典礼，来自港澳台的谭氏宗亲 2000 余人参加了祭祀典礼。

2011 年 10 月 22 日，海峡两岸大学生交流研习营活动一行 160 人祭祀炎帝陵。

2011 年 11 月 5 日，海峡两岸非物质文化遗产保护研讨会开幕式暨祭祀炎帝陵典礼在祭祀广场举行。

2012 年 3 月 28 日，壬辰年株洲市宣传系统祭祀炎帝陵典礼在炎帝陵举行。

2012 年 7 月 21 日，参加第八届海峡两岸大学生"客家文化寻踪"夏令营的台湾学子一行 200 余人到炎帝陵寻根祭祖。

2012 年 11 月 3 日，第三届海峡两岸炎帝神农文化祭祀典礼在炎帝陵举行。

2013 年 2 月 16 日，中共炎陵县全体县级领导在炎帝陵举行 2013 年新春祭祖祈福典礼。

2013 年 4 月 3 日，癸巳年清明海外华裔青少年"中国寻根之旅"炎帝陵祭祖典礼在祭祀广场举行。

2013 年 6 月 12 日，天下炎陵——中华诗词楹联名家炎帝陵祭祖大典暨炎陵采风活动在炎帝陵举行，来自全国各地的百余位诗词楹联名家参与活动。

2013 年 8 月 1 日，湖南省统一战线炎帝陵祭祀活动在炎帝陵举行。民盟、民建、民进、致公党等民主党派湖南省委主委，省工商联主席以及无党派人士、宗教界代表等出席祭祀仪式。

2013 年 11 月 3 日，两岸共祭炎帝暨"炎帝陵海峡两岸交流基地"授牌仪式在炎帝陵举行。

2014 年 5 月 24 日，东莞台商子弟学校在炎帝陵举行恭祝炎帝神农氏千秋圣诞典礼。

2014 年 8 月 1 日至 4 日，"甲午海峡两岸神农炎帝文化交流"系列活动在炎陵县举行，2 日上午，举行炎帝陵祭祀典礼。

2014 年 10 月 11 日，湖南省人民政府主办的甲午年炎帝陵祭祖大典在炎帝陵举行。

2014 年 10 月 22 日，台湾先啬宫、"中华神农大帝协进会"谒陵参访团祭祀炎帝陵。

2014 年 10 月 28 日，株洲市各界甲午年炎帝陵祭祖大典在炎帝陵举行。

2015 年 9 月 3 日，纪念抗日战争暨世界反法西斯战争胜利 70 周年炎帝陵祭祖宣誓签名活动在炎帝陵举行，抗战老兵代表担任主祭人。

2016 年 4 月 15 日，台湾瑞芳八仙宫管委会一行 32 人到炎帝陵寻根拜祖。

2016 年 5 月 22 日至 23 日，台湾高雄九曲堂一行 34 人前来炎帝陵寻根祭祖。

2016 年 6 月 15 日，台湾屏东仙隆宫信众到炎帝陵谒陵祭祖。

2016 年 9 月 24 日，丙申年中国侨联"海外侨胞故乡行——走进湖南"炎帝陵祭祖典礼在炎帝陵隆重举行。来自世界各地的侨领侨胞和国内各界人士近 1000 人参加祭典。

2016 年 10 月 19 日，丙申年株洲市炎帝陵祭祖典礼在炎帝陵隆重举行。

2016 年 10 月 20 日，出席全国大中城市社科联第二十七次工作会议的代表在炎帝陵举行祭祖典礼。参加典礼仪式的嘉宾和其他各界人士有 1500

余人。

2016 年 11 月 22 日，第十二届湘台经贸炎帝陵祭祖典礼交流合作会主题活动之——丙申年海峡两岸炎帝陵祭祖典礼在炎帝陵祭祀广场举行。

2017 年 5 月 21 日，湖南省炎帝陵基金会祭祖典礼在炎帝陵举行。

2017 年 9 月 27 日，丁酉年祭祀炎帝陵典礼在炎帝陵举行。省委、省人大、省政府、省政协、省军区领导代表等出席仪式。

2018 年 3 月 18 日，株洲市房地产业协会祭祀炎帝陵典礼在炎帝陵举行。株洲市城建城管战线各单位负责人、株洲市房地产业协会会员代表 200 余人参加。

2018 年 11 月 18 日至 20 日，第十五届国际茶文化研讨会暨首届茶祖文化节在茶陵县举行。19 日上午，与会人员在中华茶祖印象主题公园谒祖广场炎帝神农氏塑像前举行拜谒茶祖炎帝神农氏大典。20 日上午，与会人员赴炎陵县炎帝陵举行谒陵祭祖大典。

2019 年 10 月 13 日，海峡两岸炎帝陵祭祖大典在炎帝陵举行。千余名海峡两岸社会各界人士参加祭祖大典。

几场具有特殊意义的祭祀仪式

株洲炎帝陵有几场具有特殊意义的炎帝神农氏祭祀仪式，我们在这里作略详细一点的叙述：

其一，香港回归祖国，炎陵县人民政府祭告人文始祖炎帝神农氏。

1997 年 7 月 1 日，中华人民共和国中央人民政府恢复对香港行使主权，中华人民共和国香港特别行政区正式成立。1997 年 6 月 30 日午夜至 7 月 1 日凌晨，香港会议展览中心新翼灯火辉煌，举世瞩目的中英两国政府香港政权交接仪式在这里的五楼大会堂隆重举行。经历了百年沧桑的香港回归祖国，标志着香港同胞从此成为祖国这块土地上的真正主人，香港的发展从此进入一个崭新的时代。这是当时每一个中国人都十分关注的话题之一。

也是在 1997 年 7 月 1 日，在远隔香港数百千米的湖南省炎陵县鹿原陂炎帝陵，由炎陵县县长何龙彪主持的一场炎帝陵祭告大典如期举行。在《告祭炎帝陵文》中有这样一段话："公元一九九七年七月一日，中国政府恢复对香港行使主权。港岛回归，犹游子还乡；漂泊历史，永不复返。"

其二，澳门回归祖国，株洲市人民政府祭告人文始祖炎帝神农氏。

继香港回归祖国之后，1999 年 12 月 20 日，澳门也如期回归祖国。这是一个值得每一个中华儿女欢欣鼓舞并深深铭记的日子。这一天，中共株洲市委副书记肖雅瑜来到了炎陵县，在鹿原陂炎帝陵主持了一场祭告炎帝陵大典。在《株洲市各界告澳门回归祖国致祭炎帝陵文》中，肖雅瑜庄严宣告："一九九九，一二·二〇；行使主权，收回澳门。游子还乡，手足亲情；中华领土，终将完整。"

其三，新千年伊始，全国中医药界专家学者祭告中华医药始祖炎帝神农氏。

2000 年 10 月 4 日至 6 日，神农氏（炎帝）药学学术研讨会暨第十届全国药学史本草学术研讨会在炎陵县召开。会议期间，70 余名中医药学专家、学者会聚在鹿原陂炎帝陵，举行了新千年伊始时期祭告中华医药始祖炎帝神农氏仪式。在《祭炎帝神农氏文》中，与会人员表达了医药人共同的心愿："吾辈有愿，振国医国药，再创辉煌。"

其四，湖南省涉农部门行政主管祭告农业始祖炎帝神农氏。

2005 年 12 月，在十届全国人大常委会第十九次会议上，与会代表高票通过决定了一份决议。这份决议规定从 2006 年 1 月 1 日开始，废止《农业税条例》，这意味着在我国延续了两千多年的传统农业税收成为历史，中国的农业改革进入了一个新的发展时期。获悉这个消息之后，湖南省涉农部门的行政主管会聚到炎陵县鹿原陂炎帝陵前，举行了一场专门的祭告炎帝陵仪式。"今逢盛世，趁免除农业税赋，实施城乡统筹英明方略之良机，推动全面小康，共建和谐社会，促进持续发展，造福农村农民。"祭文中的这段话，道出了湖南省涉农部门新形势下面临的新的战略重任与肩负的新使命，也表达了湖南省全体涉农部门工作人员的新的追求、新的目标。从某种意义上来说，这是在改革开放历史背景条件下举行的一场新的祭告农业始祖炎帝神农氏的仪式。

其五，国际茶业界代表祭祀茶祖炎帝神农氏。

炎帝神农氏是农业始祖、医药始祖，也是公认的茶祖。2009 年 4 月 10 日，"第一届中华茶祖节"在炎陵县举行，来自联合国有关部门及美国、日本、俄罗斯、法国、奥地利、韩国、马来西亚等国家的茶叶行业组织高管、专家学者，还有海峡两岸和港澳地区的茶叶行业组织负责人、专家学者及茶叶企业代表等一百多人参加了"中华茶祖神农文化论坛"。论坛以文件的形式，形成了《茶祖神农炎陵共识》。《茶祖神农炎陵共识》原文辑录如下：

"济济苍穹，巍巍昆仑；悠悠茶祖，穆穆炎陵。

"公元 2009 年 4 月 10 日，参加炎陵茶祖神农盛大祭典暨中华茶祖神农文化论坛、来自国内外的各界人士，形成以下共识。

"第一，《神农本草经》载：'神农尝百草，日遇七十二毒，得茶而解之。'陆羽《茶经》指出：'茶之为饮，发乎神农氏。'炎帝神农氏是中华茶祖，茶叶始祖，也是世界茶祖。陆羽是'茶圣'，我们都是'茶人'。

"第二，茶祖神农'心忧天下，敢为人先，坚忍不拔，开拓创新'的精神是茶祖神农文化的核心和灵魂，是中华茶业发展的原动力；茶祖神农文化是 5000 年中华茶文化的源头和精粹，也是中华民族文化的重要组成部分。

"第三，正式确立每年谷雨节为'茶祖节'，即中国茶节，逐步扩大、上升为全民族节日。增强全体茶人的自豪感、责任感和使命感，让茶祖神农的历史丰碑深入人心，世代相传。

"第四，弘扬中华茶文化就是要高举'茶祖神农'的光辉旗帜，像茶祖那样以天下苍生为己任，确保茶产品质量安全，诚实守信，依法经营，进一步提升我国茶叶产业竞争力和发展水平，为中华茶业创辉煌，为人类健康谋福祉。

"第五，用中华茶祖神农文化和精神教书育人，走文化兴茶、科技兴茶之路，增强中华茶业的核心竞争力与文化软实力。

"第六，我们倡议在炎帝陵建设中华茶祖神农文化博物馆与茶文化观光园。我们期盼海内外炎黄子孙与世界茶人，支持中华茶祖神农文化博物馆与茶叶观光园建设。

"第七，倡导'茶为国饮'，提倡多喝茶，宣传茶叶防癌抗癌、抗氧化、抗衰老、降血脂、降血糖、抗病毒、抗炎症、防辐射等功效和科学饮茶有益健康，引导形成良好的饮茶、消费习惯和健康时尚的消费理念，将'茶为国饮'融入国人的日常生活。

"同一个祖先，血浓于水；共一个'茶人'，情重于山。让我们共同高举茶祖神农的光辉旗帜，弘扬茶祖文化，铸民族茶魂，兴富民产业！"

4月10日当天，与会人员还齐聚鹿原陂炎帝陵举行了祭拜茶祖炎帝神农氏仪式。

其六，全国社会科学工作者祭拜人文始祖炎帝神农氏。

2016年10月20日，全国社会科学工作者祭拜人文始祖炎帝大典在湖南株洲炎陵县炎帝陵隆重举行。全国26个省（区、市）166个市、州、盟社科联及社科组织代表1000多人，怀着拳拳赤子之心祭拜人文始祖炎帝，告慰先祖并庄严承诺弘扬中华优秀传统文化，加快构建中国特色哲学社会科学。大典按照非物质文化遗产设定的仪规进行，全国大中城市社科联工作会议主席团第二十七次会议执行主席，湖南省株洲市社科联（社科院）党组书记、主席（院长）周文杰担任主祭。《祭炎帝陵文》全文如下：

"惟公元二〇一六年十月吉日，全国大中城市社科联工作会议主席团第二十七次会议执行主席，湖南省株洲市社科联（社科院）党组书记、主席（院长）周文杰偕全国大中城市社科联和全国广大社科工作者，谨备三牲五谷鲜花时馐之仪，致祭于中华始祖炎帝神农氏之陵前曰：'伟哉炎帝，鏖战洪荒。奠基华夏，璀璨东方。倡导农耕，五谷丰穰。发明医药，百草芬芳。日中交易，创立市场。治麻为布，缝制衣裳。作弓剡矢，能攻善防。制陶冶斤，器更物张。练丝调琴，乐舞宫商。台筑榭居，屋宇亮堂。艰苦创业，步履铿锵。开拓创新，奋发图强。民族团结，胸怀宽广。崇高奉献，惟民至上。八大功绩，兴我族邦。四大精神，代代传扬。今我中华，大国泱泱。民族复兴，中国梦想。吾侪幸甚，盛世龙翔。强国大任，历史担当。社会科学，信念理想。探究求索，真理弘扬。新型智库，国家锦囊。修身守则，广大荣光。缅怀始祖，鉴我衷肠。谨奠珍馐，奉以琼浆。来馨来格，伏惟尚飨！'"

此次大典的主题是"始祖文化与当代社会主义核心价值观"。广大社会科学工作者表示，要清源正本，缅怀始祖，古为今用，推陈出新，加强对中华优秀传统文化的挖掘和阐发，推动中华文明创造性转化、创新性发展，为繁荣发展哲学社会科学做出新的更大的贡献。

祭拜大典后，全国大中城市社科联第二十七次工作会议与会人员瞻仰神农大殿，参加午门广场开午门仪式，叩谒炎帝金身祀像，谒陵并参观御碑园。业内人士表示，举行全国社会科学工作者共祭人文始祖炎帝活动，必将对我国社会科学界产生积极而深远的影响。

现代民间祭祀炎帝神农氏

在炎陵县及邻近的省、市、县，民间至今还保留着按既定日期到鹿原陵炎帝陵祭祀炎帝神农氏的习俗：每逢春分节、清明节、谷雨节、农历四月二十六炎帝神农氏生日、药王节、农历六月初六尝新节、冬至节及春节等日期，大家就会或者一个人，或者带上家人，或者与亲朋好友组团到鹿原陂炎帝陵祭祀炎帝神农氏。在这些地方，民间把这一习俗叫"朝神农皇帝""朝皇祖"。此外，还有禳灾祈福、感恩还愿等不定期祭祀。在这些祭祀炎帝神农氏的活动中，春节期间祭祀炎帝神农氏是最为民间所重视的。

朝神农皇帝，传统的供品主要是鱼肉酒饭。朝拜的人在炎帝陵前摆上鱼肉酒饭，插上点燃的香烛，然后虔诚地跪拜祷告行礼，焚化黄表纸（或冥币），燃放鞭炮。至此，朝拜过程即告结束，这是旧时朝神农皇帝通行的礼仪程式。一部分人则以一头猪，或者一头羊，或者一只鸡为供品，他们的朝拜仪式与通行的礼仪程式稍稍有所不同：在陵前宰杀猪、羊、鸡，然后，在供品身上取一绺鬃毛，或者拔下一两片羽毛，沾上供品上的鲜血，再把沾了血的鬃毛或者羽毛放在陵前。进入 21 世纪之后，人们朝神农皇帝用的供品以猪、羊、鸡及矿泉水、饮料、瓶装酒和包装副食品、水果为主，以酒肉饭食为供品的只有鹿原陂附近的少数村民。

炎陵县及邻近的省、市、县所说的春节俗称"过年"，时间在先年的农历十二月二十四日过小年（茶陵等部分乡村过小年是在农历十二月二十三日）到来年农历正月十五元宵节（茶陵等部分乡村是到农历正月十六日早晨）之间。

现在，我们用举例的方式来简单地叙述一下炎陵县及邻近的省、市、县民间过年期间朝神农皇帝的情况：农历十二月二十四日到二十九日是过年期间民间朝神农皇帝的第一个高峰时期。往往是从拂晓开始，就有人从四面八方赶来朝拜炎帝陵，他们或步行而来，或乘轿车而来，或骑摩托而来。这些人，有来自广东、浙江、湖北、贵州、江西的外省人，有来自本省长沙、株洲、湘潭、郴州、衡阳及茶陵、安仁等市县的人，更多的是炎陵县本县居民，他们大多数是在外地工作、学习的人。烧香点蜡烛、宰杀牲畜上供、跪拜行礼祷告、燃放鞭炮，这些仍然是朝神农皇帝的人主要的朝拜形式。

从农历十二月二十九日 22 点左右，到农历正月初一 18 点，这是过年期间民间朝神农皇帝的第二个高峰时期。农历正月初一朝神农皇帝，主题是在新年里向炎帝神农氏上第一炷香。

农历正月初八至元宵节前，这是过年期间民间朝神农皇帝的第三个高峰时期。在这个时期，前来朝拜炎帝陵的以民间行业、社团为主，前来朝拜的人多是来鹿原陂炎帝陵旅游的人，实现旅游与祭祀朝拜兼顾。

农历正月十五元宵节是过年期间民间朝神农皇帝的最后一个高峰时期。包括炎陵县在内的湘东地区，民间有元宵节期间吃汤圆（俗称"饺"）的习惯。有不少人在这期间朝神农皇帝时，会把汤圆带过来作供品。除此之外，鹿原陂附近村民还会组织龙灯队来到炎帝陵谒陵广场表演，以此向炎帝神农氏辞年。入夜之后，在炎帝陵功德广场上人们还会举行龙灯表演等活动。

海峡两岸同胞共同的寻根祭祖之地

就在 1988 年农历十二月初八（以公历计算则是 1989 年年初），修复后的鹿原陂炎帝陵迎来了一批来自宝岛台湾的客人，其中有一个客人叫林文卿。林文卿，台中县雾峰乡（现为台中市雾峰区）人，祖籍福建漳州。明朝末年，他的祖先加入了郑成功的部队，与郑成功的部队渡过台湾海峡，打败荷兰殖民者，收复台湾，从此以后定居台湾。定居台湾以后的林氏祖先曾特地赶赴家乡，将此前供奉在林氏宗祠的五谷神农皇帝位神牌迎取到台湾定居地继续供奉，此后还修建了神农皇帝庙，专门供奉炎帝神农氏。这座神农皇帝庙在此后数百年时间里几经修葺扩展，到 1985 年晋升为圣贤宫神农大帝庙。

但是，圣贤宫神农大帝庙神龛上供奉的依然是几百年前从福建漳州林氏宗祠迎取来的那块神牌。为此，圣贤宫神农大帝庙管理人员和信众决定在合适的时期赶赴大陆，到鹿原陂炎帝陵迎取一尊炎帝分灵神像来庙中供奉祭祀。当他们获悉酃县鹿原陂炎帝陵修复的消息之后，便派出林文卿一行人来酃县迎取炎帝分灵神像。

炎帝分灵神像迎回台湾途经台中市时，沿途信众自发走上街头，以敲锣打鼓等方式，夹道迎接炎帝分灵神像抵达台湾，台湾的报纸以《神农大帝渡海来》《圣贤宫迎回炎帝金身》为题作了专题报道。

炎帝神农氏是海峡两岸同胞共同的人文始祖，炎陵县鹿原陂炎帝陵是海峡两岸同胞缅怀人文始祖炎帝神农氏的地方之一。林文卿一行人在鹿原陂炎帝陵迎回炎帝分灵神像之后，海峡两岸于 2008 年实现了"三通"，两岸文化交流活动日益频繁。在这样的形势下，台湾有 100 余座以炎帝神农氏为主神的宫庙的管理人员，先后组团来到鹿原陂炎帝陵。他们来鹿原陂炎帝陵，或者是谒陵进香，或者是迎取炎帝分灵神像，或者是为炎帝分灵神像点眼开光，或者是以隆重的台湾民间礼仪祭拜炎帝神农氏。"台湾教师会大陆参访团""两岸青年联欢会""海峡两岸非物质文化遗产保护研讨会"等先后在炎帝陵举行了文化与学术交流活动，设在东莞的台商子弟学校则以来鹿原陂炎帝陵谒陵祭祖为学生社会实践活动的必修课之一，每年定期组织师生来鹿原陂炎帝陵谒陵祭祖。与此同时，在台湾"中华神农大帝协进会"倡议、我国有关部门大力支持下，"海峡两岸炎帝神农文化祭"活动也在大陆湖北随州、湖南炎陵举行。"海峡两岸炎帝神农文化祭"活动从湖北随州市开始，中间途经神农架，最后来到炎陵县鹿原陂炎帝陵。在鹿原陂炎帝陵，参与活动的两岸同胞按照台湾神农祭祀礼仪程序举行炎帝陵祭祀仪式，然后举行以炎帝神农氏文化为主题的学术交流，以及民俗文化表演活动。

参考书目

古籍（多选用通行版本）

［1］《（嘉靖）茶陵州志》。

［2］《（乾隆）酃县志》。

［3］《（同治）茶陵州志》。

［4］《（同治）酃县志》。

［5］《史记》。

［6］《帝王世纪》。

［7］《水经注》。

［8］《舆地纪胜》。

［9］《史记集解》。

［10］《史记正义》。

［11］《史记索隐》。

［12］《路史》。

［13］《逸周书》。

［14］《世本》。

［15］《竹书纪年》。

［16］《国语》。

［17］《左传》。

［18］《宋史》。

［19］《明史》。

［20］《山海经》。

［21］《礼记》。

［22］《列子》。

［23］《淮南子》。

［24］《庄子》。

［25］《商君书》。

现代文献

［1］刘毓庆. 上党神农氏传说与华夏文明起源［M］. 北京：人民出版社，2008.

［2］周新发. 神土炎天［M］. 长沙：湖南人民出版社，2015.

［3］周新发. 炎帝春秋［M］. 长沙：岳麓书社，2003.

［4］周新发. 炎帝祭文集［M］. 长沙：岳麓书社，2003.

［5］曲辰. 轩辕黄帝史迹之谜［M］. 北京：中国社会科学出版社，1992.

［6］株洲市修复炎帝陵筹备委员会，酃县修复炎帝陵工程指挥部. 炎帝和炎帝陵［M］. 北京：光明日报出版社，1988.

［7］万里，刘范弟，周小喜. 炎帝历史文献选编［M］. 长沙：湖南大学出版社，2012.

［8］湖南省人民政府台湾事务办公室，株洲市人民政府台湾事务办公室. 海峡两岸共祭炎帝神农［M］. 长沙：岳麓书社，2015.

［9］刘俊男. 华夏上古史研究［M］. 延吉：延边大学出版社，2000.

［10］湖南省地方志编纂委员会. 炎帝陵志［M］. 长沙：湖南人民出版社，2019.

后　记

滔滔黄河、滚滚长江共同孕育了中华文明，滋养着华夏子孙。

惟帝神农，华夏之宗。邑有圣陵，株洲之幸。

关于炎帝和炎帝陵的研究，历代著述有之，当代著作更丰，这是座关于探究中华民族历史和精神的富矿。或许正是因为这宝藏太丰富，倒让广大读者有无从着手的困惑。于是，我们便站在普通读者的角度、普通旅游者的角度，怀着不忘历史、尊我始祖、兴我中华的使命和担当，来着手编著这本《话说炎帝神农氏》。希望这本书的出版能让来炎帝陵谒祖的游客有一份可带走的记忆，让暂时没能来炎帝陵的中华儿女有一份可心心念念的盼想，从而激发中华儿女寻根谒祖的热情，厚植华夏同胞的爱国情怀。

本书的编著是站在历代史料、广大研究者的肩膀上完成的，择录了部分参考书目，因为编著时间较长，不少参考书目没能及时登记，列举时如有遗漏，谨表歉意。

　　我们在编著本书的过程中，得到了湖南省社科联，株洲市社科联，炎陵县委、县人民政府，湖南省炎帝陵基金会办公室，炎陵县炎帝陵管理局，湖南铁路科技职业技术学院，湖南大学出版社等单位的大力支持，在此，致以崇高的谢意。

　　习近平总书记 2019 年 9 月 27 日在全国民族团结进步表彰大会上指出："我们伟大的祖国，幅员辽阔，文明悠久，中华民族多元一体是先人们留给我们的丰厚遗产，也是我国发展的巨大优势……中华民族精神是各族人民共同培育、继承、发展起来的，已深深融进了各族人民的血液和灵魂，成为推动中国发展进步的强大精神动力。"

　　"距今 5800 年前后，黄河、长江中下游以及西辽河等区域出现了文明起源迹象。距今 5300 年以来，中华大地各地区陆续进入了文明阶段。距今 3800 年前后，中原地区形成了更为成熟的文明形态，并向四方辐射文化影响力，成为中华文明总进程的核心与引领者。"2018 年 5 月 28 日，国务院新闻办举行新闻发布会，国家文物局副局长关强介绍中华文明起源与早期发展综合研究成果。

　　但愿《话说炎帝神农氏》能成为这强大精神动力源泉中的一朵浪花，能成为见证五千多年中华文明长青之树勃勃生机的一片绿叶。

作　者

2022 年 5 月